Richter
Architektur

Arbeitsbuch Kunstunterricht
Sekundarstufe II

Herausgeber:
Hans Brög
Hans-Günther Richter

Inhalt

Kunstgeschichtlicher Schwerpunkt	Thematik

Kunstgeschichtlicher Schwerpunkt	Thematik

Einführung

Zur Arbeit mit diesem Buch

Liebe Schülerin, lieber Schüler!

In dem vorliegenden Band unseres Schulbuches für den Kunstunterricht auf der Sekundarstufe II wird der Gestaltungsbereich „Architektur“ in dem Zeitraum vom Spätbarock/Rokoko bis zur „Klassischen Moderne“ behandelt. Er tritt damit neben die anderen Bände dieses Schulbuchwerkes, in denen die „Malerei und Grafik“ sowie die „Skulptur und Plastik“ dieser Zeit dargestellt werden. Ein weiterer Band, in dem die Entwicklung der bildhaften Medien (Flugblätter, Plakate, Fotographie, Comics u. a.) seit dem ausgehenden Mittelalter vorgestellt wird, ist unter dem Titel „Kunst und Medien“ erschienen. Für den Zeitraum vom Ausgang des Ancien régime*/der französischen Revolution bis zum Ende des Nationalsozialismus – eine Zeit permanenter kultureller, politischer und sozialer Veränderungen – liegt damit das Schulbuchwerk für den Kunstunterricht auf der Sekundarstufe II komplett vor. Andere Bände, welche die Epochen vor und nach dieser Zeitspanne behandeln, werden noch erscheinen.
Wie die anderen Bände dieses Schulbuchwerkes versucht auch der vorliegende, zwei Gesichtspunkte in der Behandlung des Gegenstandsbereichs „Kunst/Medien“ (hier = „Architektur/Bau*kunst*“) zu vereinen: die Darstellung kunstgeschichtlicher Ereignisse in ihrer historischen Abfolge und ihrem sozialen, politischen und anderen Bedingungszusammenhang *und* die Analyse eines Einzelwerkes/einer Werkgruppe mit Hilfe einer bestimmten Zugangsmethode. Beide Gesichtspunkte verhalten sich nach unserer Auffassung komplementär zueinander, sind aufeinander angewiesen, weil man einerseits eine bestimmte Methode benutzen muß, um die besondere „Sprache“ eines Kunstwerkes/Mediums verstehen zu können, andererseits aber auch um die Stellung des Werkes in einer (kunst-)historischen Tradition (und damit auch um seine Abhängigkeit von vorhergehenden künstlerischen Ereignissen) wissen muß, wenn man es würdigen, beurteilen, interpretieren will.
Beide Gesichtspunkte ergänzen sich in einem solchen Maße („Komplementarität“), daß eine Trennung in geschichtliche Betrachtung und interpretativen Zugriff nur künstlich erfolgen könnte. Allerdings kann es gute Gründe geben – besonders bei der Behandlung von Kunstwerken/Medien im Unterricht –, mal den einen und mal den anderen Gesichtspunkt in den Vordergrund zu rücken. Häufig wird dabei die Diskussion um die Art und Weise (Methode) des Zuganges Vorrang haben, weil erst die Anwendung von solchen Interpretationsmethoden Einblicke in das formale Gefüge und die Bedeutungsebenen des Kunstwerkes/Mediums gestattet.
Nun bereiten aber gerade bei der Darstellung des Gestaltungsbereiches „Architektur“ die Einzelanalysen eines Gebäudes (im Rahmen eines Schulbuches) Schwierigkeiten: Erstens vermitteln die Abbildungen, Grundrisse, Seitendarstellungen oder ähnliches nur ein unzulängliches Bild des tatsächlichen „Baukörpers“, und zweitens vermengen sich auch in den literarischen Analysen, auf die ein Schulbuch angewiesen ist, häufig kunstgeschichtliche, baugeschichtliche, sozialgeschichtliche und andere Betrachtungsweisen mit interpretierenden Einschätzungen; es sind also selten so „reine“,

Die mit * versehenen Ausdrücke, Namen und Begriffe werden im Glossar erläutert.

einer bestimmten Auffassung verpflichtete Einzelanalysen zu finden, wie man sie aus der Betrachtung von Gemälden, Plastiken, Medienobjekten usw. kennt. Die Anlage des Schulbuches zeigt aber, daß wir bemüht waren, zu den geschichtlich-beschreibenden Texten solche zu stellen, welche z. B. ein Bauwerk, eine Gruppe von Werken, das Lebenswerk eines Architekten *interpretierend* betrachten. Wie im Zusammenhang mit der Betrachtung von Architekturobjekten der Begriff der Interpretation verstanden werden kann, darüber versucht die nachfolgende einführende Gruppe von Texten zum „Gestaltungsbereich Architektur" Auskunft zu geben.

Wir möchten noch darauf hinweisen, daß – verglichen mit den bisher erschienenen „Arbeitsbüchern" – auf einen eigens ausgwiesenen Abschnitt „Vorschläge für die praktisch-gestalterische Arbeit" (am Ende eines jeden Kapitels) verzichtet wurde. Sicherlich kann man auch innerhalb des Kunstunterrichts im Gestaltungsbereich „Architektur" praktisch tätig sein – und wo das sinnvoll erschien, wurden Anregungen in den Abschnitt „Gesprächspunkte und Arbeitsanregungen" aufgenommen –, aber nicht in jedem Falle ließen sich bruchlose Übergänge zwischen den theoretischen Erörterungen und eigenen künstlerischen Aktivitäten herstellen.

Für die Arbeit mit diesem Buch wünschen wir Ihnen Vergnügen und viel Erfolg!

Die Herausgeber

Zum Gestaltungsbereich Architektur

1. Beschreibungsmöglichkeiten von Baugestalt und Bedeutung

Das Bauwerk wird in seiner Gestalt bestimmt durch

A. Auftraggeber = Bauherr
   1. seine persönliche Bildung und damit gegebene Kenntnisse und Rückgriffe
   2. seine soziale Stellung und dadurch mögliche Beziehungen
   3. sein Organisations- und Finanzierungsvermögen (Bauzeit, Bauablauf)
      a) durch gegebene äußere Umstände
      b) durch persönliche Fähigkeiten
   4. Bereitstellung des Baumaterials
   5. Auswahl des Baumeisters

B. Architekt bzw. Baumeister
   1. persönliche Bildung
   2. fachliche Fähigkeiten und Kenntnisse
      a) persönlicher Ausbildungsgang
      b) konstruktive und technische Möglichkeiten der Zeit
      c) vorhandenes Baumaterial
   3. Organisationsvermögen
      a) Beschaffung und Auswahl der Handwerker
      b) Auswahl des Baumaterials

C. Funktion
   1. Unterteilung in sakrale und profane Bauten
   2. Bauprogramm
      a) Wahl des Bauplatzes: Lage, Orientierung, Umbauung
      b) Wahl des Typs: religiöse, politische, soziologische und andere Gründe
      c) Patrozinium*, Altarstellung
      d) im Bauprogramm angelegte Bedeutung (siehe F)

D. Form
   1. konstruktive Möglichkeiten
   2. Bauteile
      a) Räume
      b) Baukörper
   3. Wand
      a) Öffnungen
      b) Nischen
      c) Vorlagen
      d) Gesimse* und Profile*
   4. Ornament
      (Muster auf Grund, Rapport* von Schmuckformen im gleichbleibendem Rhythmus als Ordnungsprinzip)
      a) Mauerstruktur
      b) Relief (Skulptur, Stuck)
      c) Farbe
   5. Bauskulptur
      a) an Kapitellen*
      b) an Archivolten* und Gewänden*
      c) am Tympanon*
      d) in Nischen, Gallerien*, Tabernakeln*
      e) Baldachin*
      f) Konsolen*
   6. Wandmalerei

E. Stil
   1. Einflüsse auf die Anwendung der Form
      a) Zeit (Zeitstil)
      b) Landschaft (Raum-, Nationalstil, Kunstlandschaft)
      c) Künstlerpersönlichkeit (Individualstil)
      d) Material (Materialstil)
   2. Raum
      a) räumliche Wirkung
         – sphärisch-zylindrischer* Schalenraum
         – Baldachinraum*
         – orthogonaler* Raum
         – plastisch-tektonischer* Raum
      b) Erlebbarkeit
   3. Wandgliederung
      a) flächig
      b) plastisch
   4. Dekoration (Anwendung von Ornament auf der Wand)
      a) strukturell
      b) plastisch
      c) farblich

5. Bauskulptur
   a) räumlich
   b) linear (graphisch)
   c) statisch – bewegt
   d) gebunden – frei

F. Bedeutung (Ikonologie*, Symbolanalyse*, Allegorese*)
   1. Inhalt der Formen, Sinnzusammenhänge
      a) traditionell gebunden oder exzeptionell
      b) geplante Nachbildung (Rezeption)
      c) nachträglich und dann vorbildhaft
   2. Sinnträger bzw. Bedeutungsträger
      a) allegorisch*
      b) tropologisch*
      c) anagogisch*
   3. Repräsentation (Monument)
      a) Herrschaftsanspruch
      b) Machtausdruck
      c) persönliche Darstellung
      d) Erinnerung

Grundlagen für die Untersuchung des Bauwerkes sind
1. die erhaltenen und ergrabenen Bauten
2. die direkten Quellen, die über ein Bauwerk und seine Baugeschichte (Entstehungsgeschichte, Bauzeit, Bauablauf) Nachricht geben
   a) Chroniken, Annalen, Erwähnungen in anderen Zusammenhängen
   b) Selbstzeugnisse von Bauherren und Baumeistern
   c) Verträge, Protokolle, Rechnungen, Kostenaufstellungen
   d) Grundsteine, Bauinschriften
3. die indirekten Quellen
   a) Kunstliteratur
   b) Hagiographie* und Theologie als Vermittlung der Glaubenswahrheiten
   c) Theologie, Philosophie und Dichtung als Anregung und zeitgenössische Deutung
4. die historischen Informationen (von der Geschichtswissenschaft erarbeitet).

(Günther Binding)

2. Zur Wirkung von Werken der Baukunst/Architektur

Wenn man die Baukunst neben die anderen bildenden Künste stellt, pflegt man die Tatsache, daß sie einem Zwecke dient, als etwas grundsätzlich Unterschiedliches in den Vordergrund zu stellen und daran ästhetische Betrachtungen zu knüpfen. Die Ergebnisse solcher Betrachtungen möchten wir nicht entbehren, da sie zu einer Vertiefung des Begriffes vom Organischen führen, aber als Merkmal des Unterschiedes dürfte die Tatsache doch übertrieben gewertet werden, denn wenn man vom Zweck des Bauwerks spricht, so ist das oft gar nicht so sehr verschieden davon, wie wenn man vom *»Inhalt«* des Gemäldes oder der Plastik spricht. Das porträthafte Festhalten einer Menschenerscheinung, eines Stadtbildes, oder das Vergegenwärtigen einer bestimmten Handlung steht zum eigentlichen Kunstwerk in nicht unähnlichem Verhältnis wie der Zweck zur künstlerischen baulichen Schöpfung. In beiden liegt nicht das eigentliche künstlerische Interesse, und doch kann es nicht davon losgelöst werden. Aus dem Inhalt des Bildes ergeben sich gewisse Leitlinien der Komposition, aus dem Zweck des Bauwerks die der Massengestaltung. Dabei wird das sichtbar in die Erscheinung Tretende, unabhängig vom Zweck oder vom Inhalt, das Objekt der eigentlichen künstlerischen Wirkung, denn: „Kunstwirkung ist nicht Sachwirkung, sondern Bildwirkung" (Jodl). Diese Bildwirkung setzt sich beim Bauwerk zusammen aus Elementen, die nicht der sichtbaren Natur entnommen zu sein scheinen und die außer ihrer eigenen Wesenheit im gewöhnlichen Sinne des Wortes „nichts bedeuten". Sie bieten sich also beim naiven Betrachten zunächst nur dem Auge dar. Was haben sie ihm zu sagen?
Meist setzt es sich beim künstlerisch durchgebildeten Bauwerk aus so verschiedenartigen Wirkungselementen zusammen, daß eine bündige Antwort schwer ist. Wir müssen das, was in Wahrheit geheimnisvoll durcheinanderspielt, zu

entwirren suchen und wieder einmal in seine einzelnen Bestandteile zerlegen.
Nehmen wir zu diesem Zweck den leicht übersehbaren Fall einer zwischen anderen Gebäuden eingespannten Fassade und fragten uns, was sie dem Auge bietet. Als erstes ist es eine Fläche, die, wie wir annehmen wollen, als solche glatt und ohne Besonderheiten ist. Sie hat aber doch eine Besonderheit: es ist ihr Verhältnis von Breite zu Höhe, das einen gelagerten oder einen gestelzten Charakter haben kann. Aber nicht nur das: dieses Verhältnis kann einen einfachen, klar ausgewogenen Charakter besitzen, der sich etwa in den Zahlen 2 zu 3 oder 3 zu 4 äußert, oder dies Verhältnis kann unausgewogen sein, so daß es nur in einem willkürlichen Bruch zahlenmäßig darstellbar ist. Die Erfahrung lehrt, daß wir beiden angedeuteten Eigentümlichkeiten gegenüber nicht etwa gleichgültig sind. Sie berühren uns, meist unbewußt, in positiver oder negativer Weise.
Erst durch die weitere Ausbildung der Fläche erhalten diese Tendenzen einen klaren Charakter. Die Fassade ist gegliedert durch Fenster, die als dunklere Flächen in der Gesamtfläche wirken. Das Loch dieser Fenster kann, für sich betrachtet, wieder in seinen Verhältnissen ausgewogen oder nicht ausgewogen sein; dies Verhältnis kann im Einklang oder im Gegensatz zur Gesamtfläche stehen. Aber nicht auf das Wesen dieser eingeordneten Flächen als solchen kommt es allein an, sondern auf die Art ihrer Verteilung, auf die Breite der Flächenabstände zum Loch, auf regelmäßige, unregelmäßige oder gruppierte Verteilung. All das kann ganz verschieden wirkende, harmonische oder unharmonische, Eindrücke ergeben, – die harmonischen können den Charakter der Ruhe oder den der Spannung tragen –, innerhalb dieses Gegensatzes können die verschiedensten Stufungen eintreten. Und alles das spielt sich für das Auge nur in geraden Linien und in rechten Winkeln ab. Was ist es, das im sinnlichen Spiel dieser Linien wirkt?
Es ist noch etwas anderes als das, was das Auge im sinnlichen optischen Vorgang erfaßt. Wir erkennen es, wenn wir uns vergegenwärtigen, daß alle die verschiedenen Kombinationen übergeordneter und eingeordneter Verhältnisse sich in Zahlen ausdrücken lassen, also in arithmetischer Form darstellbar sind. Die arithmetischen Verhältnisse setzen sich in der Architektur um in geometrische, dadurch werden sie sichtbar. Das aber, was hinter allem sinnlich Erfaßbaren lauert, ist die Zahl: das Urelement verstandesmäßig-abstrakter Beziehungen.
So spielen unsichtbare und sichtbare mathematische Beziehungen schon in den allereinfachsten Fall der Wirkung einer Baugestaltung hinein, und was hier noch übersehbar vor uns steht, wird bei den reich organisierten baulichen Schöpfungen zu einem Spiel mathematisch darstellbarer Verhältnisse, das immer anspruchsvoller wird. Mit diesem „Spiel" steht die innere Einheit des Maßstabs, der durch ein Werk hindurchgeht – das was die Alten „Symmetria" (Symmetron) nannten –, in engem Zusammenhang; mit ihm verbindet sich das Gesetz wohlgefälliger Proportionen, das sie mit „Eurhythmia" bezeichneten, sowie die Gesetze sich in bestimmter Art wiederholender Bewegungen, die wir „Rhythmus" nennen. Und je nach Art dieses Widerspiels der in Zahlen ausdrückbaren optischen Tatsachen entsteht das, was wir als „Harmonie" (Konsonanz) oder „Disharmonie" (Dissonanz) empfinden. Das alles sind Begriffe, die, wie wir sahen, immer wieder in der philosophischen Literatur auftauchen, wenn ganz allgemein von den Kennzeichen der „Schönheit" die Rede ist, und es ist bemerkenswert, daß sie uns am geläufigsten sind, wenn sie mit Musik in Verbindung stehen ...
Wenn wir versucht haben darzustellen, welche Rolle die Proportionen schon bei der einfachsten Gliederung einer Fläche spielen, ergibt sich daraus, daß alle Weiterbildungen architektonischer Art ästhetisch betrachtet zunächst danach zu werten sind, wie sie sich diesen Gliederungen und den durch sie geweckten Proportionen gegenüber verhalten. Dann erst kommt ihr Eigenwert in Betracht und die etwaige Sonderleistung, die in der Lösung eines funktionellen

Problems liegt. Jeder Architekt weiß, daß er die gleiche durch Fenster und Türöffnungen in bestimmte Proportionen zerlegte Fläche zu einem völlig verschiedenen, ja entgegengesetzten Endeindruck führen kann, je nachdem, ob er bei ihrer weiteren Gliederung das Horizontale oder aber das Vertikale ausdrücklich betont. Zwischen diesen äußersten Kontrasten aber bestehen zahlreiche Zwischenstufen, und immer bleibt die Möglichkeit offen, den eingeschlagenen Typus der Proportionswirkung auch an bestimmten Stellen kontrastierend zu durchbrechen.

Die Liniensysteme, die auf einer Fläche zu den aus organisch-praktischen Gründen entstandenen Linien hinzukommen, können wie Obertöne wirken, die das Grundmotiv dieser praktischen Gegebenheiten nur umspielen, oder sie können die führende Rolle für sich in Anspruch nehmen. Das hängt im wesentlichen davon ab, wie weit die Körperlichkeit, die man beim Entstehen architektonischer Linien auf einer Fläche voraussetzen muß, getrieben wird.

Dabei hat die Frage der Körperlichkeit bei den Horizontalen eine andere Bedeutung wie bei den Vertikalen. Die Horizontalen können durch schlichte Profilbänder oder gar durch den Schatten vorgekragter Stockwerke erzielt werden, die Vertikalen setzen eine Modellierung der Masse, die sich mindestens als Mauerstreifen zeigt, voraus. Wichtig aber ist ein anderer Unterschied: während das Horizontale einen passiven Charakter trägt, verbindet sich mit dem Vertikalen stets der Begriff der Aktivität. Wenn wir auf einer neutralen Mauerfläche vertikale Gliederungen erscheinen sehen, kommen die stützenden Kräfte, die unsichtbar in der ganzen Mauermasse verteilt liegen, gleichsam an bestimmter Stelle zum Ausdruck. Sie werden in symbolischer* Form für unser Gefühl erkennbar gemacht. Das kann in mehr oder minder ausgeprägter Weise geschehen: der einfache Streif kann zur Lisene* werden, die oben und unten das Tragen durch elastische Profile deutlicher charakterisiert; die Lisene kann zur Säule* anschwellen, die nicht nur in Kopf und Fuß, sondern auch im dazwischenliegenden Rumpf die elastische Kraft zum Ausdruck bringt. Der Endfall ist die volle Auflösung der Mauerfläche in eine freie Säulenstellung, was gleichbedeutend ist mit einer Auflösung der in der Masse latent* gebundenen Kräfte in eine rhythmische Folge einzelner Kraftbündel.

Man sieht: zu den Proportionswirkungen, die in Beziehungen von Flächen und Linien liegen, kommen durch die Ausbildung der Träger linearer Wirkungen zur *Form* dynamische Wirkungen hinzu. Schließlich aber steht mit der Form noch ein drittes Reich der Wirkungen in naher Verbindung man kann sie „koloristische“ nennen. Was damit bezeichnet sein soll, ist zunächst nichts anderes als das Spiel der Schatten, das jede plastische Form erzeugt. Denn Schatten ist, wenn man das Wort richtig verstehen will, nichts anderes als Farbe. Es handelt sich bei ihm nicht nur um die malerischen Werte von Hell und Dunkel, sondern genauer betrachtet gibt es beim Schatten kein Schwarz und Weiß, weil es kaum einen Schatten ohne Reflexe gibt; es gibt nur koloristische Töne von mehr oder minder starker Leuchtkraft und Klarheit...

Wir haben bei allen unseren Ausführungen nur von der architektonisch belebten *Fläche* geredet. Damit haben wir einstweilen zwei Momente außer acht gelassen, die alle unsere Überlegungen erst ergänzen: in Wahrheit haben wir es in der Architektur niemals wirklich nur mit einer *Fläche* zu tun, sondern entweder mit einer positiven Masse, einem *Körper*, dessen Außenseiten als Fläche in die Erscheinung treten, oder mit einer negativen Masse, einem *Raum*, dessen Innenseiten als Flächen in Erscheinung treten. Der Begriff Fläche ist also nur eine Abstraktion; im wirklichen Leben ist sie stets an eine Masse gebunden, und das hat für ihre Wirkung eine Folge, die wir nicht außer acht lassen dürfen. Wenn wir von einer „gegliederten Fläche“ sprechen, so ist das nicht ein zeichnerisches Etwas, sondern setzt sich aus ganz bestimmten Baustoffen zusammen. Zu den im vorangehenden betrachteten Elementen ihrer Wirkung kommt also noch ein zusammenfassendes

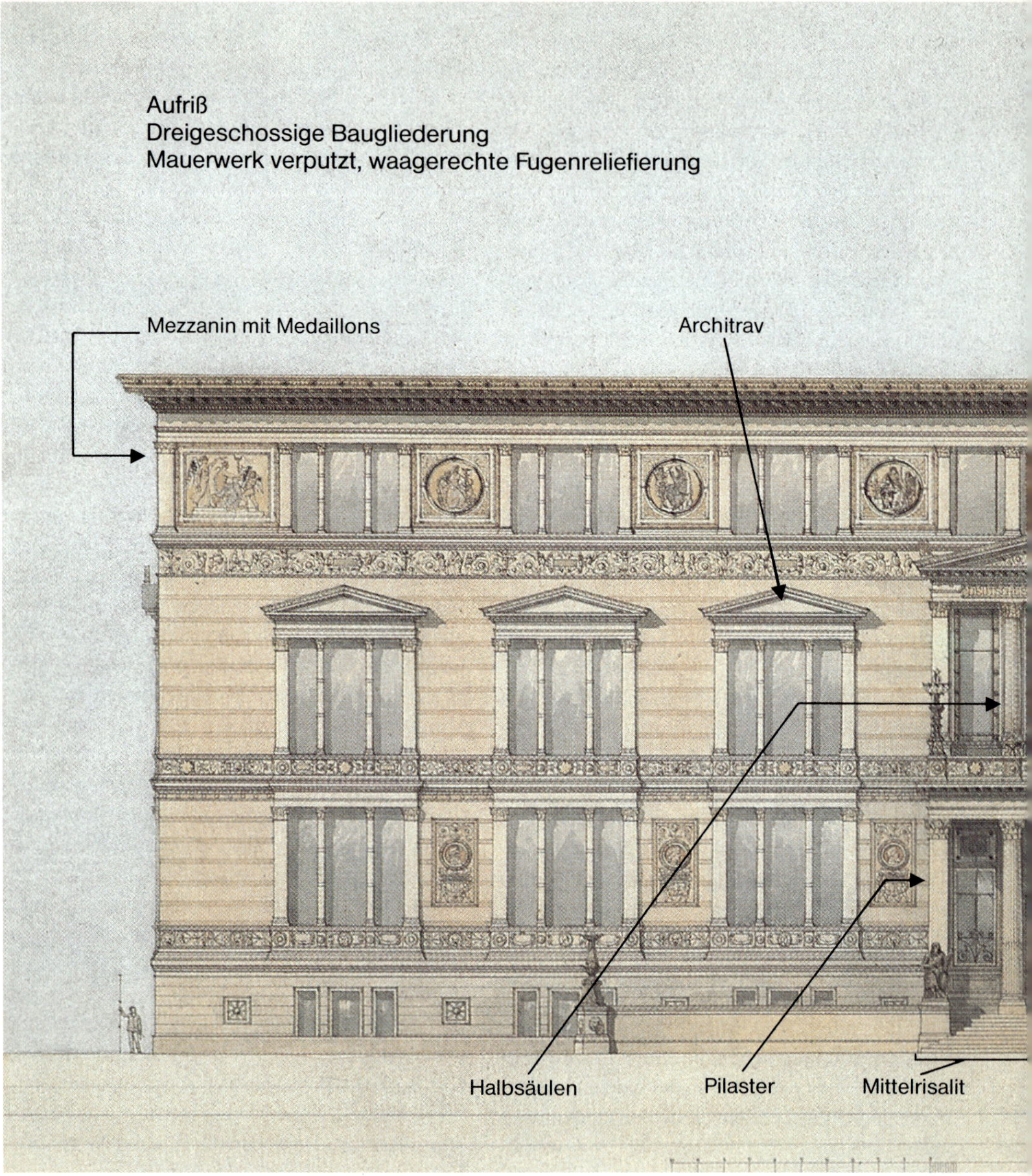

Fassadenentwurf des Kunstgewerbemuseums in Berlin von Martin Gropius und Heino Schmieden (1875) mit eingefügten Begriffen/Erläuterungen aus den einführenden Texten

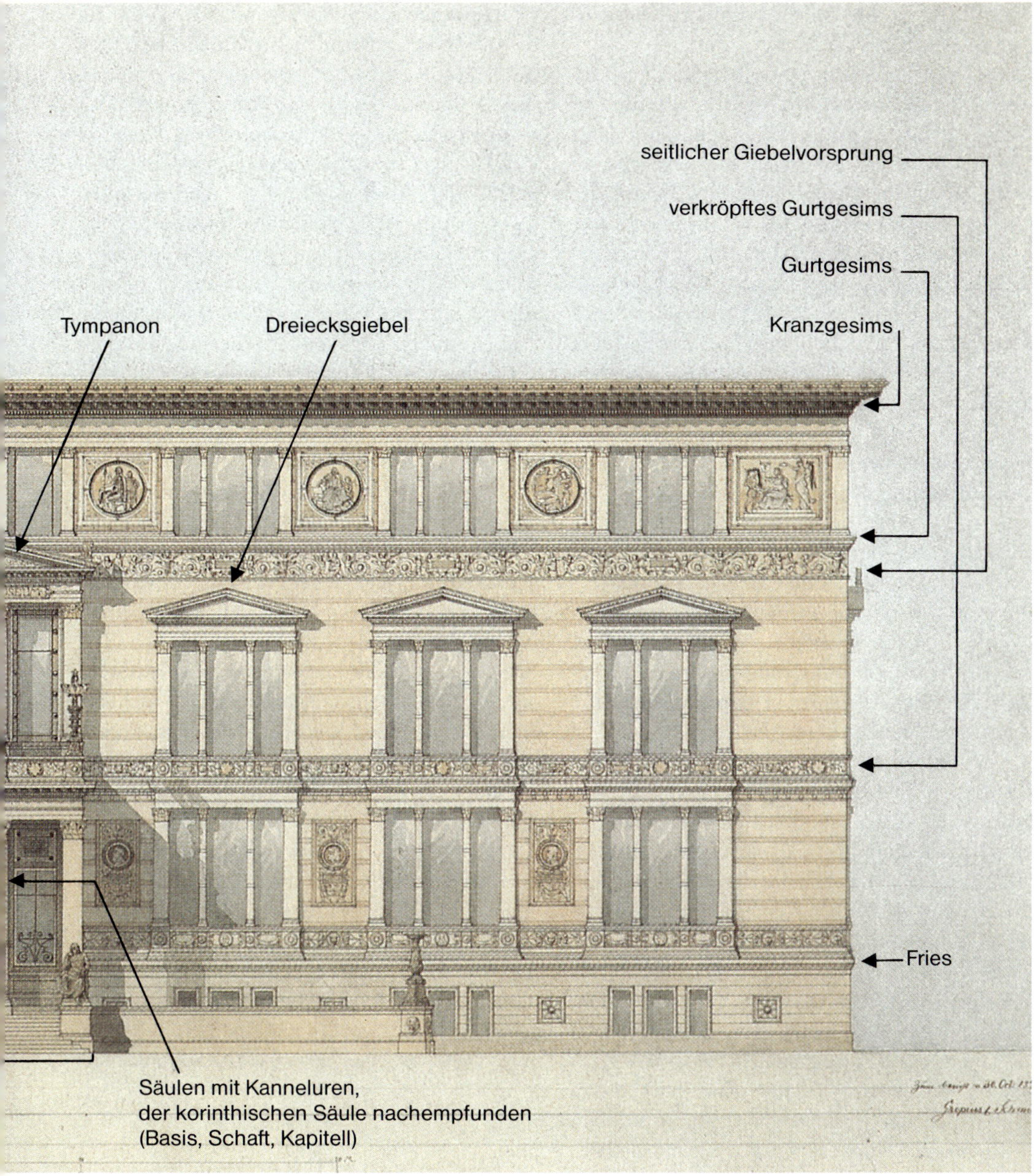
seitlicher Giebelvorsprung
verkröpftes Gurtgesims
Gurtgesims
Tympanon
Dreiecksgiebel
Kranzgesims
Fries
Säulen mit Kanneluren,
der korinthischen Säule nachempfunden
(Basis, Schaft, Kapitell)

Element hinzu, nämlich die Wirkung des jeweiligen Baustoffs.

Die aber ist von sehr unterschiedlichem Charakter, je nachdem, ob wir unsere „Fläche“ in Haustein oder Putz, in Backstein oder Holz hergestellt haben. Ja, auch wenn wir unseren Blick weiter einschränken und beispielsweise nur in Haustein hergestellte Wände betrachten, ist auch hier der Charakter der sinnenhaften Wirkung durchaus verschieden, je nachdem, ob wir vor Granit, Marmor, Tuffstein oder Sandstein stehen. Es ist nicht etwa nur der Farbton, der dabei in Betracht kommt, so unterschiedlich es auch sein mag, wenn unser optischer Eindruck etwa vom satten Backsteinton oder vom blassen Sandsteinton beherrscht wird, nein, noch ausschlaggebender als dieses koloristische Moment ist etwas anderes: es ist die sinnliche Wirkung des Materials als solchem. Granit, Kalkstein, Sandstein und Putz könnten in ihrem Farbton völlig übereinstimmend sein, und doch würden von der gleichen Fassade je nach ihrem Baustoff ganz verschiedene Wirkungen ausgehen, die den Beschauer in ganz verschiedene Grundstimmungen versetzen können …

Das wichtigste aber unter den neu auftretenden Elementen ist nicht diese Vermannigfaltigung von Linien, Flächen und Schattenbeziehungen, sondern die Tatsache, daß alle diese Beziehungen nicht in ein konstantes Wirkungsbild gebannt sind, sondern innerhalb eines gewissen Spielraums ständig wechseln. Je nach dem wechselnden Standpunkt des Beschauers verschieben sich Umrißlinien, Flächenfiguren, Linienspiele und Schattenmassen. Sie sind abhängig von Beziehungen zum *Raume.*

Damit stoßen wir auf den Kernpunkt beim Betrachten der sinnlich-optischen Wirkungen des baulichen Kunstwerkes. Sie lassen sich nicht loslösen vom Begriff des Raumes, und zwar eines *bestimmten* Raumes.

Das muß hervorgehoben werden, denn auch die Werke der Plastik sind an Beziehungen zum Raume gebunden, aber bei den höchsten Leistungen pflegt er nicht ein *unveränderbarer* Raum zu sein. Daneben aber steht ein weit bedeutungsvollerer Wesensunterschied. Es liegt auf der Hand, daß man nicht glauben kann, dem baulichen Kunstwerk ästhetisch näherzukommen, wenn man es als eine Art in geometrische Formen gekleideter Plastik betrachtet. Denn bei der Plastik der bildenden Kunst ist die ganze gestaltende Absicht durch die Außenerscheinung erfüllt. Beim Werk der Baukunst ist im Gegenteil – abgesehen von ganz wenigen Grenzfällen des Denkmals – das Mittel, durch das sich die gestaltende Absicht *erfüllt,* gar nicht die Außenerscheinung, sondern die Innenerscheinung des vom plastischen Körper umschlossenen Raumes.

Die körperliche Erscheinung hängt also nicht nur von ihren Beziehungen zum *äußeren* Raum ab, von denen wir eben gesprochen haben, sondern sie ist in noch weit stärkerem Maße eine Funktion des *inneren* Raumes. Zwei ganz verschiedene Raumbegriffe sind es, die das Körperliche des Bauwerks gleichsam umklammert halten.

So ist die Rolle, die das Körperliche im Bauwerk spielt, etwas ganz Eigentümliches, nur der Baukunst Eigenes: das Körperliche ist gleichsam nur die Scheidewand zwischen zwei verschiedenen Raumwelten, der Raumwelt des Inneren und der Raumwelt des Äußeren.

Das Verhältnis der Baukunst zum Raum, das den Angelpunkt alles architektonischen Verstehens darstellt, läßt sich vielleicht am besten dadurch charakterisieren, daß man Architektur die Kunst der *Raumgestaltung durch Körpergestaltung* nennt. Raumgestaltung erscheint dabei als Ziel, Körpergestaltung als Mittel.

(Fritz Schumacher)

3. Historischer Überblick

Wie in dem Band „Skulptur und Plastik vom Rokoko bis zur Klassischen Moderne“ werden in der folgenden Übersicht einige wichtige Künstler und Baumeister/Architekten den Stilrichtungen zugeordnet, die in diesem Buch behandelt werden. Dieser Überblick soll es Ihnen erleichtern, Künstler, die im Buch besprochen werden – deren Namen sind kursiv gedruckt –, mit anderen Gestaltern der betreffenden Epoche in Zusammenhang zu bringen. Wenn Sie die folgende Übersicht mit der in dem o. g. Band über die Plastik und mit der Zeittafel im Band „Malerei und Grafik von Goya bis zur Konkreten Kunst“ zusammenfassen, erhalten Sie eine erste Information über die geschichtliche Abfolge und die wichtigen Vertreter der Stilrichtungen. Natürlich kann dieser Überblick nicht die Beschäftigung mit Kunstgeschichten bzw. Lexika ersetzen.

Auch in dieser Übersicht ist es manchmal schwierig, einen Gestalter *einem* Stil zuzuweisen, weil auch Architekten (wie Maler und Plastiker) Anreger, Mitgestalter mehrerer Stilformen sein können. Außerdem bereitet es manchmal Schwierigkeiten, einen Architekten einer Nation zuzuordnen, weil in den Kunstzentren im Barock, aber etwa auch im Paris des ausgehenden 19. Jahrhunderts oder im Berlin des beginnenden 20. Jahrhunderts sich Künstlerpersönlichkeiten verschiedenster Nationalität trafen und wirkten. Eine weitere Schwierigkeit ist in den Sonderentwicklungen in einzelnen Ländern, z. B. in England, zu sehen. Wo es sinnvoll ist und wo auf diese Entwicklungen im Buch selbst eingegangen wird, werden diese speziellen Stilbezeichnungen hinter den Ländernamen vermerkt.

Rokoko (1720/30 – 1770/80)

Deutschland

Dominikus Zimmermann (1685 – 1766)
Alessandro Galli da Bibiena (1687 – ca. 1769)
Johann Balthasar Neumann (1687 – 1753)
Matthias Daniel Pöppelmann (1662 – 1736)
Egid Quirin Asam (1692 – 1750)
Joseph Anton Feichtmayr (1696 – 1730)

Österreich

Johann Lukas v. Hildebrandt (1668 – 1745)
Kilian Ignaz Dientzenhofer (1689 – 1751)
Johann Michael Fischer (1692 – 1766)

Frankreich (Louis-quinze*)

Gilles-Marie Oppenport (1672 – 1742)
Juste-Ausele Meissonier (gest. 1750)
Germain de Boffrand (1667 – 1754)

Italien (Hochbarock/Spätbarock)

Carlo Fontana (1634 – 1714)
Ferdinando Galli da Bibiena (1657 – 1743)

Klassizismus/Romantik (1760 – 1850)

Frankreich

Jacques-François Blondel (1705 – 1774)
Jacques-Germain Soufflot (1709 – 1780)
Etienne-Louis Boullée (1728 – 1799)
Jean-Baptiste Rondolet (1734 – 1829)
Claude-Nicolas Ledoux (1728 – 1799)

England

Georg Dance d. J. (1741 – 1825)
John Soane (1753 – 1837)
Thomas Hope (1774 – 1835)

Deutschland

David Gilly (1748 – 1808)
Friedrich Gilly (1772 – 1800)
Karl Friedrich Schinkel (1781 – 1841)
Leo von Klenze (1784 – 1864)
Friedrich von Gärtner (1792 – 1847)
Gottfried Semper (1803 – 1897)

Historismus (1840 – 1910)

Deutschland und Österreich

Theophil von Hansen (1813 – 1891)
Friedrich von Schmidt (1825 – 1891)
Georg Dollmann (1830 – 1845)

Frankreich

Paul Abadie (1812 – 1884)
Eugène Emanuel Violet-le-Duc (1813 – 1879)
Théodor Ballu (1817 – 1895)
Charles Garnier (1825 – 1898)
Gustave Eiffel (1832 – 1923)

England (z. T. Victorian Style)

Charles Barry (1795 – 1860)
Joseph Paxton (1803 – 1865)
Gilbert Scott (1811 – 1878)
Norman Show (1831 – 1912)

Von der Arts and Crafts*-Bewegung zum Jugendstil (1880 – 1914)

England

John Ruskin (1819 – 1900) (Theoretiker)
Philipp Speakman Webb (1831 – 1915)
William Morris (1834 – 1896)
Charles Francis Annesley Voysey (1857 – 1941)
Charles Robert Ashbee (1863 – 1942)
Charles Rennie Mackintosh (1868 – 1928)

Belgien

Victor Horta (1861 – 1947)
Henri van de Velde (1863 – 1957)

Österreich

Otto Wagner (1841 – 1918)
Joseph Maria Olbrich (1867 – 1908)
Joseph Hoffmann (1870 – 1933)
Adolf Loos (1870 – 1933)

Deutschland

August Endell (1871 – 1925)
Richard Riemerschmid (1868 – 1957)
Bernhard Pankok (1872 – 1943)

Holland

Petrus J. H. Cuijpers (1827 – 1921)
Hendrik Petrus Berlage (1856 – 1934)

Frankreich

Auguste Perret (1874 – 1955)
Tony Garnier (1869 – 1948)

Spanien

Antonio Gaudi (1852 – 1926)

Das Neue Bauen/The Modern Style u. ä. (ab 1910)

Deutschland

Hermann Muthesius (1861 – 1927)
Peter Behrens (1868 – 1940)
Fritz Schumacher (1869 – 1948)
Hans Poelzig (1869 – 1936)
Bernhard Hoetger (1874 – 1949)
Bruno Taut (1880 – 1938)
Walter Gropius (1883 – 1969)
Dominikus Böhm (1880 – 1955)
Otto Bartning (1883 – 1959)
Ludwig Mies van der Rohe (1886 – 1969)
Erich Mendelsohn (1887 – 1953)
Hannes Meyer (1889 – 1954)
Hans Scharoun (1893 – 1972)

Italien

Antonio Sant'Elia (1888 – 1916)
Mario Chiattone (1891 – 1957)

Holland

Michael de Klerk (1884 – 1923)
Theo van de Wijdeveld (geb. 1885)

Paul Kramer (1881 – 1961)
Jacobus J. P. Oud (1890 – 1963)

Frankreich

Henri Sauvage (1873 – 1932)
Le Corbusier (= Charles Edouard Jeanneret, Schweizer) (1887 – 1965)

England

E. Owen William (1890 – 1969)

Amerika (seit 1880)

W. Le Baron Jenney (1832 – 1907)
Louis Sullivan (1856 – 1926)
Frank Lloyd Wright (1869 – 1959)
Richard Neutra (1892 in Wien – 1970)
Ludwig Mies van der Rohe u. a. s. „Deutschland“

Architektur im Faschismus/ Nationalsozialismus

Italien

Guiseppe Terragni (1904 – 1942)
Giovanni Guerrini (geb. 1887)

Deutschland

Paul L. Troost (1878 – 1934)
Albert Speer (1905 – 1983)

Kunstgeschichtlicher Schwerpunkt 1

Das Rokoko als Ausklang einer Epoche

Dem Spätbarock folgte – nicht in hartem Bruch, sondern in sanften Übergängen – eine Stilstufe, die man nach der französischen Bezeichnung *rocaille* (= Grotten- oder Muschelwerk) für ein häufig auftretendes Motiv der Ornamentik Rokoko nennt. Auch dieser Begriff wurde zuerst als spöttische Benennung geprägt, etablierte sich aber seit etwa 1880 als offizieller *Name für die Kunst zwischen 1725/30 und 1770/80.*

Das Rokoko ist – schon die Herkunft des Namens deutet darauf hin – *vornehmlich Dekorationskunst,* und zwar französischen Ursprungs. In der höfisch-aristokratischen Gesellschaft der Hauptstadt Frankreichs entstand es, und von dort breitete es sich aus. Das Rokoko hat nicht alle Bereiche der Kunst gleich stark geprägt; vornehmlich *in der Architektur und Plastik sind Spätbarock und Rokoko oft nur schwer voneinander zu scheiden.* Das mag daran liegen, daß das Rokoko wesentlich eine Seite der Barockkunst aufgriff, nämlich die malerisch-dekorative, und sie zu graziösen, leichten, zierlich-intimen, kleinformatigen Schöpfungen verarbeitete. Aus dem Pathos wurde spielerischer Klang, aus machtvoller Gebärde anmutig-beschwingte Geste.

ARCHITEKTUR. In der Baukunst, besonders der Raumkunst, lassen sich um 1720 erste Ansätze beobachten. Charakteristisch ist beispielsweise, daß das „vornehme, in seinen Abmessungen begrenzte Stadthôtel an die Stelle des seigneuralen* Schlosses trat" *(Albert Erich Brinckmann).* Noch in der *Régence**, der nach der Regentschaft Philipps II. von Orléans benannten französischen Kunstepoche, wich die strenge Geometrie des Louis-quatorze*, seine pompöse Schwere gelockerten Formen. Elegante Bewegung kam in Grundrisse, Massen und Innenraumgliederung. Die Räume wurden kleiner, die Wandgliederung nahm ab: der Pilaster* ersetzte die Säule*. Die schweren Gesimse*, die Decke und Wand trennten, wurden aufgebogen. Im *„style Louis XV*"*, dem eigentlichen Rokoko, siegte das malerische Prinzip endgültig über das tektonische*. Das architektonische Gerüst verblaßte. Aus Muscheln und Ranken gebildete Zierate, Spiegel, schwerelose *Stuckornamente* in asymmetrischer Anordnung überzogen die Wände und Decken und sorgten im Verein mit zarten Farbtönen für den Triumph des sensiblen Unernstes über barocke Gravität. Die *Meister des französischen Rokoko waren Gilles-Marie Oppenort, Nicolas Pineau, Juste-Auréle Meissonier.* Berühmt sind die Innenräume des Hôtel de Soubise in Paris von *Germain Boffrand* (um 1735), in denen die intime Raumkultur des Rokoko ihre Vollendung fand.

Neben Frankreich schuf besonders *Deutschland* zauberhafte Raumeindrücke: *Balthasar Neumann* in Vierzehnheiligen, *Dominikus und Johann Baptist Zimmermann* in der Wieskirche, *François des Cuvilliés d. Ä.* in der Amalienburg des Nymphenburger Parks und im Residenztheater in München. (H. Wischermann)

Thematik

Raumgestaltung und Raumwirkung im Spätbarock/Rokoko

Die barocke Architektur ist eng mit dem Freiraum verbunden. Während die Renaissance nur in der Villa das Bauwerk maßvoll zur Landschaft öffnet, schafft der Barock geradezu

Kompositionen aus Freiraum und Architektur. In Rom fangen z. B. die Kolonnaden des Petersplatzes den Raum ein und schaffen einen Übergang zwischen Stadt und Bauwerk. In Deutschland ist das Verhältnis der Barockkirche zur Landschaft das einer liebevollen Begegnung – so in Banz und Vierzehnheiligen, deren Kirchen auf Höhen sich gegenüberliegen und zwischen sich das fruchtbare fränkische Land umspannen, oder in Melk, dessen Kloster sich strahlend-weiß über der Donau erhebt. In Frankreich geht ein abgestufter Weg vom Versailler Schloß über auflockernde Treppen und verschnittene Hecken allmählich in die ungeformte Landschaft hinein. Aus all dem ergibt sich, daß der Barockbau nicht für sich bestehen will. Darum läßt er auch das Dach in einer Galerie*, in Flammenträgern oder erregt gestikulierenden Statuen über sich selbst hinausgreifen. Darum liebt er den hufeisenförmigen oder sich vorbuchtenden Palast mit Treppen, die zum Garten ausschwingen. Kurz: ein neuer Sinn für Weite und Grenzenlosigkeit ist erwacht.

Gegensätzlich zur verfließenden Weite steht der Außenbau voll drängender Greifbarkeit da. Im Vergleich zur Renaissance sind die Formen im einzelnen bereichert und im ganzen gehäuft. Dadurch wird erreicht, daß sie ihre Sonderexistenz aufgeben und miteinander verwachsen. Doppelte und dreifache Säulen* wollen als Einheit genommen sein, oder ein Pilaster* steckt halb in der Wand, so daß er und der Mauerkörper einen unlösbaren Zusammenhang bilden. In der Renaissance war jeder Teil eine kleine Welt für sich, im Barock wird er zum Bruchteil eines Ganzen, und ohne das Ganze verliert er seinen Sinn. Eine neue Welt erscheint, die vom Bewußtsein der Abhängigkeit durchwaltet ist. Die Eigenherrlichkeit des Einzelglieds schwindet in solchen Formen dahin, die ausgesprochene Kräftebahnen sind. Darum verwendet man, etwa am Giebel*, Formen, die wie abgebrochen wirken: sie greifen über sich hinaus. Darum liebt man alle unruhigen Formen wie Viertelkreis, Oval, vielfach gewellte Kurve, geschweifte Turmhauben. Sie erwecken den Eindruck, als ob durch sie Kräfte fluteten, die sie noch nicht zur Ruhe hätten kommen lassen. Darum wird zum Sinnbild barocker Art die Rollwerkkartusche (= Ornament aus bandartig gerollten und auslaufenden Formen). Sie verwandelt die Front in ein Schlachtfeld der miteinander ringenden, gegeneinander fahrenden Formen. Die Wucht der aufgebotenen Massen verhindert, daß dieses Wogen und Werden leicht erscheint...

Aber nicht nur Einzelformen haben ein Höchstmaß an Bewegtheit. Der ganze Mauerkörper gerät oft in Wallung, indem er entweder sich ein- und ausbuchtet oder so angelegt ist, daß der Blick gleich von der Front zur Betrachtung der Seite hingleitet; beides ist z. B. bei Borrominis* San Carlo alle quattro Fontane in Rom der Fall. So drängt sich die Vorstellung eines im Werden befindlichen Baukörpers auf...

Letztlich wichtig ist nur das, was die rhythmische Gestaltung des Raums betrifft, und da ist vom barocken Innenraum Ähnliches wie vom Außenbau festzustellen: daß er werdender Raum ist. Man setzt die Räume gern aus solchen Grundformen zusammen, die nicht wie Kreis und Quadrat in sich beruhigt sind: Vielecke, Quer- und Längsovale, Räume aus Viertelkreisen usw. werden wichtig. Der eckigen Form zieht man die gekrümmte vor, weil sie fließender ist. Der regelmäßigen Kurve zieht man solche vor, die nur noch mit den Mitteln der höheren Mathematik, der im Barockzeitalter ausgebildeten Infinitesimalrechnung, zu bestimmen sind. Hier ist der Vernunft eine Grenze gesetzt. Angespannter mathematischer Scharfsinn führt schließlich über alles Errechenbare hinaus zum Unbegreiflichen hin.

Aus diesen verwickelten Einzelformen bildet der Barock eine verwickelte Abfolge von Räumen. Im Grundriß wie im Aufriß siegt das rhythmische Prinzip über das metrische. Das läßt sich schon an der (vorbarocken) Villa Rotonda des Palladio bei Vicenza verfolgen (1552). Man betritt erst eine Säulenvorhalle, durchschreitet dann einen Korridor und erreicht nun erst den runden Kuppelraum. Die Säulenvorhalle bildet ein quergelagertes Rechteck und der Korridor ein längsgelagertes Rechteck. Welches rhythmische Erlebnis verknüpft sich mit dieser Anordnung? Aus der Weite der Landschaft fangen die Säulenhallen die Raumkurven auf; diese werden dann in dem Korridor eingeschnürt und entfalten sich schließlich zu ganzer Freiheit im Kuppelraum: so entsteht eine Abfolge aus unendlicher Weite, Begrenzung, Beengung und begrenzter Weite, eine Abfolge aus Quer, Lang und Rund. Aber nicht genug damit: auch in der Höhenentwicklung zeigen sich starke Unterschiede. Die Kurve „sinkt von der Vorhalle durch ein niedriges Portal tief herab, auf der gegenüberliegenden Seite des Korridorraums eilt sie emporsteigend der Kuppel entgegen" (A. E. Brinckmann). Im Gegensatz zur Renaissance ist der Teilraum unselbständig geworden. Man begreift die Vorhalle als Architektur nur im Hinblick auf Korridor und Kuppelraum, man muß den Korridor als Mittelstück zwischen zwei anderen Formen betrachten, die Kuppel übt eine besondere Wirkung als Abschluß einer Reihe aus; d. h. jeder Teil enthüllt seine Eigenart nur im Ganzen und vom Ganzen her. So liebt es der Barock überhaupt, durch die verschiedene Höhe, Breite und Grundrißgestaltung der Räume den Rhythmus sich weiten und zusammenziehen, emporschnellen und absinken zu lassen. Auf diese Weise erreicht er eine bewegungsdurchflutete Räumlichkeit.

Die flutende Bewegung könnte an dem Punkt, wo zwei Räume zusammenstoßen, durch eine betonte Grenzlinie aufgehalten werden. Dadurch wäre die durchgehende Bewegung gefährdet, und so widmet denn der Barock seine besondere Aufmerksamkeit der Verbindung der Teilräume. Er bildet eine Reihe von Verbindungsformen aus, die im Anschluß an die bahnbrechenden Untersuchungen von A. E. Brinckmann an zwei deutschen Kirchen, der

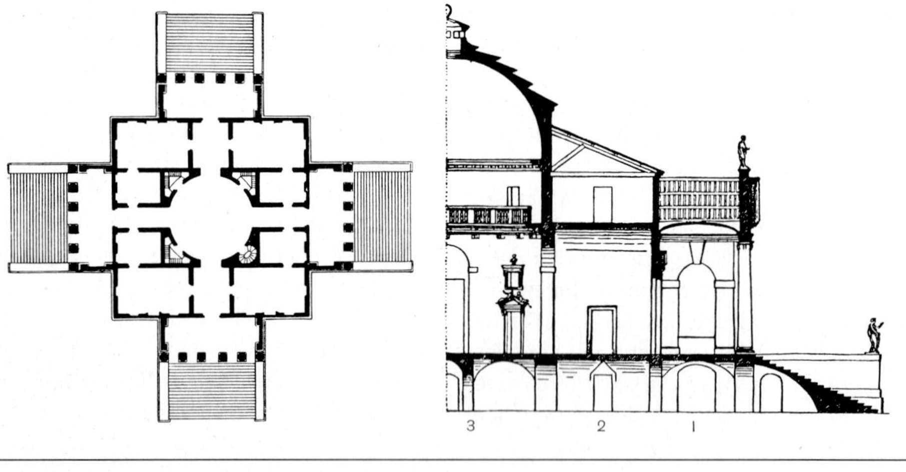

Vicenza: Villa Rotonda von Palladio

1) Säulenvorhalle (quergelagertes Rechteck); Einfangen der Raumkurven. – 2) Korridor (Längsraum); Einschnürung der Raumkurven. – 3) Kuppel (Zentralraum); freie Entfaltung der Raumkurven. – Abfolge von 1) quer, 2) lang und 3) rund; – von 1) Begrenzung, 2) Beengung und 3) geformter Weite; – von 1) mittlerer Höhe, 2) niedrigem Portal und 3) freier Höhe

Jesuitenkirche in Mannheim, vollendet 1760, und der Wallfahrtskirche in Vierzehnheiligen, vollendet 1772, erläutert seien:

1. Die einfachste Form ist die Raumbindung, die schon in der Spätrenaissance, etwa an Michelangelos Grundriß von Sankt Peter in Rom, auftritt: Nebenräume sind an den Hauptraum gebunden und nur als Weg zu ihm oder Ausstrahlung von ihm verständlich. So wirken in der Mannheimer Kirche die Kapellen, die das Langhaus begleiten, als bloße Ausbuchtungen des Hauptraums. – In den Kapellen finden sich schmale Emporen, die, hinter den Altären herlaufend, die Kapellen miteinander verknüpfen. Diese Form ist mehr als bloße Raumbindung; denn die Raumbindung besteht einfach, ohne weitere Hervorhebung, während hier die Verknüpfung betont wird:

2. Es handelt sich um eine Raumverklammerung, die immer dort vorliegt, wo irgend eine Brücke zwischen Teilräumen baulich gestaltet ist. In Vierzehnheiligen bildet eine Gebetsloge, die sich zum Chor und zugleich zum Querhaus hin öffnet, die Brücke. Wie eine Klammer spannt sie sich über die Grenzen der beiden Raumteile hinweg und führt dazu, daß man diese immer auf einmal betrachtet.

3. Auch bei Raumverklammerung erscheinen die Grenzen zwischen den Teilräumen in aller Klarheit. Das ändert sich bei Raumverschränkung. Dieses Prinzip kann man sich am Altar- und Kuppelraum der Mannheimer Kirche bewußt machen. Deutlich sind Altar- und Kuppelraum als gesonderte Teile hervorgehoben. Aber der Altarraum buchtet sich zum Kuppelraum aus und schneidet mit einer welligen Kurve in ihn ein. Am Grundriß sieht man gut, wie beide Räume sich verschränken – im gleichen Sinne, wie man von einer Verschränkung der Finger spricht: einer greift in den andern über. Es besteht nicht mehr nur eine Brücke, die man sich leicht entfernt denken

Gesamtansicht der Villa Rotonda (1550/52) von Palladio

Ehemalige Jesuitenkirche in Mannheim (1722-1756), nach Entwürfen von A. Galli da Bibiena

Wallfahrtskirche Vierzehnheiligen (1742-1772) von Balthasar Neumann

könnte, sondern ein inniger Zusammenhang, dessen Zerreißung die Raumform zerreißen würde...

4. In der Raumverschränkung sind Kuppel- und Altarraum vollständig ausgebildet. Anders verhält sich das bei den Emporen, die in Vierzehnheiligen zwischen dem Eingangsoval und dem Kuppelraum angebracht sind. Man betrachte den Grundriß: die Emporen haben die Form eines Bogens, der Teilstück eines Ovals ist; unwillkürlich denkt man sich ihre unvollständige Form fortgesetzt. In diesem Falle würden sie in die Ovalräume der Mitte einschneiden. Man betrachte die Innenansicht: die Emporen scheinen an den Pfeilern des Mittelraums nicht zu enden, sondern in sie einzudringen. Wo zwei Teilräume sich anschneiden, wo unvollständige Formen im Falle der Vervollständigung in die nachbarlichen Zonen eindringen würden, spricht man von Raumdurchdringung.

5. Schließlich findet sich in Vierzehnheiligen noch eine letzte Form barocker Rhythmik: die Pfeiler stehen so luftig, daß man von einem Teilraum in den andern schauen kann. Die Grenzen verwischen sich, die Räume verfließen. Dies nennt man Raumvermischung...

Im barocken Innenraum ist eine besonders wichtige Formkraft das Licht. Renaissancekirchen haben ein helles gleichmäßiges Licht. Der Barock dagegen setzt gern scharfe Helligkeiten neben starke Dunkelheiten. Auch in der Ausleuchtung der Räume schafft er rhythmische Steigerungen, indem er etwa die Helligkeit der Kirche in der Kuppel gipfeln läßt. Obwohl der Barock fast ausschließlich ungefärbtes Glas verwendet, wirkt das Licht oft ebenso geheimnisvoll wie in gotischen Kirchen, und zwar durch die versteckte Anbringung der Fenster. Dann bricht – Meisterwerk solcher Lichtgestaltung ist z. B. die Asamkirche in München – eine breite Lichtflut etwa aus einem seitlichen Schacht hervor, oder eine Figur wird von der Seite aus unsichtbar bleibenden Fenstern angeleuchtet – so der Georg in Weltenburg –, so daß sie sich in ein schwebenden Schattengebilde mit lichtflüssiger Gloriole verwandelt. Diese Entstofflichung beeindruckt den Betrachter um so mehr, als er sich von mächtigsten erdschweren Säulen, Pilastern, Gebälken, von Hügeln und Wogen des Ornaments umgeben sieht. So erlebt er gleichsam, wie die Erde ins nicht mehr Irdische vergeht, erlebt inmitten greifbarster Wirklichkeit ungreifbar Visionäres.

(Heinrich Lützeler)

Gesprächspunkte und Arbeitsanregungen

1. Ergänzen Sie die lexikonartige Einführung in das Rokoko um
   a) Beispiele der Rokoko-Architektur (z. B. aus Ihrer näheren Umgebung),
   b) Beispiele aus dem Bereich der Skulptur, der Plastik *und* der Malerei.

   Stellen Sie die gemeinsamen Stilmerkmale des Rokoko in diesen drei Gestaltungsbereichen heraus.
2. In dem Text von H. Lützeler ist von Außenraum – Innenraum und von Raumgestaltung – Raumwirkung die Rede. Stellen Sie die Informationen des Textes über das Verhältnis von Außenraum/Landschaft und Innenraum zusammen und charakterisieren Sie die genannten Typen des Innenraumes. Welche Gefühlswirkungen lösen diese Raumtypen aus?
3. Suchen Sie ähnliche Wirkungen zu erzielen, indem Sie mit bildnerischen Mitteln (Graphik; Kartonplastik, Tonmodellierung o. ä.) Raumpläne (Grundrißformen, Aufrißformen) oder Raumformen entwickeln.
4. Bewerten Sie die Sprachform des Textes (geschrieben 1938), und übertragen Sie einzelne Ausdrücke bzw. Formulierungen in eine zeitgemäße Sprache.

Mögliche Anschlußthemen

1. Zurückverfolgen von Elementen der Architektur des Rokoko über die Barockarchitektur bis zum Manierismus/zur Renaissance.
2. Gartengestaltung bzw. Landschaftsgestaltung im Barock bzw. Rokoko.
3. Beziehungen zwischen Architektur und Lebensformen/Gesellschaftsformen wie Mode, Frisuren, Feste, Theater.

Kunstgeschichtlicher Schwerpunkt 2

Die klassizistische Architektur – ein europäisches Ereignis

Die Architektur des Klassizismus ist offenbar aus zwei unterschiedlichen, aber miteinander verbundenen Strömungen entstanden, die das Verhältnis zwischen Mensch und Natur grundlegend änderten. Zum einen verfügte der Mensch plötzlich über größere Möglichkeiten, Herrschaft über die Natur auszuüben, weil er um die Mitte des 17. Jahrhunderts über die technischen Begrenzungen der Renaissance hinausgewachsen war. Zum anderen hatte als Reaktion auf die gesellschaftlichen Veränderungen eine tiefgreifende Wandlung im menschlichen Bewußtsein stattgefunden. Ein neues kulturelles Klima entstand, das dem Lebensstil der an Einfluß verlierenden Aristokratie ebenso entsprach wie dem der aufstrebenden Bourgeoisie. Während die technologischen Veränderungen zu einer neuen Infrastruktur und zur Ausnutzung der gesteigerten Produktionskapazität führten, entwickelten sich aus dem Wandel im menschlichen Bewußtsein neue Wissenskategorien und eine historische Denkweise, deren Reflexionen sogar die eigene Identität in Frage stellten. Die eine, von der Wissenschaft ausgehende Richtung schlug sich direkt in den ausgedehnten Straßen- und Kanalsystemen des 17. und 18. Jahrhunderts nieder und führte zur Entstehung neuer technischer Institutionen wie der 1747 begründeten Ecole des Ponts et Chaussées. Aus der anderen Richtung entwickelten sich die humanistischen Disziplinen der Aufklärung einschließlich der Pionierwerke der modernen Soziologie, Ästhetik, Geschichte und Archäologie – Montesquieus *De l'esprit des lois* (1748), Baumgartens *Aesthetica* (1750), Voltaires *L'Age de Louis XIV* (1751) und Winckelmanns *Geschichte der Kunst des Altertums* (1764).

Die Überfeinerung der architektionischen Sprache in den Rokoko-Interieurs des Ancien régime* und die Säkularisierung des aufklärerischen Denkens zwangen die Architekten des 18. Jahrhunderts, denen nun der Entwicklungsdrang und die Ungewißheiten ihres Zeitalters bewußt wurden, durch eine Neubewertung der Antike zu einem wahren Stil zu finden. Sie wollten dabei nicht lediglich das Alte kopieren, sondern den Prinzipien folgen, auf denen die Werke des Altertums beruht hatten. So betrieben sie archäologische Forschungen, die bald zu einer Streitfrage führten: An welche der vier Mittelmeerkulturen – Ägypter, Etrusker, Griechen und Römer – sollten sie sich auf der Suche nach einem neuen Stil halten?

Die Neueinschätzung der Antike hatte zur Folge, daß die Reiseroute der traditionellen Grand Tour* über die Grenzen Roms ausgedehnt wurde. Man studierte nun an der Peripherie der Stadt jene Kulturen, auf denen nach Vitruv* die römische Architektur basierte. Nach der Entdeckung und Ausgrabung römischer Siedlungen in Herculaneum und Pompeji in der ersten Hälfte des 18. Jahrhunderts lockten Expeditionen auch in jene Gebiete, und bald wurden Reisen zu allen griechischen Stätten in Sizilien und Griechenland unternommen. Das vitruvianische Diktum der Renaissance – der Katechismus des Klassizismus – ließ sich nun an den Ruinen selbst überprüfen. Die mit Aufmaßen versehenen Zeichnungen, die in den fünfziger und sechziger Jahren des 18. Jahrhunderts veröffentlicht wurden – *Ruines des plus beaux monuments de la Grèce* (1758) von J.-D. Le Roy, *Antiquities of Athens* (1762) von James Stuart und Nicholas Revett und die Dokumentation über den Diokletianpalast in Split (1764) von Robert Adam und C.-L. Clérisseau zeugen von der

Intensität, mit der diese Studien betrieben wurden. Daß Le Roy die griechische Architektur als Ursprung des „wahren Stils" sah, erregte den chauvinistischen Zorn des italienischen Architekten und Kupferstechers Giovanni Battista Piranesi.

Piranesis Werk *Della Magnificenza ed Architettura de' Romani* von 1761 war eine direkte Attacke gegen Le Roys Polemik: Er stellte nicht nur fest, daß die Etrusker vor den Griechen gelebt hatten, sondern auch, daß sie gemeinsam mit ihren Nachfolgern, den Römern, die Architektur auf ein höheres Niveau gehoben hatten. Der einzige Beweis für seine These waren die wenigen etruskischen Bauwerke, welche die Zerstörung Roms überdauert hatten – Grabmäler und Ingenieurbauten. Offenbar beeinflußten sie sein späteres Schaffen nachhaltig. In mehreren Zyklen von Radierungen stellte er die dunkle Seite jener Empfindung dar, die Edmund Burke bereits 1757 als „das Sublime*" klassifiziert hatte, jenen stillen Schrecken, den kolossale Größe, extremes Alter und Verfall hervorrufen. In der Grandeur der Bilder, die Piranesi schuf, entwickelten diese Eigenschaften ihre volle Kraft.

In England, wo das Rokoko niemals voll akzeptiert worden war, äußerte sich die Loslösung von den Exzessen des Barock zuerst in dem vom Earl of Burlington eingeführten Palladianismus*, wenn man auch ähnliche reinigende Tendenzen in den letzten Arbeiten Nicholas Hawksmoors im Castle Howard erkennen mag. Gegen Ende der fünziger Jahre des 18. Jahrhunderts suchten die Engländer jedoch ihre Anregungen bereits in Rom selbst, wo zwischen 1750 und 1765 die wichtigsten Vertreter des Klassizismus lebten, von dem proömischen und proetruskischen Piranesi bis zu den an Griechenland orientierten Gelehrten Winckelmann* und Le Roy*, deren Einfluß sich noch nicht ausgebreitet hatte. Zu den Briten in Rom zählten James Stuart, der schon 1758 die dorische Säulenordnung* anwendete, und der jüngere George Dance, der bald nach seiner Rückkehr nach London das Newgate-Gefängnis entwarf, einen oberflächlich an Piranesi erinnernden Bau, dessen strenge Organisation möglicherweise den neopalladianischen Proportionstheorien von Robert Morris verpflichtet war. Entscheidend für die Entwicklung des Klassizismus war das Werk von Dances Schüler John Soane, der die unterschiedlichen Einflüsse Piranesis, Adams, Dances und selbst des englischen Barock in erstaunlichem Maße zu vereinen wußte. Popularisiert wurde das „Greek Revival" durch Thomas Hope. Seine Publikation *Household Furniture and Interior Decoration* (1807) stellte eine britische Version jenes napoleonischen Empirestils* vor, den Percier und Fontaine gleichzeitig entwickelten.

Nichts lag den Engländern ferner als die Theorien, die zum Aufkommen des Klassizismus in Frankreich führten. So stellte Claude Perrault, der schon im späten 17. Jahrhundert die Relativität der Kultur erkannte, die Proportionen Vitruvs* in Frage, weil sie durch die Theorie der Klassik weiterverarbeitet und verfeinert worden seien. Statt dessen legte er seine Thesen von *positiver* Schönheit und von *willkürlicher* Schönheit vor; die erstere spielte dabei die normative Rolle der Standardisierung und Perfektion, während die letztere expressive Funktionen übernahm, wie sie durch besondere Umstände erforderlich werden können.

Diese Herausforderung an die orthodoxen Anhänger Vitruvs bestätigte der Abbé de Cordemoy in seinem *Nouveau Traité de toute l'architecture* (1706), in dem er die vitruvianischen Attribute der Architektur, *utilitas, firmitas* und *venustas* (Nützlichkeit, Solidität und Schönheit), durch seine eigene Dreierordnung von ordonnance, distribution und bienséance[1] ersetzte. Die ersten beiden Kategorien betrafen die korrekten Proportionen der klassischen Ordnungen und ihre entsprechende Anwendung, während die dritte den Begriff der Angemessenheit einführte. Cordemoy wandte sich damit gegen die unangemessene Anwendung klassischer Elemente bei Zweck- oder Geschäftsbau-

1 Anordnung / Ordnung; Einteilung; Schicklichkeit

Stich aus den „Carceri“ (ca. 1744) von Giovanni B. Piranesi

Entwurf für ein Landhaus von John Soane (1798)

ten. Cordemoys *Traité* stand also nicht nur dem Barock, der letzten rhetorischen öffentlichen Äußerung des Ancien régime*, kritisch gegenüber. Er nahm auch Jacques-François Blondels Untersuchungen über den angemessenen formalen Ausdruck und eine differenzierte Physiognomie* vorweg, die mit den unterschiedlichen sozialen *Charakter* der verschiedenen Bau*typen* in Einklang stehen sollte. Die Zeit erforderte es nun, die Bedürfnisse einer viel komplexeren Gesellschaft zu artikulieren.

Cordemoy bestand nicht nur auf der sinnvollen Anwendung klassischer Elemente, sondern setzte sich auch für ihre geometrische Reinheit ein – eine Reaktion auf Formen des Barock wie unregelmäßige Säulenstellung*, gebrochene Giebel* und gedrehte Säulen*. Auch für die Ornamentik galt das Prinzip der Angemessenheit. Cordemoy argumentierte, zweihundert Jahre vor Adolf Loos'* *Ornament und Verbrechen,* daß viele Bauwerke überhaupt keine Ornamente brauchten. Er bevorzugte einfaches Mauerwerk und orthogonale* Konstruktionen. Für ihn war die freistehende Säule der Inbegriff einer reinen Architektur, wie sie sich in der gotischen Kathedrale und dem griechischen Tempel manifestiert hatte.

Der Abbé Laugier nahm in seinem *Essai sur l'architecture* (1753) Cordemoys Gedanken auf und postulierte eine universale „natürliche" Architektur wie die ursprüngliche „primitive Hütte" aus vier Baumstämmen, die ein schlichtes Steildach trugen. Nach Cordemoy erklärte er diese Primärform zur Grundlage einer Art von klassizistisch uminterpretierter gotischer Konstruktion, bei der es weder Bögen, Pilaster*, Sockel noch irgendeine andere formale Artikulation gibt und bei der die Zwischenräume

Kirche Ste.-Geneviève (heute: Panthéon) von Jaques-Germain Soufflot, begonnen 1755

zwischen den Säulen* soweit wie möglich verglast sein sollten.
Ein solcher „durchsichtiger" Bau war die Kirche Ste. Geneviève in Paris (begonnen 1755, heute als Panthéon bekannt), von Jacques-Germain Soufflot, der 1750 als einer der ersten Architekten die dorischen Tempel* in Paestum besichtigt hatte. Soufflot wollte die Leichtigkeit, die Weite und die Proportionen der gotischen Architektur in ein klassisches (um nicht zu sagen römisches) Vokabular übertragen. Deshalb übernahm er den Grundriß des griechischen Kreuzes, wobei Haupt- und Seitenschiffe aus einem System flacher Kuppeln und halbkreisförmiger Bögen bestanden, die von durchgehenden inneren Säulenreihen getragen wurden.
Die Aufgabe, Cordemoys Theorie wie auch das Werk Soufflots in die akademische Tradition Frankreichs zu integrieren, fiel Jacques-François Blondel zu. Nach der Eröffnung seiner Architekturschule in der Rue de la Harpe in Paris im Jahre 1743 wurde er zum Lehrer der sogenannten „visionären" Architektengeneration, der Etienne-Louis Boullée, Jacques Grondoin, Pierre Patte, Marie-Joseph Peyre, Jean-Baptiste Rondelet und der vielleicht größte Visionär von allen, Claude-Nicolas Ledoux, angehörten. Blondel legte seine Vorstellungen über Komposition, Typus und Charakter des Bauwerks in seinen *Cours d'architecture* dar, die zwischen 1750 und 1770 veröffentlicht wurden. Sein idealer Kirchenentwurf, im zweiten Band der Cours publiziert, war Ste. Geneviève verwandt und betonte eine repräsentative Frontansicht. Im Innern war jedes Element als Teil eines kontinuierlichen räumlichen Systems aufgefaßt, dessen scheinbar ins Unendliche führende Durchblicke ein Gefühl der Erhabenheit hervorriefen. Dieses Kirchenprojekt zeugt von der Einfachheit und Grandeur, die sich auch im Werk vieler seiner Schüler wiederfand, vor allem bei Boullée. Dieser widmete sich ab 1772 ganz dem Entwurf von Bauwerken, die wegen ihrer schieren Größe nicht realisiert werden konnten. Boullée ging nicht nur, der Lehre Blondels entsprechend, von sozialen Aspekten aus, sondern erweckte durch das Pathos seiner Entwürfe auch Empfindungen von Furcht und Ruhe. Unter dem Einfluß von Le Camus de Mézières *Génie de l'architecture, ou l'analogie de cet art avec nos sensations* (1780) begann er sein *genre terrible* zu entwickeln, bei dem die unendlichen Ausblicke und die schmucklose geometrische Reinheit der monumentalen Formen Gefühle der Ehrfurcht und Erhabenheit hervorrufen. Mehr als jeder andere Architekt der Aufklärung setzte Boullée sich mit der Fähigkeit des Lichts auseinander, die Gegenwart des Göttlichen heraufzubeschören. Das zeigt sich besonders in dem von Sonnenlicht erhellten diaphanen* Nebel seiner Metropolitan-Kirche, die teilweise Ste. Geneviève verpflichtet war. Ähnliche Lichtwirkungen treten bei der riesigen Kugel aus Mauerwerk, dem Entwurf eines Kenotaphs* für Sir Isaac Newton, auf, wo nachts eine riesige,

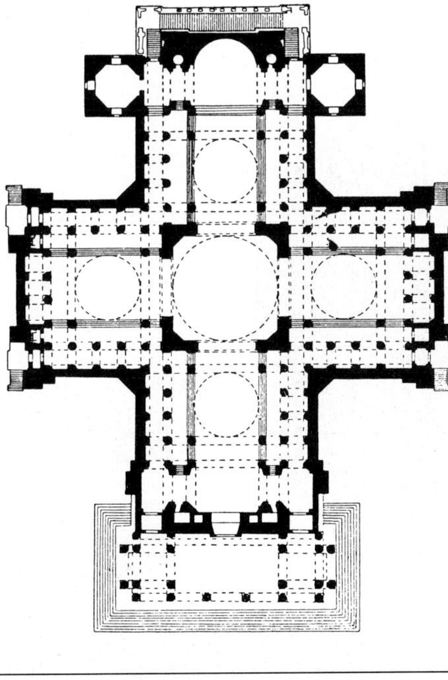

Grundriß von Ste.-Geneviève

die Sonne darstellende Lampe angezündet werden sollte. Tagsüber blieb sie dunkel, so daß das Tageslicht, das durch Löcher in der Kalotte einfiel, die Illusion eines gestirnten Firmaments schuf.
Boullée war zwar ein überzeugter Republikaner, doch blieb er von der Idee besessen, die Monumente eines allmächtigen Staates zu entwerfen, die der Anbetung des höchsten Wesens geweiht waren...
Ledoux kehrte, nachdem seine Laufbahn durch die Revolution ein Ende gefunden hatte, während seiner Haftzeit zu dem Projekt der Saline zurück, die er von 1773 bis 1779 für Louis XVI. in Arc-et-Senans errichtet hatte. Er erweiterte den Halbkreis dieses Komplexes zum repräsentativen Kern seiner Idealstadt Chaux (veröffentlicht unter dem Titel *L'Architecture considérée sous le rapport de l'art, des mœurs et de la législation,* (1804). Die Salzraffinerie selbst (die er in das ovale Zentrum seiner Stadt stellte) kann als eines der ersten Beispiele für Industriearchitektur gelten, da Ledoux bewußt Produktionseinheiten und Arbeiterwohnungen in Verbindung brachte. Jeder Bestandteil dieses physiokratischen Komplexes war seinem Charakter entsprechend gestaltet. So trugen die Gebäude für Salzverdampfung in derAchse hohe Dächer wie landwirtschaftliche Bauten und waren in glattem Haustein mit rustizierten Einfassungen ausgeführt, während das Haus des Direktors in der Mitte, mit einem niedrigen Dach und Ziergiebeln ausgestattet, voll und ganz rustiziert und mit klassischen Säulenhallen versehen war. Hier und dort waren die Wände der Salzspeicher und der Arbeiterhäuser mit grotesken „Wasserspeiern“ geschmückt, aus denen versteinerte Salzsole quoll. Sie symbolisierten nicht nur die Grundlage des ganzen Unternehmens, sondern wiesen auch darauf hin, daß Produktionssystem und Arbeitskräfte gleich wichtige Funktionen erfüllten.
Bei der fiktiven Entwicklung dieser begrenzten Typologie, die alle Institutionen seiner Idealstadt umfaßte, führte Ledoux die Idee einer architektonischen „Physiognomie“ fort, um die sozialen Absichten seiner an sich abstrakten Formen symbolisch zum Ausdruck zu bringen. Die Bedeutungen werden entweder durch konventionelle Symbole übermittelt, wie bei den an Gerechtigkeit und Einigkeit erinnernden Liktorenbündeln am Haus des Friedens, dem sogenannten *Pacifère,* oder durch direkte Anspielungen wie im Falle des *Oikema* oder Tempels der Liebe, dessen Grundriß einen Phallus darstellt. Der Tempel der Liebe war der Libertinage gewidmet mit dem merkwürdigen sozialen Ziel, durch sexuelle Übersättigung zur Tugend zu führen.
Die Entstehung von Napoleons „Style Empire“ in Paris und die frankophile* „Kulturnation“ Friedrichs II. in Berlin sind nur zwei verschiedene Manifestationen der gleichen kulturellen Tendenz. Der Style Empire verwendete in eklektizistischer* Weise antike Motive, seien es römische, griechische oder ägyptische, um einer republikanischen Dynastie unmittelbar zu einem Erbe zu verhelfen. Besonders in den theatralischen Zeltinterieurs der Napoleonischen Feldzüge und in den massigen, römisch inspirierten Monumenten der Hauptstadt manifestierte sich dieser Stil, so in Percier und Fontaines Rue de Rivoli und Arc du Carrousel oder Gondoins Säule auf der Place Vendôme, die der Grande Armée gewidmet war. In Deutschland zeigte sich diese Tendenz zuerst beim Brandenburger Tor von Carl Gotthard Langhans, das 1793 als westlicher Zugang nach Berlin errichtet wurde, und bei Friedrich Gillys Entwurf für ein Denkmal Friedrichs des Großen von 1797. Von Ledoux' Primärformen beeinflußt, ahmte Gilly die Strenge der dorischen* Ordnung nach und lieferte damit ein architektonisches Pendant zu der „archaischen“ Kraft der Sturm- und Drang-Bewegung in der deutschen Literatur. Wie seinem Zeitgenossen Friedrich Weinbrenner

Etienne-Louis Boullée: Entwurf für das Kenotaph Newtons, Äußeres bei Tage und Inneres mit Nachteffekt. Lavierte Federzeichnung (1784)

Claude-Nicolas Ledoux: Entwurf der Idealstadt Chaux, veröffentlicht 1804

Friedrich Gilly: Entwurf zu einem Denkmal für Friedrich den Großen (1797)

schwebte ihm eine spartanische Urzivilisation von hohem moralischem Wert vor, die den Mythos des idealen preußischen Staates feiern sollte. Das eindrucksvolle Monument sollte die Form einer künstlichen Akropolis* auf dem Leipziger Platz annehmen. Man hätte diesen Temenos* von Potsdam aus durch einen gedrungenen von einer Quadriga* bekrönten Triumphbogen betreten.
Gillys Kollege und Nachfolger, der preußische Architekt Karl Friedrich Schinkel, erwarb seine frühe Begeisterung für die Gotik nicht in Berlin oder Paris, sondern durch das Erlebnis italienischer Kathedralen. Dennoch wurde nach der Niederlage Napoleons im Jahre 1815 dieser romantische Geschmack von dem Wunsch überschattet, einen angemessenen Ausdruck für den Triumph des preußischen Nationalismus zu finden. Offenbar erforderte die Kombination von politischem Idealismus und militärischem Heldentum eine Rückkehr zur Klassik. Auf jeden Fall war dies der Stil, der Schinkel nicht nur mit Gilly, sondern auch mit Durand in Verbindung brachte, als er seine Meisterwerke in Berlin schuf: die Neue Wache von 1816, das Schauspielhaus von 1821 und das Alte Museum von 1830. (Kenneth Frampton)

Thematik I

Karl Friedrich Schinkel: Persönlichkeit und Zeit

Karl Friedrich Schinkel ist die hervorragendste Gestalt unter den deutschen Architekten der ersten Hälfte des 19. Jahrhunderts. Dies darf gesagt werden, auch ohne die Leistung etwa Leo von Klenzes (1784 – 1864) zu schmälern, der im übrigen aus der gleichen Berliner Schule hervorging wie Schinkel und der für und aus München und Bayern dieselben Epochenaufgaben der Architektur löste wie Schinkel in seiner Wirkungssphäre. Henry-Russel Hitchcock, der zu den besten Kennern der Materie gehört, nennt Schinkel den einzigen Architekten dieses Zeitraums, der seinem Format nach mit dem eine Generation älteren Engländer Sir John Soane (1753 – 1837) verglichen werden könne. Er unterstreicht damit zu Recht den hohen internationalen Rang des Baumeisters, dem Berlin eine Reihe seiner schönsten und markantesten Bauten verdankt.
Wer Schinkel kannte, hob die Lauterkeit und das Gewinnende seiner Persönlichkeit und eine Vielzahl hoher menschlicher Qualitäten hervor. Schon die Zeitgenossen unterstrichen außerdem, was auch uns neben der unzweifelbaren Genialität einzelner seiner Schöpfungen als der eigentliche Grund seiner kunstgeschichtlichen

Leo von Klenze: Zwei Entwürfe für die Glyptothek in München (1815) und der fertige Bau (1816-1830)

Bedeutsamkeit erscheint: die erstaunliche Vielseitigkeit, ja Universalität seines Wirkens.
Schinkel war ein Baumeister, der alle Möglichkeiten baukünstlerischer Erfindung und Gestaltung, die seiner Zeit zu Gebote standen, glänzend beherrschte, der aber vor allem auf jedem der Wege in der ersten Reihe der Neuerer voranging: Bei der Entwicklung des Klassizismus wie der Neugotik, aber auch, was bisher weniger erkannt wurde, bei der Neurenaissance und besonders bei den ersten Schritten zu einem rationellen modernen Bauen. Er besaß ein sichtbares Gespür für den Zusammenhang der spezifisch künstlerischen Seite der Architektur, an der ihm besonders gelegen war, mit den praktischen und ökonomischen Erwartungen, die an jedes Bauwerk wie vor allem an den Städtebau gerichtet werden, und mit den technologischen Voraussetzungen zu einer optimalen Lösung architektonischer Probleme. Er wandte sich mit gleicher Intensität und Fähigkeit nahezu allen Bauaufgaben seiner Zeit zu: Gesellschafts- und Privatbauten, Repräsentations- und Nutzbauten, Außen- und Innenarchitektur, und er fand für mehrere epochentypische neue Aufgaben wie Museum, Theater, Schule und Kaufhaus wegbahnende Gestaltungen. Er verstand es, wesentliche Seiten des Bauwesens eines ganzen Staates zu organisieren und zu leiten, dem gesamten Baugeschehen seinen wohltuenden Stempel aufzudrücken und eine Schultradition in der Architektur zu begründen, die sich selbst in dieser baufreudigen und schnellebigen Epoche über längere Zeit und auch international zu behaupten vermochte. Er verband wache Aufmerksamkeit für die neuen Bedürfnisse und Möglichkeiten, die aus dem ungeheuren Vorgang der industriellen Revolution resultierten, mit dem Bewußtsein von einer Verpflichtung gegenüber der künstlerischen Tradition, einem kenntnisreichen Wirken als Bauhistoriker (durch seine Rekonstruktionen) und vor allem als einer der Begründer der modernen Denkmalpflege. Er war zugleich einer der bemerkenswertesten romantischen Maler, widmete sich einer neuartigen, volkstümlich-massenwirksamen Form von Malerei, dem Panorama, und zählte zu den hervorragendsten, neue Wege gehenden Bühnenbildnern. Und wenn es auch in seiner Zeit auf Grund einer noch wirksamen Tradition von der Architektur als Mutter der Künste üblicher war, als wir uns heute gemeinhin vorstellen können, daß der Architekt auch genaue Vorgaben für die baugebundenen Werke der Maler und Bildhauer entwarf, so war doch das Ausmaß, in dem Schinkel die für seine Bauten gedachten Skulpturen vorzeichnete oder Denkmäler projektierte, so groß, daß man ihn sogar als einen Bildhauer preisen konnte, selbst wenn die dreidimensionale Realisierung seiner Zeichnungen dann den Händen von Tieck, Kiss und anderen überlassen blieb. Kein Geringerer als der fünfzigjährige Schadow*, schon auf dem Gipfel seiner Laufbahn stehend, modellierte treulich nach Schinkels Entwürfen die Viktorien* an dessen erstem bedeutenden Bau, der Neuen Wache (1815 – 18), und ordnete sich mit dieser nur relativ bescheiden anmutenden, fast nur dekorativen Arbeit dem ästhetischen Anliegen des Ganzen unter.
Schinkel entwarf ferner Möbel und andere Gegenstände des täglichen Gebrauchs, die im Einklang mit der Architektur eine möglichst komplexe ästhetisch-künstlerische Gestaltung der Umwelt gewährleisten sollten, und er sorgte sich gemeinsam mit seinem Freunde Beuth um die ästhetische Erziehung der jungen Produzenten, die solche Konsumgüter für den wachsenden Massenbedarf herstellten. Schließlich stand Schinkel ständig in einem so engen und lebhaften geistigen Kontakt mit einigen der bedeutendsten Wissenschaftler, Politiker, Künstler und wohl auch Industriellen der Berliner Szene und im Austausch mit zahlreichen Ausländern, daß ihm nicht nur jederzeit die neuesten Probleme und fortgeschrittensten Ideen geläufig gewesen sein dürften, sondern man ihn wohl auch als einen klugen Gesprächspartner in diesen Kreisen akzeptiert haben muß, der in der Lage war, selbst etwas Wichtiges in das Ideengut seiner Epoche einzubringen. Dazu gehörte sein architekturtheoretisches Denken, auch wenn es

sich am Ende leider nicht so umfassend, wie es geplant war, in einem Lehrbuch kristallisieren konnte...

Der Staat nahm sich der praktischen wie geistigen Funktionen der Bauwerke, der Organisation des Bauwesens und der Ausbildung der Architekten mit großer Zielstrebigkeit an. Seit 1810 überprüfte Schinkel in der Oberbaudeputation* alle öffentlichen Bauvorhaben Preußens mit einer Investitionssumme von über 500 Talern bzw. bei Reparaturen über 1000 Talern auf ihre künstlerische Seite hin und griff korrigierend in hunderte Pläne ein. Für die Erfüllung der praktischen Ansprüche an das Bauen war Schinkel durch die Ausbildung beim Vater des genialen Friedrich Gilly, dem Landbaumeister David Gilly (1748 – 1808), gut vorbereitet worden. Die „höhere Baukunst", die dem humanistisch Gebildeten vorschwebte, hatte es jedoch schwer, sich durchzusetzen. Ein Bericht Schinkels von seiner Inspektionsreise nach Schlesien im Sommer 1832 legte dar, wie zäh sich private und kommunale Auftraggeber und örtliche Maurer- und Zimmermeister aus rückständigen Traditionen, aber auch aus Widerstand gegen zentralistische staatliche Eingriffe und aus kapitalistischem Profitstreben gegen die „wissenschaftlich und künstlerisch ausgebildeten Baumeister" und die neuen Organisationsformen sperrten.

Viele Träume Schinkels von einer denkmalhaften Architektur blieben Träume. Einige der bedeutendsten von ihnen entsprangen der patriotischen Begeisterung einer nationalen Romantik. Die Volkserhebung in den Freiheitskriegen sollte durch einen neugotischen Dom gefeiert werden. Schinkel war schon früh für die Ausdruckswerte der gotischen Architektur entflammt worden, die damals als spezifisch nationale Tradition und künstlerisches Zeugnis einer vergangenen nationalen Größe angesehen wurde. Ehe er bauen konnte, in den Notjahren des Krieges, legte er seine Anschauung in Gemälden dar, die ihn, zusammen mit anderen Malereien, Zeichnungen und Graphiken, zu einem der bedeutsamsten romantischen Maler in Deutschland machten, der zweifellos Anregungen von C. D. Friedrich und Ph. O. Runge aufgriff, aber aus vergleichbaren Antrieben heraus auch selbständig neben ihnen seinen Platz einnahm und sowohl bei den nazarenischen* Romantikern als auch bei der Düsseldorfer realistischen Spätromantik seine Spuren hinterließ. Bei der späteren tatsächlichen Verwendung gotischer Formen im Kirchen- und Schloßbau dämpfte Schinkel allerdings den charakteristischen Vertikalismus gotischer Bauten durch eine Überlagerung mit den an der klassischen griechischen Architektur gewonnenen Gestaltungsprinzipien.

Er war ja ein Künstler, der das am besten als eklektischer* Historismus zu bezeichnende Schaffensprinzip anwandte und mächtig förderte: das Beste aus der Vergangenheit zu entnehmen und daraus etwas den neuen Bedürfnissen Entsprechendes zu machen, um so zu einem eigenen, neuen Stil zu gelangen.

Schinkel selbst hielt einen Stil, der ganz neuartig wäre und jeden Zusammenhang mit Älterem aufkündigte, für ein ihn erschreckendes „Phantasma". Man müsse, wo nötig, das Schönste aus dem Vergangenen miteinander verschmelzen. Insbesondere galt dies für die so unterschiedlichen Systeme der Antike und der Gotik, aber auch der „Rundbogenstil", der sowohl in der Romanik als auch vor allem in der toskanischen Renaissance zu finden war, wurde befragt und adaptiert. Wäre das Berliner Rathaus nach Schinkels Entwurf von 1817 im Stile eines stolzen Florentiner Bürgerhauses wie des Palazzo Strozzi umgebaut worden, stünde es als bahnbrechendes Beispiel einer ernsten und strengen Neurenaissance-Architektur neben Klenzes etwa gleichzeitigem, eleganteren Palais Leuchtenberg (1816 – 21) in München, das, da es realisiert werden konnte, Erstling der Renaissanceaneignung in der deutschen Baukunst des 19. Jahrhunderts wurde.

Schinkel war es dafür gegeben, mit dem ausgeführten Haus der Bauschule (1831 – 36) und mit den an Knausrigkeit und antibürgerlichem Konservatismus gescheiterten Plänen für ein

Wilhelm Ahlborn nach Karl Fr. Schinkel: Gotischer Dom am Wasser (1823).
Das Original von 1813 ist vernichtet

Kaufhaus (1827) und eine Bibliothek (1830) im Zentrum Berlins bis zu einer „vollkommensten Eigentümlichkeit…, wie solche unmittelbar durch das Bedürfnis und durch die heimische Weise der Konstruktion hervorgerufen war", vorzustoßen…

Er öffnete sich begeistert dem romantischen Streben nach Historie und Vaterländischem, Phantasievollem und Volksverbundenem, nach Stimmungshaftem und subjektivem Gefühlsreichtum, ohne jemals auf Genauigkeit und Durchsichtigkeit seiner Schöpfungen zu verzichten. Vielleicht am schönsten geschah dies in dem Entwurf zu einer Gedächtnishalle für die Königin Luise (1810) und auf andere Weise in Schloß Charlottenhof und den Römischen Bädern (1826 – 1835) in Potsdam.

Er wandte sich schließlich mit außerordentlicher Aufgeschlossenheit den Anforderungen zu, die im Gefolge der industriellen Revolution auftraten, als diese Preußen früher als andere deutsche Staaten in ganzer Breite zu erfassen begann. Auch wo ihn die Folgen dieser gewaltigen Umwälzung erschreckten, die unlösbar mit allen abscheulichen Konsequenzen des sich rücksichtslos ausbreitenden Kapitalismus verquickt war, ist er ihnen niemals nostalgisch ausgewichen. Dazu war er zu hellsichtig und zu nüchtern. „Zweckmäßigkeit", schrieb er für sein geplantes Lehrbuch, ist „das Grundprinzip alles Bauens". Das Baukunstwerk habe vor allem den Vorzug, daß es einen „realen, wirklichen Gehalt", d. h. seine praktische Brauchbarkeit dazustellen habe. Dies aber müsse so geschehen, daß zugleich das Ideal, der „höchste Charakter" der betreffenden Gattung von Bauwerken dargestellt oder wenigstens angestrebt werde. Den Kunstwert eines Baues bestimme dessen

Charakter oder Physiognomie* als Ideal seiner Zweckmäßigkeit. Ein Museumsbau, heißt das, müsse vollkommen den Charakter eines Museums zeigen, indem es gleichzeitig gut als ein solches funktioniere. (Peter H. Feist)

Thematik II

Baugeschichte, Konstruktion und Gestaltung der „Bauakademie" in Berlin (Schinkel 1831)

1869 bezeichnet Friedrich Adler in seiner Festrede zur Schinkel-Feier das Gebäude der Bauakademie als einen „Eckstein des Berliner Städtebaus". Auch für Schinkel selbst war die Allgemeine Bauschule, wie die Einrichtung von 1831 bis 1848 genannt wurde, der liebste Bau in der von ihm gestalteten Stadtlandschaft an der Spree, in deren Komposition „korrespondierender Kuben" (Peschken) – Packhof, Altes Museum, Bauakademie – er das Zeughaus und das Schloß mit einbezogen hatte. Durch Bebauungen in der zweiten Hälfte des 19. Jahrhunderts und durch die Zerstörungen im Zweiten Weltkrieg ist diese Architekturlandschaft nicht mehr erkennbar.

Vorbildwirkung hatte der Bau nicht nur vom städtebaulichen Gesichtspunkt, von der Idee des architektonischen Kubus in der Landschaft, sondern auch von der konstruktiven Konzeption und von dem verwendeten Baumaterial, dem Backstein, her. „Nach über 200 Jahren Putzbau mit Stuckdekoration... war dieser Ziegelbau eine bewußte Rückkehr zur Gediegenheit und Echtheit, wie man sie in den Werken heimischer Backsteingotik sah." (Peschken) Das Gebäude der Bauakademie war ein Nutzbau und hatte die Funktion, eine Kunstschule und eine Kunstbehörde unterzubringen. Daher folgte der Bau Schinkels „oberstem Grundsatz der Baukunst", der „Zweckmäßigkeit". Die Begründung für die Notwendigkeit, dieses Gebäude zu errichten, gab Schinkel in der

Karl Friedrich Schinkel: Die Bauakademie in Berlin (1831-1835)

„Sammlung Architektonischer Entwürfe" selbst: „Eine neue Organisation des Instituts, das bisher den Namen Bauakademie trug, jetzt die Allgemeine Bauschule genannt wird, und der sehr beschränkte Raum dieser Anstalt und des Lokals der Oberbaudeputation*, welcher hindert, die großen Sammlungen von Zeichnungen, Karten und Modellen, sowie die diesen beiden Anstalten gemeinschaftlich zugehörige Bibliothek aufzustellen und letztere zur besseren öffentlichen Benutzung einzurichten, gaben die Veranlassung zu dem neuen Bau."...

Mit dem Neubau wird am 1. 4. 1832 begonnen. 1833 ist der Rohbau aufgeführt, d. h. ein Pfeilersystem ist vom Keller bis zum Hauptgesims einzeln aufgemauert und von einem verspannenden Netz von Bogen und Eisenankern gehalten. 1834 erfolgte die Einwölbung der Decken und Bögen, die Aufmauerung der Füllwände, das Ausfüllen der Brüstungen und das Einsetzen der Gesimsziegel und Verblendungssteine, wie auch das Anbringen der Schmucktafeln aus Ton von oben nach unten.

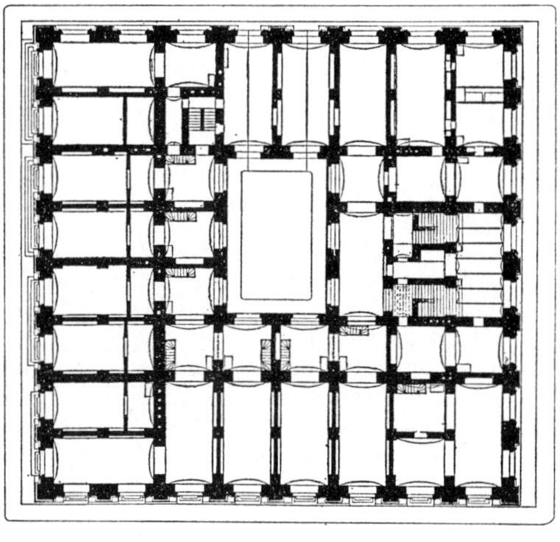

Grundriß der Bauakademie

Die Verkleidung des Außenbaues erfolgte mit Ziegeln zwischen weißgefugten Schichten farbiger Backsteine. Die Tontafeln und glasierten Kacheln wurden in der Töpferwerkstatt von Cornelius Gormann in Berlin aus Rathenower und Stolpener Ton gebrannt. 1835 erfolgte der Innenausbau und am 1. 4. 1836 wurde das Gebäude der Benutzung übergeben. Am 10. 7. 1836 genehmigte Friedrich Wilhelm III. die Platzumgestaltung vor der Bauakademie durch Peter Joseph Lenné.

„Der Bau wird in Backstein aufgeführt und bleibt in seinem Äußeren ohne Übertünchung und Abputz. Das Material ist deshalb mit besonderer Sorgfalt bearbeitet worden, alle Gliederungen und Simswerke, alle Ornamente und Basreliefs*, die hermenartigen* Stützen in den breiten Fenstern und die von ihnen getragenen Bogenausfüllungen sind in gebrannter Erde auf das genaueste ausgeführt und treten in den Bau selbst erst jedesmal dann ein, wenn die rohe, aber sorgsam ausgeführte Konstruktion ihnen ihren Platz gesichert und jeden Druck des sich setzenden Mauerwerks von ihnen abgewiesen hat.

Durch die ganze Fassade ist jedesmal in regelmäßiger Höhe von fünf Steinschichten eine Lagerschicht von glasierten Steinen in einer sanften mit dem Ganzen harmonischen Farbe angeordnet, teils um die rötliche Farbe der Backsteine in der Masse etwas zu brechen, teils um durch diese horizontalen Linien, die das Lagerhafte des ganzen Baues bezeichnen, eine architektonische Ruhe zu gewinnen." (Schinkel „Sammlung Architektonischer Entwürfe")

Dem Baumaterial entspricht die Konstruktion des Baues. Der quadratische viergeschossige Bau hat vier gleiche Schauseiten zu je acht Achsen unter flachem Dach mit Innenhof. Die ziegelverblendeten Fassaden mit Streifen violetter Glasursteine sind durch ein rasterartiges Trägergerüst aus tragenden Wandpfeilern und horizontalen Stockwerkgesimsen gegliedert. Dieses Gerüst ermöglichte die großen dreiteiligen Fenster und die Wölbung der Räume. Der Dekor an Fenstern und Portalen besteht aus gebrannten Tontafeln und ist zurückhaltend...

Die obengenannte Gerüstkonstruktion besteht aus Pfeilervorlagen* und den beiderseitigen Wandstücken, die mit der inneren Vorlage im Grundriß einen kreuzförmigen Pfeiler ergeben. Diese Pfeiler* sind in den einzelnen Geschossen durch Segmentbögen* verbunden und nach außen mit Ziegelmauerwerk verblendet. Auf dieses Pfeilersystem wurde die Last verteilt und wurden Fensterhöhe und Raumwölbung ermöglicht. Die Außenwände sind Skelettfassaden, deren Ausfachung vorfabriziert ist. Die innere Wölbung erfolgte mit Segmentkappen*, die auf Gurtbögen* ruhten und quer zu den Fassaden verliefen. Konstruktive Vorgänger der Bauschule sind Schinkels Entwürfe zum Speichergebäude des neuen Packhofes und zum Warenhaus Unter den Linden. Rechteckraster und Kappenkonstruktion der Geschoßdecken waren Konstruktionsweisen, die Schinkel auf seiner Englandreise, die er 1826 mit Beuth unternommen, an Fabrik- und Speichergebäuden kenengelernt hatte. Es war die Bautechnik der Zukunft, die Schinkel an der Bauakademie mit Verzicht auf historische Stilformen in Ziegel übertrug. Mit diesen neuen konstruktiven Mitteln führte er ein neues „Stilprinzip" vor, das nach seinen Worten eine „Architektur, die aus den Konstruktionen des Backsteins hervorgeht", entstehen ließ. Die Ziegel der konstruktiven Bauteile sowie die Schmuckterrakotten* sind fabrikmäßig hergestellt und Serienware. Mit dieser „Technisierung" beschritt Schinkel den Weg moderner Produktionsverfahren, der in der Großblockbauweise unserer Tage mündet. Mit dem Gebäude der Bauschule schuf Schinkel den für die moderne Architekturentwicklung zukunftsweisenden Bau, frei von der Bindung an historische Formen, bestimmt von der bautechnischen Konstruktion, einem bodenständigen Material und eingebunden durch Gestalt und Funktion in einen vorgegebenen und von ihm durchgestalteten städtebaulichen Rahmen.

(S. Badstübner-Gröger)

Gesprächspunkte und Arbeitsanregungen

1. Stellen Sie anhand des Textes und der Abbildungen einen Merkmalskatalog klassizistischer Architektur auf. Besprechen Sie die im Text von K. Frampton genannten Bestimmungen für diesen neuen Architekturstil und vergleichen Sie diese Bestimmungen mit den im Text von H. Lützeler (im Hinblick auf die Rokoko-Architektur) genannten Begriffe/charakterisierenden Ausdrücke.
2. Informieren Sie sich über den zeitgeschichtlichen Hintergrund der klassizistischen Architektur und setzen Sie die Bauwerke/Bautheorien in Beziehung zur Zeitgeschichte.
3. Entwickeln Sie aus einfachen Grundordnungen Grundrisse bzw. Aufrisse für bestimmte, genauer festzulegende Gebäude und benutzen Sie dabei klassizistische Organisationsformen.
4. Bestimmen Sie die Elemente der Architektursprache, die von Friedrich Schinkel entwickelt wurde. Ziehen Sie dabei auch den Text von Philip Johnson (Kapitel 13) heran. Setzen Sie diese Sprache in Beziehung zur Herrschafts- und Staatsform jener Zeit.
5. Vergleichen Sie die Bauten von Friedrich Schinkel mit Bauwerken auf Gemälden von Caspar David Friedrich, Carl Gustav Carus u. a. Romantikern.
6. Bauen Sie mit einfachen Materialien (Ton, Gips mit eingelegten Drähten) das konstruktive Gerüst der „Bauakademie" im Modell nach.

Mögliche Anschlußthemen

1. Ableitung klassizistischer Architektur aus der Renaissance bzw. der römischen und/oder griechischen Antike.
2. Fortwirken des Klassizismus bis in die Moderne Kunst/die heutige Architektur.
3. Zusammenstellung „klassizistischer" Gebäude in der näheren Umgebung; Bestimmung ihres Stilcharakters.

Kunstgeschichtlicher Schwerpunkt 3

Neue Baustoffe, neue Bautechniken

Fragt man nach den konstruktiven Voraussetzungen, die die dritte Raumkonzeption[1] vorbereiten, so muß auf die Grundlagen gewiesen werden. Sie mußten zuerst gefunden und erprobt werden, ehe der Künstler im Architekten die räumliche Form dafür schaffen konnte. Die Vorarbeit lag beim Ingenieur, beim Wissenschaftler, bei der Industrie. Die Vorstufen liegen im 18. Jahrhundert, ihre Weiterführung im 19. und die künstlerische Gestaltung im 20. Jahrhundert.

Beton

Die Römer arbeiteten mit Beton, den sie durch Ziegelverkleidung zu schützen wußten. Als Rom von Barbaren zerstört wurde, ging die Erfahrung, qualifizierte Teamworks im Baubetrieb einzusetzen und mit Beton umzugehen, verloren. In einem so stark von Römischem durchtränkten Gebiet wie Südfrankreich können sich zwar bis ins frühe Mittelalter römische Baumethoden halten, von einer kontinuierlichen Weiterentwicklung kann aber nicht die Rede sein.
Es ist bezeichnend, daß zum Beispiel Alberti* den Beton der Alten nicht erwähnt, obwohl er nie vergißt, die Erfahrungen der antiken Autoren anzuführen, und er selbst die römischen Bauten untersucht hat.
Im 18. Jahrhundert wurde in England der Beton und seine Verwendung neu entdeckt. Ungefähr zur gleichen Zeit haben Altertumsforscher, in erster Linie Winckelmann, Beton in antiken Bauwerken analysiert.

1 Gemeint ist die Raumkonzeption, die sich nach dem Barock/Rokoko entwickelte.

Eisen

Es war der Griff nach neuen Konstruktionsmaterialien, der die dritte Raumkonzeption ermöglicht hat; die Verwendung des Eisens als Baumaterial.
Es hat einen langen Weg gebraucht, bis es dazu kam. Die Römer haben ihr Mißtrauen gegen die Verwendung von Eisen als Baumaterial nie überwunden. Während des Mittelalters wurde Eisen nur in beschränktem Maß gebraucht. Daß die gotischen Gewölbekonstruktionen mit ihren Diensten* und ihrer stets verminderten Dimensionierung der tragenden Glieder gerade Konstrukteuren wie Auguste Perret und Pier Luigi Nervi höchste Achtung entlockten, mag eine innere Affinität andeuten. Noch überzeugender aber sind die Lehren, die Viollet-le-Duc um 1860 den Architekten gab, indem er – unter Hinweis auf die konstruktive Kühnheit der französischen Gotik – sie anregen wollte, den gleichen Mut für ihre eigenen Konstruktionen aufzubringen.
Viollet-le-Duc war so mit den gotischen Gewölben verwachsen, daß er sich innerlich nicht von ihnen lösen konnte. In fast allen seinen Entwürfen kehrt das gotische Gewölbe wieder. Er selbst hat sich in Versuchen, die fernab den neuen Konstruktionen stehen, zum Beispiel in seinem Entwurf für eine *gedeckte Markthalle*, gußeiserner, V-förmig auseinanderstrebender Stützen bedient. Außerdem hatte er ein gläsernes Vordach mit Eisenschienen vorgesehen, wie später Eiffel an der Ausstellungshalle von 1867 und im Warenhaus Bon Marché (1876) das vorkragende Glasdach (marquise vitrée) benutzte.
Viollet-le-Duc denkt immer an gotische Tragwerke, die er durch gußeiserne Stützen ersetzt, während die Ingenieure unmittelbar vom

Eugène E. Viollet-le-Duc: Entwurf für eine gedeckte Markthalle (1864)

Material ausgingen, dem Stahl und der Vorfabrikation. Zum ersten Mal geschah dies zur Zeit Viollet-le-Ducs in der Weltausstellung von 1867 durch den Konstrukteur J. B. Krantz und den jungen Eiffel.

Zwar sprach Viollet-le-Duc den kühnen Satz aus: „Die Ingenieure, die die Lokomotiven gebaut haben, dachten nicht daran, ein Postkutschengespann nachzuahmen. Im übrigen scheint es, daß die Kunst nicht an bestimmte Formen festgenagelt ist und daß sie, wie der menschliche Geist, ohne Unterbruch am Erfinden neuer ist..."

Aber vor der Realität der großen Ausstellung von 1867, wo Lösungen ohne die neuen Konstruktionsmethoden unmöglich waren, schreckte er zurück: „Wir bedauern tief, eine Nation wie die unsere zu sehen, die die ganze Welt herbeiruft, um die häßlichste Konstruktion anzusehen, die man ersinnen konnte, und wir wären verzweifelt, falls sie annähmen, daß wir dafür die geringste Sympathie aufbrächten."

Man muß dabei in Betracht ziehen, daß Viollet-le-Duc eine doppelte Natur hatte. Auf der einen Seite war er *Inspecteur-Général des édifices Diocésains**, wobei er sich nicht von den Formen der sakralen gotischen Deckenkonstruktion lösen konnte. Andererseits regten ihn die gotischen Konstruktionen dazu an, immer wieder auf die neuen Möglichkeiten, die im Eisen schlummerten, hinzuweisen. Ihm war der Blick dafür verstellt, daß die Ingenieure unmittelbar auf die Eigenschaften und neuen Erfordernisse der Stahlkonstruktion auszugehen hatten.

Eisenbeton

Wie beim Gußeisen erfolgte auch beim Eisenbeton die erste Verwendung im Brückenbau. Es war ein Denkmalpfleger und Schüler von Viollet-le-Duc, Anatole de Baudot, der 1894 zum ersten Mal Eisenbeton in einer gotisierenden Kirche, *St. Jean de Montmartre,* anwandte.

Das war der Beginn. Um 1900 folgte Auguste

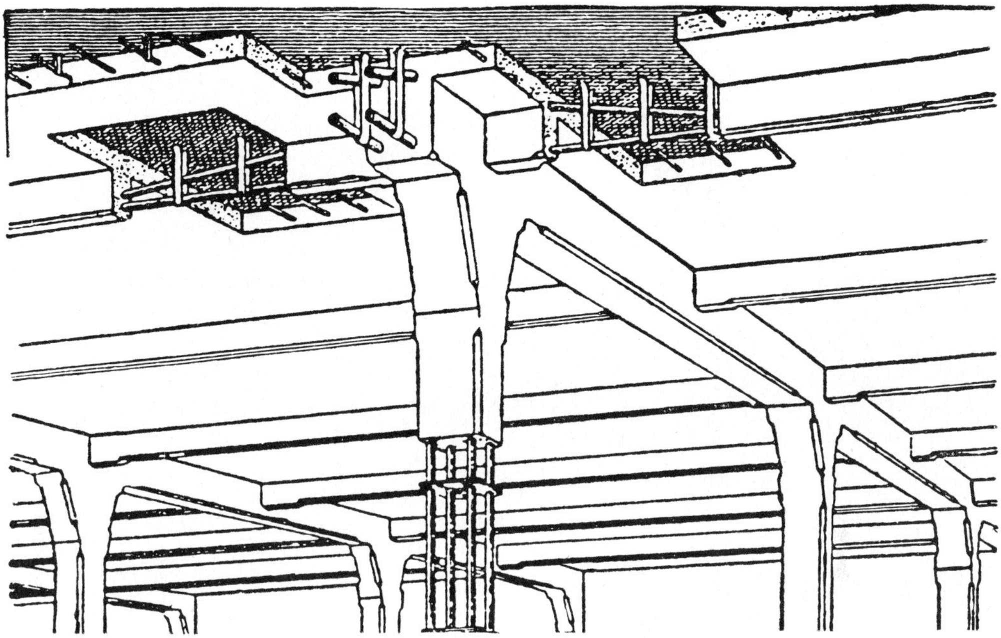

Schema für eine Stahlbetonkonstruktion von Francois Hennebique (1892)

Perret und zwei Jahrzehnte später Le Corbusier in der Errichtung von Eisenbetonbauten, in denen der Eisenbeton von historisierenden Formen befreit und die Einheit von Konstruktion und Ausdruck gefunden wurde.

Gußeisen im 18. und 19. Jahrhundert

Mit dem Gußeisen setzt die Industrialisierung ein. Im 18. Jahrhundert wurde es besonders in England und Schottland industriell hergestellt, hier springen überall Eisenhütten auf, die nun auf industriellem Weg Gußeisen erzeugen. Nicht nur für reliefgeschmückte Ofenplatten, später für Gartengitter, durchgehende Balkone – wie in den Häusern von Bloomsbury – und Straßenlaternen wurde es gebraucht, zukünftiger war seine konstruktive Verwendung für Brücken und Maschinen. Der technische Anwendungsbereich war ausschlaggebend. Für diese Zwecke wurde Gußeisen bald in großen Mengen hergestellt.

Einen nachweisbar frühen Gebrauch fand Gußeisen im Park von Versailles (1664-86) für Wasserleitungsröhren, die noch heute benutzt werden.
Im späten 18. und in der ersten Hälfte des 19. Jahrhunderts folgen Brückenkonstruktionen, besonders in Großbritannien, dem Ursprungsland der Industrialisierung.

Vom Schmiedeeisen zum Stahl

Gußeisen wird weiter verwendet für allerlei dekorative Gegenstände. Auch bleibt seine Bedeutung für gewisse Maschinenteile bestehen. In den Vordergrund treten aber immer mehr die Herstellung und Beanspruchung von Flußeisen, Schmiedeeisen und schließlich Stahl. Ein frühes Beispiel ist der schmiedeeiserne Dachstuhl des *Théâtre Français,* Paris, von Victor Louis (1786), der hier anstelle der feuergefährlichen hölzernen Dachstühle Verwendung fand.

T.F. Pritchard und A. Darby: Brücke bei Coalbrookdale (1777-1779)

Sir B. Baker, Sir J. Fowler und Sir W. Arrow: Die Brücke über den Firth of Forth in der Nähe von Edinburgh/Schottland (1882-1890)

In den Walzwerken lernte man, Schienen und Träger herzustellen, deren Verwendungsbereich sich ständig erweiterte.
Das schmiedeeiserne Tonnengewölbe auf der Pariser Ausstellung von 1855 hatte die größte, damals mögliche Spannweite von 48 m, also ungefähr das Doppelte jener des Kristallpalastes von 1851. Allerdings sollen einzelne Teile noch handgeschmiedet gewesen sein.
Auf der Pariser Weltausstellung von 1867 wurde zum ersten Mal Stahl für die Konstruktion verwendet…
In der Galerie des Machines und im Eiffelturm der Ausstellung von 1889 wurden endgültig die Konsequenzen aus den konstruktiven Möglichkeiten des Stahls gezogen. Diese Ausstellung zeigt den ungeheuren Fortschritt, der in wenigen Jahrzehnten gemacht wurde. Nun beherrscht man das stählerne Skelett. Gußeiserne Säulen sowie schwere Betonklötze, die 1855 den Seitenschub aufzufangen hatten, sind verschwunden. Die Dreigelenkbinder* laufen nach unten ‚punktförmig' zu; in der Höhe der Halle waren sie gelenkartig mittels eines Bolzens verbunden. Eine ungeheure Weiträumigkeit erfüllte die freie Überspannung der glasgedeckten Halle von 115 m lichter Weite. Ihr ästhetischer Sinn lag in der spürbaren Verbindung mit dem Außenraum und in der Durchdringung mit ihm in einer ganz neuartigen Unbegrenztheit und Bewegung. Mit neuen Mitteln wird die Perforation der französischen Gotik weitergetrieben. So brachte 1889 die Apotheose* von wissenschaftlicher Berechnung, Konstruktion und einer nie gekannten Transparenz.
Von da an ist die Weiterentwicklung in der Praxis zu finden, vorab in der gleichzeitigen *Chicago School* mit ihren Wolkenkratzern um 1890. Hier

Gustave Eiffel:
Der (Eiffel-)Turm als monumentaler Eingang für die Pariser Weltausstellung von 1889, im Bau 1887/88

C. Dutert (Architekt) und V. Contamin (Ingenieur): Galerie des Machines, Weltausstellung in Paris 1889, zerstört 1910

wurden zum ersten Mal in großem Maßstab die Erfahrungen der Industrie für den vielstöckigen Skelettbau ausgenützt. Die Voraussetzungen dafür hatten Wissenschaft und Ingenieurkunst des 19. Jahrhunderts bereitgestellt: es war möglich, durch den Puddelprozeß* Gußeisen, Flußeisen und schließlich nach der Jahrhundertmitte durch den Bessemerprozeß* auch Stahl industriell herzustellen. Die Grundlagen für den Skelettbau und die Einleitung für eine neue Raumkonzeption waren geschaffen.

(Siegfried Giedion)

Thematik

Beschreibung eines richtungweisenden Baus: Der Kristallpalast in London (Paxton 1851)

Das Jahr 1851 stellt einen Wendepunkt in der Geschichte der modernen Architektur dar. In London wurde die erste Weltausstellung großen Maßstabs durchgeführt, und der von Joseph Paxton zu diesem Zweck erbaute Kristallpalast war das erste öffentliche Bauwerk, das sich aller Anspielungen auf ältere Stile enthielt. Paxton (1801 – 65) war ein Gärtner, der im Dienste des Herzogs von Devonshire Karriere gemacht hatte. Sein Erfindergenie wird ganz deutlich, wenn wir hören, wie er zu seinem Entwurf für das berühmte Gewächshaus in Chatsworth für die riesige Victoria Regia kam (1837). „Als er eines Tages die Tragkraft der Blätter prüfen wollte, setzte er seine kleine Tochter auf ein solches Blatt und stellte dabei fest, daß es sie trug, ohne sich im geringsten auszubeulen. Daraufhin untersuchte er die Unterseite des Blattes – die durch Kreuzrippen verstärkten strahlenförmig verlaufenden Rippen – und beschloß, die Victoria Regia als Muster für das Seerosenhaus zu benutzen. Das Ergebnis war ein leichter, luftiger Bau mit einem Glasdach, der von leichten, zu Rinnen ausgehöhlten Holzpfosten getragen wurde. Diese Pfosten wiederum ruhten auf leichten röhrenförmigen Eisensäulen, die ebenfalls als Ablaufrohre für das Dach dienten. Das Ergebnis war sehr hübsch anzusehen, und der Bau hatte nur sehr wenig Geld gekostet.“

1850 wurde ein Wettbewerb für das Ausstellungsgebäude ausgeschrieben, aber von den eingereichten zweihundertfünfundvierzig Entwürfen wurde keiner für den Bau angenommen. Kurz danach fordert man Paxton, der sich nicht am Wettbewerb beteiligt hatte, zur Ausarbeitung eines Entwurfs auf, und er zeichnete in neun Tagen die Pläne für ein 560 Meter langes und 137 Meter breites Gebäude. Sein im offiziellen Führer in allen Einzelheiten beschriebener Plan war ein Meisterwerk der Normierung. Eisensäulen, Träger und Glasscheiben hatten koordinierte Maße und wurden innerhalb von drei Monaten vorgefertigt. Danach dauerte es weitere drei Monate, bis der Riesenbau errichtet war, und das Ergebnis wurde mit großem Beifall aufgenommen. Nach der Eröffnung schrieb die *Times* (London, 2. Mai 1851) begeistert: „Über den Besuchern erhob sich eine glitzernde Wölbung, höher und weiter als die Gewölbe selbst unserer edelsten Kathedralen. Nach jeder Richtung hin schien der Ausblick fast unbegrenzt zu sein.“

Die Form des Gebäudes war Ausdruck einer völlig neuen Konzeption, in ihr war die offene Ausdehnung Wirklichkeit geworden, die Hardouin-Mansart* im Grand Trianon* angedeutet hatte. Sie beruhte auf einem stets sich wiederholenden Skelett von höchster Leichtigkeit und Grazilität. Während der Planung wurde noch ein gewölbtes Querschiff hinzugefügt, damit einige Ulmen einbezogen werden konnten, die auf dem Baugrund standen. Wände und Dächer bestanden durchweg aus Glas, der Bedarf an Scheiben betrug 293655 Stück. Man kann den Umfang des Kristallpalasts als unbestimmt bezeichnen, was bedeutet, daß Albertis* Vorschrift, bei einem vollkommenen Bauwerk dürfe nichts hinzugefügt oder weggenommen werden, überholt

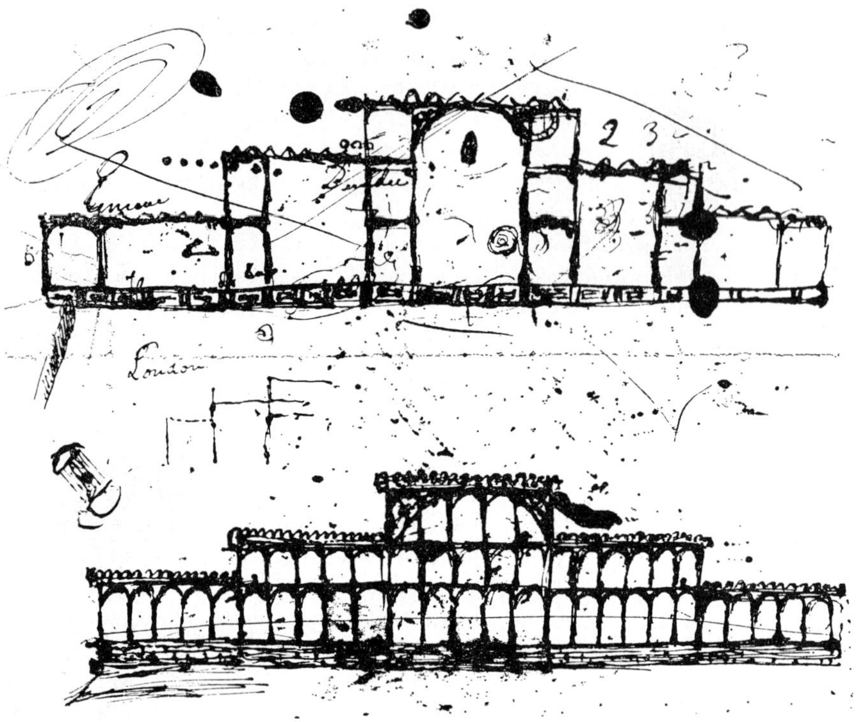

Entwurf von Joseph Paxton für den Kristallpalast in London (1850)

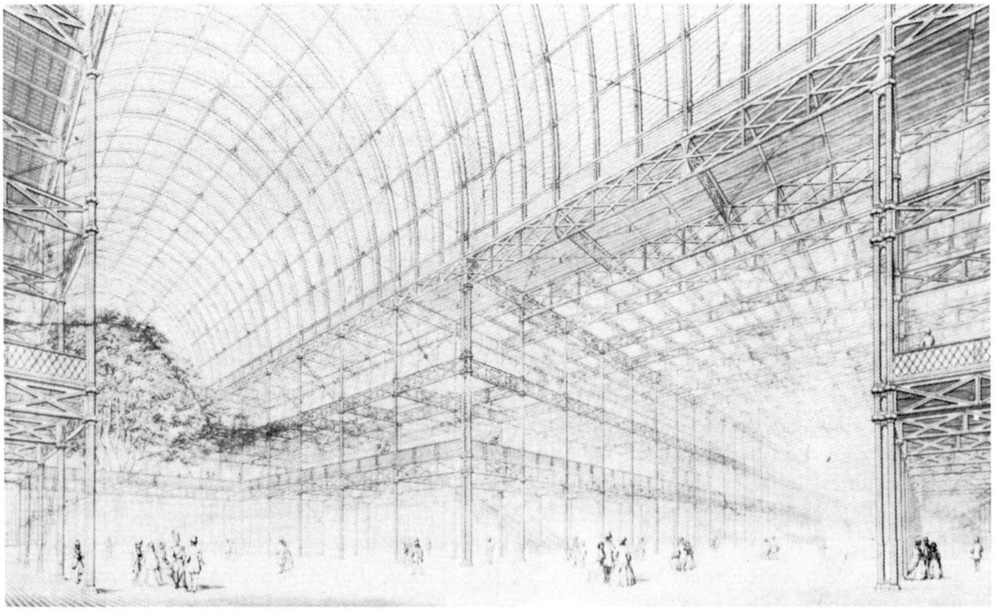

Innenansicht des Kristallpalastes vor dem Aufbau der Ausstellung; zeitgenössischer Stich (1851)

Der Kristallpalast: Entwurf für eine farbige Gestaltung des Innenraumes von Owen Jones (1850)

erscheint. Anstelle eines statischen Gleichgewichts zusammengehöriger Teile entstand ein Zusammenhang dadurch, daß sich das gleiche Struktursystem im ganzen Bau ständig wiederholte. Auf diese Weise gaben die neuen technischen Möglichkeiten der Architektur die Freiheit, neue Funktionen und Lebensformen zu gestalten.
Der Kristallpalast wurde spontan als Manifestation einer neuen Architektur anerkannt, die den allgemeinen Glauben an den Fortschritt in Wissenschaft und Industrie bekundete. Der herrliche schimmernde Raum rief Empfindungen hervor, die man fast religiös nennen könnte. Auf die Königin Viktoria machte er einen „magischen" Eindruck, sie war „von Ehrfurcht erfüllt", und Alfred Tennyson bezeichnete die Eröffnung der Weltausstellung als den Augenblick, „in dem Europa und die verstreuten Enden unserer grimmigen Welt als Freunde und Brüder in ihren gläsernen Hallen zusammenkamen"... Das Bauwerk war Ausgangspunkt für eine Ära der Bauten aus Eisen und Glas. Les Halles in Paris von Baltard (1853) waren ein weiteres wichtiges und frühzeitiges Beispiel der neuen, offenen Architektur, und in den folgenden Jahrzehnten entstanden Kristallpaläste in vielen Städten Europas und Amerikas. Selbst in den anonymen Wohnungen jener Zeit wurden große Flächen aus Glas üblich; die bezeugten die symbolische Bedeutung des durchsichtigen Materials, das den existentiellen Raum der neuen Welt so überzeugend Wirklichkeit werden ließ. (Christian Norberg-Schulz)

Gesprächspunkte und Arbeitsanregungen

1. Informieren Sie sich im einzelnen über die Entwicklung von Bautechniken/Baumaterialien, die in dem Text von S. Giedion nur lexikonartig dargestellt wird. Führen Sie diese Darstellung weiter im Hinblick auf neuere Baustoffe (Kunststoffe o. ä.). Ziehen Sie dabei auch den Text von Hannes Meyer im Kapitel 10 heran.
2. In dem Text von S. Giedion wird die Behauptung aufgestellt, daß es „der Griff nach neuen Konstruktionsmaterialien" gewesen sei, der die neue Raumgestaltung möglich gemacht habe. Stimmen Sie dieser Behauptung zu?
3. Sprechen Sie über das „Dilemma", in das Viollet-le-Duc geriet, als er Eisenkonstruktionen in Form von gotischen Gewölben entwikkelte/bauen ließ. Übertragen Sie diesen Konflikt auf die Situation eines heutigen Architekten/Künstlers.
4. Informieren Sie sich über Gewächshäuser, Ausstellungshallen o. ä., die in der Konstruktionsweise des „Kristallpalastes" gebaut wurden. Beschreiben Sie das Neue dieser Bauweise und sprechen Sie über ihre Vor- und Nachteile. Versuchen Sie, die Wirkung dieser Bauten abzuschätzen, indem Sie die Wirkung ähnlicher Bauten (Bahnhofshallen!) auf Sie selbst beschreiben.
5. Konstruieren Sie mit Hilfe vorgefertigter Elemente (Kartonstreifen, Holzspänen o. ä.) Bauwerke nach den Prinzipien, die im „Kristallpalast" angewandt wurden.

Mögliche Anschlußthemen

1. Funktion des Glases in der traditionellen und der modernen Architektur.
2. Normierung und Rasterung als Konstruktionsmerkmale und als Gestaltungsprobleme.
3. Betonbauten: Geschichte, Gestaltungsprobleme (vgl. auch Kapitel 11; IV „Erich Mendelsohn").

Kunstgeschichtlicher Schwerpunkt 4

Historistische Tendenzen im 19. Jahrhundert

„Wir glauben nicht an die Wiederherstellung der gotischen Kunst, und sie scheint uns auch nicht wünschenswert. Wir ziehen es vor, ihre *Ideen* wiederzubeleben ... Wir versprechen uns davon einen Stil, der teilweise neu und teilweise eine Renaissance des Mittelalters sein wird.“
(Karl Schnaase 1851)
„Da es an einem neuen Stil fehlt, pflegt man den Historismus, das ist ein freier Umgang mit der gesamten Baugeschichte.“
(César Daly 1859)

Die Sprache des Historismus*

Die vierziger Jahre des 19. Jahrhunderts erleben den Beginn der umstrittensten Epoche der europäischen Architekturgeschichte, des Historismus. Das Problem des Historismus bestand darin, drei Themen in Einklang zu bringen: die allgemeine Verbreitung der romantischen Ästhetik; eine Renaissance der Gotik, die zur Ausbildung der Neugotik führt; die Erneuerung des Klassizismus durch einen freieren Umgang mit der gesamten griechisch-römischen Tradition.

Jeder ist ein Nachahmer, aber jeder hat seine eigenen Regeln. Die anspruchslose Nachahmung verurteilen alle Architekten, alle sind sich darin einig, daß man das Vergangene nicht imitieren, sondern mit Hilfe der Grundsätze, die man darin erkennt, und mit der eigenen Erfahrung den Stil des 19. Jahrhunderts schaffen will, und schließlich verwenden alle das Zitat, das seinen Reiz allerdings der romantischen Ästhetik verdankt.

Allmählich erkennen die Architekten immer deutlicher, wie tief die Geschichte gründet und welch vielfältige Möglichkeiten sie birgt. Bietet sie einmal ein Konstruktionsprinzip an, so ist es ein andermal ein formaler Typus oder eine Gliederung, dann wieder ein Motiv, das der neuen Technik und den modernen Gegebenheiten angepaßt werden kann. Natürlich ist das nicht neu. Schon die Baumeister der Renaissance haben die mehrstöckigen Säulenordnungen des Kolosseums auf den venezianischen Palazzo oder das französische Schloß übertragen, doch von nun an macht man seine Anleihen in allen Epochen der Architekturgeschichte, von der ägyptischen Pyramide bis zum Stadtpalais im Stil Louis XVI*.

Die Zusammenordnung gegensätzlicher Stile erreicht bei der Wiener Ringstraße einen Höhepunkt. Hier sind in der großzügigen, ausgewogenen Straßenanlage das klassizistische Parlament, das neugotische Rathaus, die Neue Universität im Stil Louis XIV* und das Theater in italianisierendem Barock vereint.

Diese Stilvielfalt, ein Spiegelbild der gesamten, den Architekten und Bauherren des 19. Jahrhunderts zur Verfügung stehenden Stil- und Denkmälerkenntnisse, darf nicht täuschen: Sie ist nicht wirr; die Gegenüberstellung oder auch Reihung verschiedener Stile ist eines der Ausdrucksmittel der Architekten.

Der Historismus kann sich auf zwei grundlegend verschiedene Arten äußern: Einmal wählt der Architekt entsprechend dem Typus und Programm des Baues ein Vorbild aus der Vergangenheit, das er den neuen Notwendigkeiten entsprechend abwandelt. Im anderen Fall arbeitet er synthetisch, stützt sich auf seine Erfahrungen und schafft auf der Grundlage von Ordnungen, Planlösungen und Motiven verschiedener Epochen eine neue Einheit. Für diese Synthese kann er eine größere oder kleinere Anzahl von Vorbildern heranziehen.

Wir haben gesehen, daß John Malton schon 1798 die besondere Eignung des klassischen Stils für öffentliche Gebäude und des gotischen Stils für die Sakralarchitektur betont. Diesen Gedanken greift man 1841 in New York, 1845 in Hamburg und 1905 in Madrid auf. Ein spanischer Kritiker schreibt dazu: „Man erkennt weitgehend an, daß die klassische Baukunst dem öffentlichen Bauprogramm mit seinen Museen und Justizpalästen am angemessensten ist, desgleichen die mittelalterliche Baukunst den religiösen Bauwerken wie Kirchen und Mausoleen und die maurische den privaten Gebäuden.“ Es gibt Ansätze zu einer stilistischen Typologie: Gewächshäuser, Markthallen, Ausstellungshallen, Passagen und andere Nutzgebäude baut man in moderner Eisenkonstruktion, Kirchen und Pfarrhäuser in einem Stil des Mittelalters – byzantinisch, romanisch oder gotisch –, und die städtische Architektur greift auf die klassischen italienischen oder französischen Formen zurück.

Die Grundlage dieses typologischen Eklektizismus* bildet in den meisten Fällen die Faszination durch eine Urform – die Kathedrale des 13. Jahrhunderts, die kleine mittelalterliche Pfarrkirche, der Palazzo, das niederländische Rathaus – oder durch einzelne Bauelemente und Motive, darunter der östliche Diwan*, der italienische Kampanile* und das Belvedere* oder die Kuppel der römischen Kaiserzeit, wie sie Jacques Lemercier (1585 – 1654) dem Pavillon de l'Horloge des Louvre aufsetzte. Auch hier ist das Neue nicht das Phänomen selbst, schon die Renaissance hat Pantheon* und Triumphbogen ähnlich ausgeschöpft, sondern neu ist die außerordentliche Vielfalt der Anregungen. Die mittelalterliche Festung dient einer ganzen Reihe amerikanischer Kasernen als Vorbild, wovon die bekannteste die eindrucksvolle Seventh Regiment Armory (1878) in New York ist. Das rustizierte Mauerwerk der Florentiner Palazzi ruft Erinnerungen an die Medici* hervor und ist wohl deswegen bei Sparkassen und Banken besonders beliebt.

Schon die klassische Ästhetik forderte die formale Abstimmung eines Bauwerks auf seinen Zweck, doch beschränkte man sich auf die Säulenordnungen und die Gestaltung der Gesimse*. Diese Ausdruckspalette wird vom Schatz des imaginären Museums der Architekten und Bauherren des 19. Jahrhunderts, der alle Epochen der traditionellen Baukunst umfaßt, wesentlich erweitert. Die klassischen Säulenordnungen – unter denen die dorische* die Schlichtheit symbolisierte, die ionische* die Anmut und die korinthische* die Majestät – werden von Stilordnungen ersetzt: Der griechische Stil symbolisiert die Schlichtheit, die Renaissance die Anmut, der Stil Louis XIV* die Majestät, Louis XV* die Eleganz und so weiter. Bei den Villen und Mietshäusern ist die Stilvielfalt vorwiegend einer alles erfassenden Romantik zuzuschreiben, doch bei den gründlicher ausgearbeiteten Gebäuden werden die verschiedenen Stile bewußt und auf bedeutsame Art

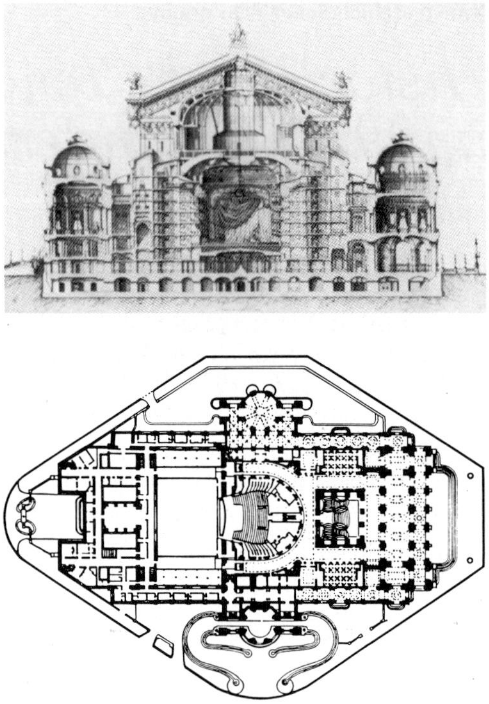

Schnitt und Grundriß der Grand Opéra

Fassade der Grand Opéra in Paris, gebaut von Charles Garnier (1860-1874)

eingesetzt. Sie gleichen – einmal romantisch, ein andermal hochtrabend, dann wieder majestätisch oder auch sehr elegant – den Modi der Verben oder den Tonarten der Musik. Ein Justizpalast verlangt nach mehr Nüchternheit und Strenge, ein Theater nach mehr Ausdruck und Beschwingtheit. Man geht sogar noch weiter, denn je nach Bestimmung des Theaters wird die Ausführung romantischer – für ein Repertoiretheater – oder prächtiger – für eine Oper – sein. Wenn die Fassaden der beiden Theater der Place du Châtelet in Paris nicht den Festglanz der Oper ausstrahlen, so hat das seinen Grund nicht nur im etwas schmeichelnden Stil des Baumeisters Gabriel Davioud (1823 – 1881), sondern auch im Charakter der Gebäude: Der Prunk der kaiserlichen Oper geziemt einem Stadttheater nicht.
Noch subtiler und außergewöhnlicher können diese verschiedenen Stile innerhalb eines einzigen Gebäudes zur Differenzierung der verschiedenen Partien der Komposition eingesetzt werden. Die von Charles Garnier (1825 – 1898) geschaffene Pariser Oper ist in dieser Hinsicht beispielhaft. Garnier benutzt die Stilskala genau so wie die Architekten des Altertums die Säulenordnungen: Für die Verwaltungsgebäude im hinteren Teil der Anlage verwendet er einen recht nüchternen Louis-XIII-Stil, die Rotunden* für Kaiser und Opernabonnenten schmückt er mit klassischen Halbsäulenvorlagen, und in der Hauptfassade schöpft er alle Möglichkeiten des variantenreichen Prunks der venezianischen Renaissance aus; im Innern kontrastieren die makellosen Schnörkel des Untergeschosses im Stil François I* mit der barocken Pracht des großen Treppenhauses.

(Claude Mignot)

Ansicht der Kirche St. Peter in Düsseldorf von Nordosten; Architekt C.C. Pickel

Thematik I

Beschreibung einer neogotischen Kirche – die Gesamtanlage von St. Peter in Düsseldorf

Die Gesamtanlage

Die Düsseldorfer Pfarrkirche St. Peter folgt in ihrer baukünstlerischen Gestaltung hochgotischen Vorbildern. Sie gehört zur Gruppe der dreischiffigen Hallenkirchen. Der von Norden nach Süden gerichteten Kirche steht im Norden ein Turm vor, dessen Breite vom Mittelschiff bestimmt ist. Zwei über quadratischem Grundriß aufgeführte Eingangsbauten flankieren den in der Achse der Kirche stehenden Kirchturm. Sie lassen den Turm um die Hälfte seiner Tiefe aus der Flucht ihrer Fassaden hervortreten.

Eine Folge von fünf Travéen* bildet die dreischiffige, von Pfeilern getragene, leicht gestufte Halle des Langhauses. Jede Travée fügt sich aus einem querrechteckigen Mittelschiff- und zwei an dessen Schmalseiten angesetzten quadratischen Seitenschiffjochen. Dic Scitcnwände der ersten nördlichen Travée öffnen sich zu je einer quer zur Kirchenachse gerichteten, niedrigen, polygonal* geschlossenen Seitenkapelle.

Das Langhaus mündet südlich in ein einschiffiges „Querschiff". Seine Arme, die etwa um Mittelschiffbreite über die Flucht des Langhau-

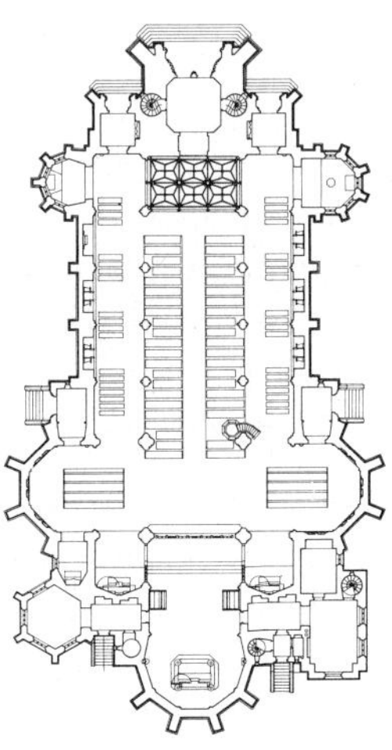

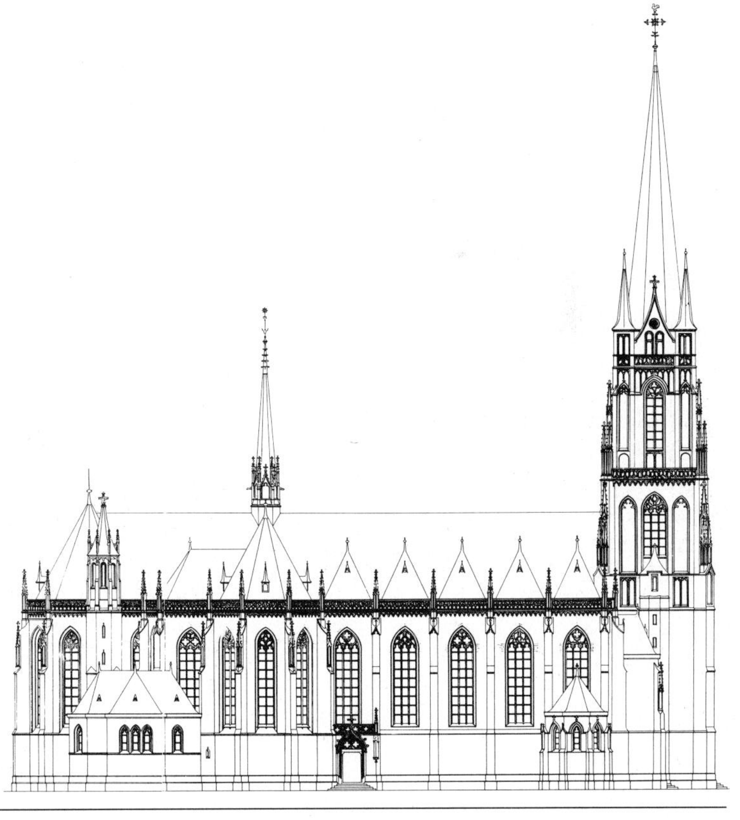

Grundriß von St. Peter (1894)

ses übergreifen, schließen mit fünf Seiten eines Achtecks. Jenseits des „Querschiffes" antworten auf die Seitenschiffe quadratische Chorseitenkapellen, die sich mit ihrem polygonalen Abschluß nach Süden richten. Die Chorseitenkapellen begleiten das erste Joch des zweijochigen Langchores. Den Ansatz des über sieben Seiten eines Zehnecks geführten Chorpolygons markieren zwei Chorflankierungstürme. Östlich und westlich des Langchores füllen die Sakristei und die sechsseitige Paramentensakristei* die Winkel zwischen Chor und „Querschiff".
Mittelschiff und Langchor werden von einem absatzlos durchgehenden Satteldach* geschlossen, in das die firstgleichen Satteldächer des „Querschiffes" einschneiden. Quer zur Längsachse gerichtete niedrige, abgewalmte Satteldächer bezeichnen die fünf Travéen des Langhauses.
Der gesamte Außenbau ist mit Tuffquadern verkleidet. Vom gelbgrauen Tuff hebt sich das Braunrot des Sandsteines, der den zierenden Elementen vorbehalten ist, wirkungsvoll ab.

Die Maße

Länge, außen: 71 m
Breite, außen: „Querschiff": ca. 38 m
Breite, innen: Langhaus: 20 m
überbaute Fläche: 1760 qm
Höhen:
Turm 80 m
Dachfirst, Mittelschiff 28 m
Traufgesims (Dachfuß) 18 m
Mittelschiff:
Länge 30 m
Breite 10 m
Höhe 18 m
Seitenschiffe:
Höhen 15 m
Breiten 5 m
„Vierung":
Höhe 19 m
Seitenlänge 10 m

Die Kirche bietet etwa 3000 Personen Platz.
(Helmut Fußbroich)

Thematik II

Auslegung der theologischen Bedeutung von St. Peter in Düsseldorf

Zu Ende des 19. Jahrhunderts ging der Katholizismus gestärkt aus den Auseinandersetzungen mit den staatlichen Mächten hervor. Die Katholische Kirche war bestrebt, in den neu zu errichtenden Kirchen die ungebrochene Kontinuität ihres Glaubens herauszustellen. Sie griff daher bewußt auf mittelalterliche Vorstellungen und ihre künstlerischen Ausprägungen zurück.
Der Kölner Weihbischof Johann Anton Friedrich Baudri (1849 – 1893) gab 1852 für das Erzbistum Köln einen Erlaß zur Aufgabe der christlichen Kunst heraus. In diesem Erlaß heißt es, daß „die reine christliche Kunst, wie sie in der Architektur und der Bildnerei des Mittelalters, insbesondere in dem sog. gothischen Style zur höchsten Blüte sich entwickelte", wieder stärker hervortreten solle, vor allem gegenüber zeitgenössischem künstlerischen Formengut (zitiert nach W. Weyres). Der Weihbischof verband damit eine Empfehlung an die Künstler, die mittelalterliche Kunst eingehend zu studieren. Der kunstsinnige Weihbischof gründete deshalb 1853 den „Christlichen Kunstverein", publizierte in dessen Zeitschrift Aufsätze zur christlichen Kunst und eröffnete 1860 das Erzbischöfliche Diözesan-Museum in Köln. Die dort gesammelten Objekte religiöser Kunst sollten, so die erklärte Absicht, den Künstlern als Anschauungsmaterial zur Verfügung stehen.
Nach altem, bereits im frühen Christentum lebendigen Verständnis ist ein Kirchengebäude Sinnbild der Himmlischen Stadt. Die Vorstellung von der Himmlischen Stadt hat uns neben anderen Sehern Johannes am anschaulichsten übermittelt im 21. Kapitel seiner Apokalypse.
Sind auch keine Äußerungen des Architekten Clemens Caspar Pickel zum Sinngehalt seiner Bauten, insbesondere seiner Kirchenbauten, literarisch fixiert, so zeigt die Peterskirche in

ihrer Gestaltung deutlich, daß bei ihrer Planung der Gedanke, die übernatürliche Wirklichkeit der Himmlischen Stadt darzustellen, Leitvorstellung des Architekten und seiner theologischen Berater (Pfarrer A. von Holtum?) war. Daß ihre Ausstattung in den gleichen Vorstellungen gründet, ist bereits bei ihrer Beschreibung dargelegt worden.

C. C. Pickel hat aus einer Vielzahl verschiedener Baukörper eine Einheit, die Kirche des heiligen Petrus, entstehen lassen. Jedem der einzelnen Baukörper hat er ein eigenes Dach gegeben und so innerhalb der Einheit die Eigenständigkeit jedes Baukörpers belassen. Diese Absicht trat am ursprünglichen Bau noch etwas deutlicher in Erscheinung. Damals hatten Chor, Lang- und Querbau unterschiedliche Firsthöhen. Die Seitenschiffdächer unterteilen sich in einzelne, von den Travéen* in ihrer Breite bestimmten, abgewalmte Satteldächer*, die in das Mittelschiffdach eingreifen. Diese Unterteilung ist im Innern nicht vorbereitet; etwa durch eine Folge von einzelnen Kapellen, die je eines Daches bedürfen. Demzufolge hat die Dachformation der Seitenschiffe keine vom Bau selbst abzuleitende Aufgabe. So kann sie denn nur als Träger einer Bedeutung verstanden werden: die unterschiedlichen und vielen Dächer künden von den vielen Wohnungen, die Gott für uns Menschen in seiner Stadt bereitet hat.

Der Darstellung der Himmlischen Stadt, die sich auf die Erde herabgesenkt hat (Apok. 21,2), dienen insbesondere die vielen Ziertürmchen rund um den Dachfuß der Kirche. Zusammen mit der Maßwerkgalerie umstehen sie hoch oben in der Sphäre des Himmels das Kirchengebäude wie eine Stadtmauer. Hinter der Stadtmauer werden die über sie hinausragenden Dächer der Heiligen Stadt sichtbar.

Der Turm, der im 19. Jahrhundert gerne als zum Himmel weisender Finger Gottes verstanden wurde, ist Mittelachse einer aufwendig gestalteten Fassade. Ihre unterschiedlichen Baukörper und Formen hat C. C. Pickel in ein ausgewogenes System von Rücksprüngen und Höhenstaffelungen gebracht, die mit ihren je eigenen Dachformen das Bild einer reich differenzierten Dachlandschaft vermitteln.

Der Architekt hat der Eingangsfassade drei Portale gegeben. Er übernahm damit das antike Motiv des Triumphbogens. Dieser „arcus triumphalis“ wird hier zum Triumphtor für die Gläubigen, die, den Seligen gleich, durch dieses Tor in die Himmlische Stadt einziehen. Am Eingang der Kirche stehen hoch oben am Turm vier bedeutende Repräsentanten der Gottesstadt. Mose, David, Johannes der Täufer und Petrus stehen hier am Eingang als Garanten für die durch die ganze Geschichte des Gottesvolkes sich fortzeugende Glaubenstradition. Sie verweisen zugleich auf die Quellen dieses Glaubens, auf die in den Büchern des Alten und des Neuen Bundes niedergeschriebenen und von den Propheten und Aposteln bezeugten Offenbarungen Gottes. (Helmut Fußbroich)

Gesprächspunkte und Arbeitsanregungen

1. Stellen Sie eine Sammlung mit Abbildungen von historistischen Gebäuden Ihrer Stadt/Gemeinde zusammen und bestimmen Sie die verschiedenartigen Formen von „Revival“ (Wiedererweckung). Versuchen Sie, die wiederaufgenommenen Formen aus der Funktion, dem Charakter des Bauwerkes herzuleiten.
2. Erörtern Sie die verschiedenartigen Formen der Zusammenstellung von Baustilen/Bauelementen (wie sie in dem Text von C. Mignot erläutert werden) unter dem Aspekt der Einheit: Kann aus dem elektizistischen* Umgang mit Baustilen ein einheitliches Gebäude entstehen?
3. Bestimmen Sie anhand der Beschreibung im Text von H. Fußbroich die einzelnen Bauelemente der abgebildeten neogotischen Kirche St. Peter in Düsseldorf.
4. Sprechen Sie über die theologische Auslegung dieser Kirche, die in dem Text von H. Fußbroich dargestellt wird. Stimmen Sie der Interpretation des Autors zu oder würden Sie noch andere Bedingungen ins Spiel bringen?

Mögliche Anschlußthemen

1. Historismus im Barock, der Renaissance o. ä.
2. Historismus und Tradition.

Längsschnitt mit Dachstuhl und Turmgrundriß (1894)

Kunstgeschichtlicher Schwerpunkt 5

Stadt und Umwelt im 19 Jahrhundert: Ideal und Wirklichkeit

Wenn von der Umwelt des neunzehnten Jahrhunderts die Rede ist, muß unbedingt zwischen den wirklichen Zuständen und einem neuen Idealbild unterschieden werden, das sich in vielen Entwürfen offenbarte. Ohne die traditionelle Stadtmauer wichen die organischen Siedlungen der Vergangenheit, dem willkürlichen Spiel der Wirtschaftskräfte ausgeliefert, einer neuartigen unbegrenzten Zusammenballung, deren Hauptelement „die Fabrik, die Eisenbahn und das Elendsviertel" waren. Was von einer sinnträchtigen Vergangenheit noch übrig war, durchlief ebenfalls einen Prozeß der allmählichen Erosion. Der neue typische Stadtplan war der orthogonale* Raster mit gleichartigen Bauparzellen, die als bloße Ware behandelt werden konnten. Sinnträchtiges Wachstum und Planen mit Hilfe von Plätzen, Wegen und Bereichen wurde also durch die Einführung eines neutralen Koordinatensystems ersetzt, in dem der Inhalt und der ihm entsprechende Umweltcharakter ausschließlich vom willkürlichen individuellen Unternehmergeist bestimmt waren. Bei Lewis Mumford heißt es: „Im gleichen Augenblick, in dem die Städte in der gesamten westlichen Zivilisation an Zahl und Größe zunahmen, waren das Wesen und der Zweck der Stadt vollkommen vergessen."

In bestimmten Projekten dieser Zeit jedoch stoßen wir auf Ideen, die im Gegensatz zu der dem Zufall überlassenen städtischen Entwicklung stehen und das Aufkommen einer neuen Umweltvorstellung anzeigen. Der Entwurf Hector Horeaus für die Weltausstellung in Paris von 1867 zeigt ein Ausstellungsgebäude, das als visuell unbegrenzter Teil eines grenzenlosen Raums aufgefaßt ist, den in der perspektivischen Zeichnung ein ununterbrochener Horizont symbolisiert. In diesem Entwurf verwandelt Horeau die zielorientierte Ausdehnung barokker Anlagen in eine allgemeine Offenheit, die man als eine Konkretisierung der neuen globalen Situation deuten kann. Eine zeitgenössische Beschreibung eines von Krantz ausgeführten Gebäudes bestätigt diese Auslegung: „Ein Gang um diese Halle, die rund ist wie der Äquator, ist buchstäblich eine Reise um die Welt. Alle Völker sind vertreten: Feinde wohnen friedlich Seite an Seite."

Die wichtigsten städtebaulichen Projekte aus dem neunzehnten Jahrhundert beruhen auf dieser allgemeinen Vorstellung eines offenen Raums, während sie gleichzeitig eine Lösung der sozialen Probleme suchen, die durch die Verwahrlosung und Wucherung der Städte entstanden waren. Der spanische Ingenieur Soria y Mata plante eine lineare Stadt rings um Madrid (1882), die auf der Idee eines offenen, aber geordneten linearen Wachstums und einer neuen aktiven wechselseitigen Beziehung zwischen Siedlung und Natur beruhte. Er gab seine Absichten bekannt: „Die mittelalterliche Vorstellung von der ummauerten Stadt sollte durch die Idee der offenen und ländlichen Stadt ersetzt werden." Das Konzept der Gartenstadt kam zur Reife bei Ebenezer Howard, der seine Vorstellungen 1898 unter dem Titel „A Peaceful Path to Real Reform" (Ein friedlicher Weg zur echten Reform) veröffentlichte. Howard ging das Problem, der offenen Stadt Identität und Struktur zu verleihen, ohne Umschweife an, indem er Zonen, differenzierte Straßensysteme und ein Stadtzentrum einführte. Letzteres konzipierte er als einen Zentralpark, der Rathaus, Theater, Konzertsaal, Bibliothek, Museum und ein Krankenhaus enthalten sollte. Um die gleiche

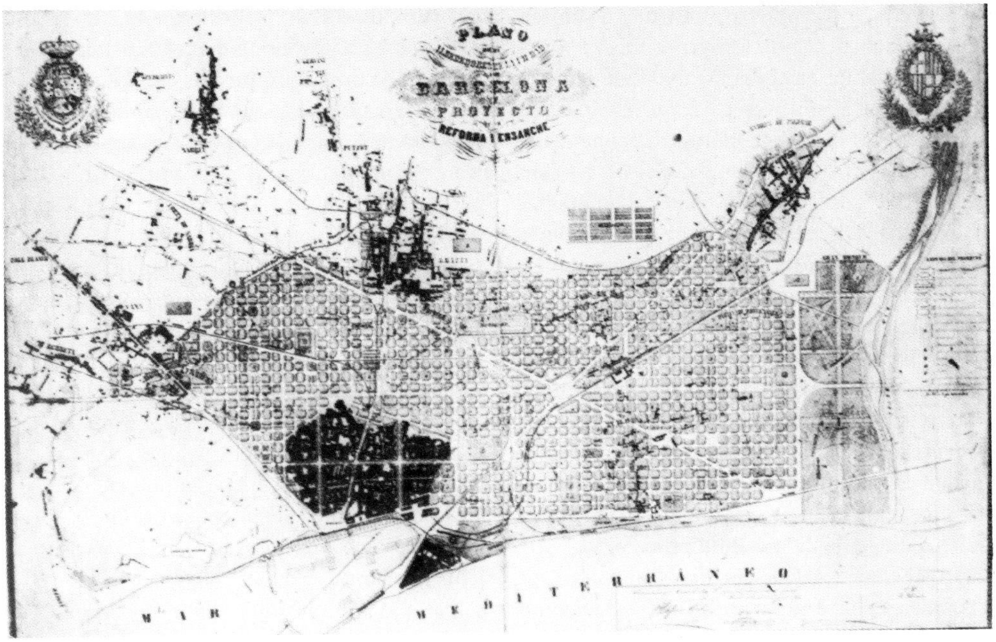

I. Cerdá: Projekt für die Erweiterung Barcelonas (1858); die Altstadt ist schwarz abgebildet

Zeit verwirklichte Tony Garnier ähnliche Vorstellungen in seinem architektonisch reichen und streng gegliederten Entwurf für eine *Cité industrielle* (1901).
Das Grundproblem bei Siedlungen im Industriezeitalter bestand darin, daß Offenheit und Flexibilität mit einer sinnträchtigen Raumordnung verbunden werden sollte. Um das zu erreichen, strebten die Pioniere der modernen Stadtplanung eine neue Interpretation der grundlegenden Begriffe des Platzes (Zentrum), des Weges (lineare Kontinuität) und des Bereichs (Zoneneinteilung) an. Die allgemeine Vorstellung von einer Gartenstadt stammt aus dem Traum von einer Rückkehr zur Natur und einem naturgemäßen Leben, wie sie ursprünglich der Landschaftsgarten verwirklichte.

(Christian Norberg-Schulz)

Thematik I

Georges E. Haussmann und die Umwandlung von Paris

Die Umgestaltung von Paris durch Napoleon III.* und seinen Präfekten Haussmann zwischen 1853 und 1869 ist das erste Beispiel eines städtebaulichen Programms, das sich über einen ganzen Stadtkörper erstreckt und in verhältnismäßig kurzer Zeit in seiner Gesamtheit verwirklicht wird. Wahrscheinlich waren weder der Kaiser noch sein Präfekt sich der Tragweite ihres Unternehmens bewußt. Manche Einzelprobleme – die Notwendigkeit, die öffentliche Ordnung aufrechtzuerhalten und durch imposante Leistungen die Volksgunst zu gewinnen – haben sich als einflußreicher erwiesen denn die Sorge um das Allgemeinwohl, die Bauspekulation hat sich stärker ausgewirkt, als es wünschenswert gewesen wäre, und die technisch städtebaulichen Begriffe, nach denen Haussmann sich richtet, erscheinen uns heute ziemlich begrenzt, vor allem, wenn wir an ihre damals noch fernen Folgeerscheinungen denken, die wir jetzt in Paris feststellen. Immerhin ist zum ersten Male das Problem eines Generalbebauungsplanes für eine moderne Stadt in einer der neuen wirtschaftlichen Struktur angepaßten Größenordnung angepackt worden, und der Plan wurde nicht nur auf dem Papier entworfen, sondern verwirklicht und in jeder seiner technischen und formalen, administrativen und finanziellen Folgen überwacht.

Zum ersten Male in unserem Bericht greift die Persönlichkeit eines Mannes, des Barons Haussmann, als ein Faktor von primärer Bedeutung neben den kollektiven, kulturellen und wirtschaftlichen Tendenzen in den Lauf der Geschehnisse ein. Früher hing die allgemeine Richtung, die den Charakter einer Stadt bestimmte, vor allem von der Kontinuität der kulturellen Tradition ab und mußte nicht unbedingt in einer einzelnen Persönlichkeit verkörpert sein. Die moderne Stadt dagegen bedarf eines klaren, wohlerwogenen Programms, das von dem Willen eines einzelnen oder von mehreren getragen werden muß, die es auf sich nehmen, die verschiedenen Impulse zu koordinieren.

Die Schwierigkeit, mit der der moderne Städtebau fertig werden muß, besteht darin, ein demokratisches Gleichgewicht zwischen den Forderungen der Koordinatoren und denen der einzelnen Ausführenden, zwischen Planung und Handlungsfreiheit, herzustellen. Um die Mitte des 19. Jahrhunderts, nach einem Jahrhundert liberalen Denkens, können Ansprüche der Planung von so beträchtlichen Ausmaßen sich nur durch autoritären Zwang durchsetzen; daher werden der Wille des Planers und seine Fähigkeit, den anderen diesen seinen Willen aufzuzwingen, zu wichtigen Faktoren für das Gelingen des Planes.

Baron Georges Eugène Haussmann, Beamter von Beruf, ist mit allen Gaben ausgestattet, die ein autoritärer Stadtplaner braucht. Als Innenminister Persigny bei einem offiziellen Diner seine Bekanntschaft macht, schildert er ihn folgendermaßen: „Mehr als alle anderen ist mir Haussmann aufgefallen. Seltsamerweise aber waren es nicht so sehr seine, wenn auch beachtlichen, intellektuellen Gaben, die mich beeindruckt haben, sondern vielmehr die Mängel seines Charakters. Ich hatte einen der außerordentlichsten Typen unserer Zeit vor mir: groß, stattlich, kraftvoll, energisch und zugleich geistvoll, schlau, einfallsreich; dieser kühne Mann scheute sich nicht, sich offen so zu zeigen, wie er war. Er wäre imstande gewesen, sechs Stunden ununterbrochen zu reden, wenn er nur über sein Lieblingsthema, über sich selbst, sprechen konnte. Seine egozentrische Persönlichkeit wuchs vor mir mit einer Art von brutalem Zynismus. Um, so sagte ich mir, gegen schlaue, skeptische und skrupellose Männer zu kämpfen, ist er gerade der rechte Mann. Da, wo ein mit überlegenem und fähigerem Geist, mit edlerem, rechtschaffenerem Charakter begabter Edelmann sicherlich scheitern würde, wäre diesem robusten und unbeugsamen, kühnen und fähigen Athleten, der imstande ist, Trick gegen Trick, List gegen List auszuspielen, zweifellos Erfolg beschieden ..."

Louis Napoleon seinerseits errichtet seine Macht auf den durch die sozialistische Revolution vom Februar 1848 hervorgerufenen Ängsten und stützt sich auf die Stärke des Heeres und seine Beliebtheit beim Volk, gegen die intellektuelle Bourgeoisie und die Minderheit der Arbeiterschaft. So ist er unmittelbar daran interessiert, in Paris große öffentliche Arbeiten, die von den früheren Regierungen vernachlässigt worden waren, auszuführen, um seine Popularität mit greifbaren Leistungen zu festigen und künftige Revolutionen zu erschweren, indem er die engen mittelalterlichen Gassen niederreißen und durch geräumige, geradlinige, für Truppenbewegungen geeignete Straßenzüge ersetzen läßt.

Letzteres Motiv scheint heute in keinem Verhältnis zu derart aufwendigen Arbeiten zu

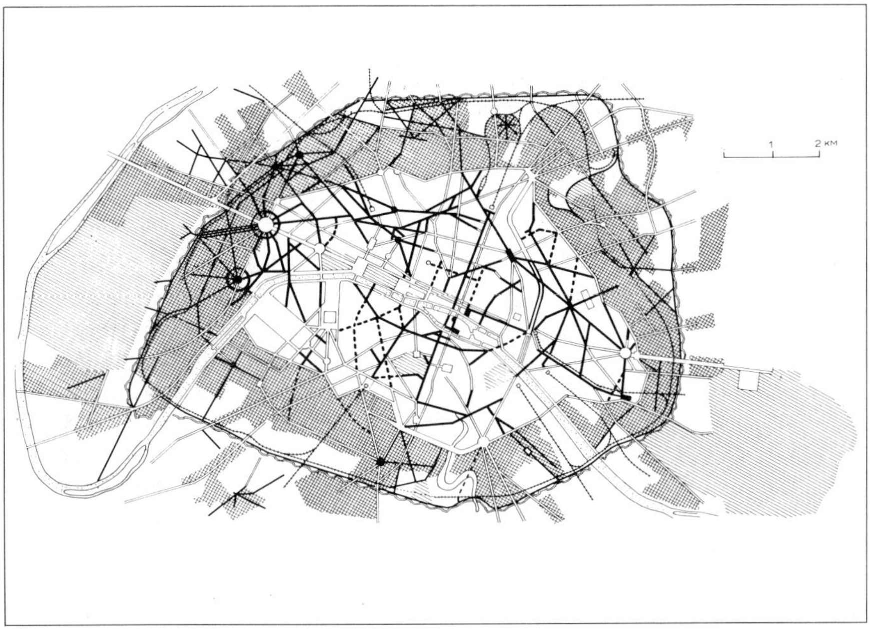

Schema der wichtigsten Arbeiten Haussmanns in Paris: Die neuen Straßen sind schwarz eingezeichnet, die neuen Stadtteile in Kreuzschraffur, die beiden großen am Stadtrand gelegenen Parks (links der Bois de Boulogne, rechts der Bois de Vincennes) sind einfach schraffiert.

Plan von Paris 1873

stehen, aber es ist durchaus verständlich, wenn man bedenkt, welchen Schock der Monarch durch die jüngsten Ereignisse vom Juli 1830, vom Februar und Juni 1848 erlitten hatte, ganz zu schweigen von den Erinnerungen an die Große Revolution. Bei jeder politischen Krise hat der Aufruhr seinen Ursprung in den Vierteln des alten Paris, und die Straßen selbst liefern den Aufrührern sowohl Verteidigungspositionen wie Angriffswaffen. Es genügt, folgende Proklamation aus dem Jahre 1830 zu lesen, in der die provisorische Regierung im nüchternen Ton einer Dienstanweisung Ratschläge gibt, wie man sich den regulären Truppen widersetzen soll:

„Franzosen, alle Mittel zur Verteidigung sind erlaubt. Reißt die Straßen auf, verstreut die Pflastersteine in ungefähr einem Fuß Abstand, um das Vorrücken der Infanterie und Kavallerie zu behindern, schleppt so viele Pflastersteine wie möglich in den ersten und zweiten Stock und in die oberen Stockwerke, mindestens zwanzig oder dreißig pro Haus, und wartet dann ruhig ab, bis die Batallione mitten auf der Straße sind, ehe ihr die Steine hinunterwerft."

Die von Haussmann ausgeführten Arbeiten

Kaum hatte Haussmann sein Amt im Hôtel de Ville* angetreten, als er schon die technischen Büros nach modernen Gesichtspunkten reorganisierte und zu ihrer Leitung einige erstklassige Ingenieure berief, die bei der Ausführung seiner früheren Aufträge bereits Erfahrungen gesammelt hatten. Nachdem er sich so einen fähigen und geschulten technischen Mitarbeiterstab gesichert hatte, macht er sich, gestützt auf das Vertrauen des Kaisers, an die Verwaltungsbehörden und -beamten heran, läßt sie rücksichtslos die Stärke seiner Position spüren und macht sie so seinen Absichten vollständig untertan.

Die Werke, die Haussmann während der siebzehn Jahre seiner Macht ausgeführt hat, lassen sich in vier Kategorien unterteilen:

An erster Stelle stehen die Bauarbeiten im eigentlichen Sinn: die Errichtung neuer Stadtviertel an der Peripherie, der Durchbruch neuer Straßen in den alten Vierteln, gekoppelt mit dem Wiederaufbau der Gebäude längs der neuen Straßenzüge.

Das alte Paris enthielt 384 Straßenkilometer im Zentrum und 355 in den Vororten: Haussmann legt im Zentrum 95 (49 werden aufgelassen) und an der Peripherie 70 (5 werden aufgelassen) neue Straßenkilometer an. Der mittelalterliche Kern wird in jeder Richtung angeschnitten, wobei viele der alten Viertel abgerissen werden, insbesondere die gefährlichen Viertel im Osten, welche die Brutstätten aller Aufruhrbewegungen waren. Praktisch überzieht Haussmann den alten Stadtkörper mit einem neuen Netz von breiten und geraden Straßen, die ein zusammenhängendes Verbindungssystem zwischen den Hauptzentren des städtischen Lebens und den Bahnhöfen bilden und zugleich dem Stadt- und Durchgangsverkehr sowie den Befestigungsanlagen einen zweckentsprechenden Verlauf zuweisen. Er vermeidet es, die wichtigsten Baudenkmäler zu zerstören, aber er löst sie aus ihrer unmittelbaren Umgebung heraus und verwendet sie als Fluchtpunkte für die neuen Straßenperspektiven.

Die Bebauung entlang der neuen Straßen wird strenger reguliert als früher: 1852 wird das Einholen einer Baugenehmigung vorgeschrieben; 1859 werden die alten, aus den Jahren 1783 – 1784 stammenden Pariser Bauvorschriften geändert und neue Verhältnisse zwischen der Höhe der Häuser und der Breite der Straßen festgesetzt (in den zwanzig und mehr Meter breiten Straßen muß die Höhe gleich der Breite sein, in schmäleren Straßen können die Häuser bis zu anderthalbmal höher sein), während die Neigung der Dächer auf 45° beschränkt wird. Die neuen Viertel müssen mit öffentlichen Gebäuden ausgestattet sein, und die Präfektur übernimmt auch diese, mit Ausnahme der militärischen Gebäude und der Brücken, für die unmittelbar der Staat aufkommt...

Eine eigene Erwähnung verdienen die Arbeiten zur Schaffung der öffentlichen Parkanlagen. Bis dahin besaß Paris nur die unter dem Ancien régime* angelegten Parks: den Jardin des Tuileries und die Champs-Elysées auf dem rechten, den Champ de Mars und den Luxembourg auf dem linken Ufer. Haussmann beginnt mit der Umgestaltung des Bois de Boulogne, des alten, zwischen der Seine und den westlichen Befestigungen gelegenen Königswaldes; durch seine Lage und die Nähe der Champs-Elysées wird dieser Park alsbald zum Schauplatz des elegantesten Lebens von Paris.

Auf der entgegengesetzten Seite der Stadt, im Mündungsgebiet der Marne, wird der Bois de Vincennes neu gestaltet, der für die östlichen Viertel bestimmt ist und die Fürsorge des Kaisers für die Arbeiter bekunden soll. Im Norden und Süden werden am Innenrand der Befestigungen zwei kleinere Gärten geschaffen, die Buttes-Chaumont und der Parc Montsouris.

Bei diesen Werken erfreut sich Haussmann in der Person Alphands eines erstrangigen Mitarbeiters; in seinen Memoiren verweilt er mit offensichtlicher Selbstgefälligkeit bei seinen gärtnerischen Arbeiten, und heute erscheint uns dieser Teil seines Schaffens wohl als sein gültigster Ruhmestitel. (Leonardo Benevolo)

Thematik II

Charles Dickens beschreibt „Coketown" und das soziale Elend in der Industriestadt

Coketown, wohin Bounderby und Gradgrind[1] jetzt gingen, war ein Triumph der Wirklichkeit; es war nicht mehr von Phantasie befleckt als Mrs. Gradgrind. Wir wollen einen Grundton Coketown anschlagen, bevor wir in unserer Melodie fortfahren.

Es war eine Stadt aus roten Ziegeln oder aus Ziegeln, die rot gewesen wären, wenn es Rauch und Ruß erlaubt hätten, aber wie die Dinge schwarz gefärbt war, wie das angemalte Gesicht eines Wilden. Es war eine Stadt der Maschinen und der hohen Essen, aus denen sich endlose Rauchschlangen beständig emporwanden, ohne je müde zu werden. Es besaß einen schwarzen Kanal und einen Fluß, der rot war von übelriechender Farbe, und lange, vielstöckige Gebäude mit zahllosen Fenstern, wo es den ganzen Tag rasselte und zitterte und wo der Kolben der Dampfmaschine eintönig auf und nieder ging wie der Kopf eines von trübem Wahn befallenen Elefanten. Es enthielt mehrere große Straßen, die einander sehr ähnlich sahen, und viele kleine, die einander noch ähnlicher sahen, bewohnt von Menschen, die einander gleichfalls sehr glichen, die alle zu denselben Stunden im selben Takt auf demselben Pflaster aus den Häusern kamen oder in die Häuser gingen, um dieselbe Arbeit zu verrichten, und für die jeder Tag ebenso war wie der gestrige und der morgige, und jedes Jahr ebenso wie das vorige und das nächste.

Diese Eigenschaften Coketowns waren im ganzen unzertrennlich von der Arbeit, von der es lebte ...

Man sah nichts in Coketown, was nicht nach strengem Werktag aussah. Wenn sich die Mitglieder einer kirchlichen Genossenschaft eine Kapelle bauten, was die Mitglieder von achtzehn kirchlichen Genossenschaften getan hatten, so bauten sie einen frommen Speicher aus roten Ziegeln und manchmal (aber nur wenn man sehr prachtvoll bauen wollte) mit einer Glocke in einem Vogelbauer auf dem Giebel. Die einzige Ausnahme war die neue Kirche, ein stuckverziertes Gebäude mit einem viereckigen Kirchturm über der Tür, der in vier kurze Spitzen wie in überladene Stelzfüße auslief. Alle öffentlichen Inschriften in der Stadt waren gleichmäßig in steifen Lettern schwarz und weiß gemalt. Das Gefängnis hätte das Krankenhaus sein können und umgekehrt, das Rathaus eines von beiden oder beides oder sonst etwas, ohne daß es der Anmut seines Stils widersprochen hätte. Sachlichkeit herrschte überall in den materiellen Beziehungen der Stadt, Sachlichkeit

1 Zwei Figuren aus der Erzählung „Harte Zeiten" (1854) von Charles Dickens.

in den immateriellen. M'Choakumchilds Schule war ganz Sachlichkeit, die Zeichenschule war ganz Sachlichkeit, zwischen Unternehmern und Fabrikarbeitern galt nur Sachlichkeit, und alles zwischen Entbindungsanstalt und Friedhof war reine Sachlichkeit. Was man nicht in Zahlen nachweisen oder käuflich auf dem billigsten, verkäuflich auf dem teuersten Markt zeigen konnte, war nicht auf der Welt und sollte nicht auf der Welt sein in alle Ewigkeit. Amen.

Eine so ganz dem Greifbaren geweihte und in seiner Selbstbehauptung siegreiche Stadt mußte sich doch natürlich wohlbefinden? Ach nein, nicht ganz wohl. Nichts. Du lieber Gott!

Nein. Coketown kam aus seinen Schmelzöfen nicht in jeder Hinsicht wie Gold, das die Feuerprobe bestanden hat. Erstens war das quälende Geheimnis des Ortes: Wer gehört zu den achtzehn Glaubensgenossenschaften? Denn wer immer auch sonst, die Arbeiter jedenfalls nicht. Es war merkwürdig, sonntags früh durch die Straßen zu gehen und zu sehen, wie wenige von diesen Arbeitern das unharmonische Klingen der Glocken, das Kranke und Nervenschwache wahnsinnig machte, aus ihrem Viertel, aus ihren dumpfigen Wohnungen oder aus den Winkeln ihrer Straßen wegrief, wo sie träge lehnten und dem Kirchen- und Kapellengang zusahen wie einem Ding, das sie nichts anging. Das fiel nicht bloß dem Fremden auf, denn es gab in Coketown selbst einen Verein, dessen Mitglieder das Unterhaus in jeder Session entrüstet um ein Gesetz angingen, das diese Leute mit Gewalt fromm machen sollte. Dann kam die Enthaltsamkeitsgesellschaft, die darüber klagte, daß sich diese Leute durchaus betrinken wollten, und durch Tabellen zeigte, daß sie sich betranken, und bei Teegesellschaften bewies, daß

Ein zwischen Eisenbahnbrücken gelegenes Armenviertel in London (Stich von Gustave Doré aus dem Jahre 1872).

keine Verlockung des Himmels oder der Erde (außer der Medaille der Gesellschaft) diese Leute bewegen könne, sich das Trinken abzugewöhnen. Dann kamen Apotheker und Drogisten mit andern Tabellen und zeigten, daß sie Opium nähmen, wenn sie sich nicht betränken. Dann kam der erfahrene Gefängnisgeistliche mit seinen Tabellen, die alle anderen Tabellen übertrafen, und zeigte, daß dieselben Leute durchaus gemeine, abgelegene Kneipen zu besuchen pflegten, wo sie zotige Lieder hörten und gemeine Tänze sähen und vielleicht auch mittanzten und wo der demnächst vierundzwanzig Jahre alte, zu achtzehn Monaten Einzelhaft verurteilte A. B., wie er selbst sagte (freilich hatte er sich sonst nicht immer als glaubwürdig gezeigt), zum erstenmal den Weg des Verderbens betreten habe, ganz überzeugt, daß er eigentlich alle Anlagen zu einem wahren Muster der Sittlichkeit besessen hatte. Dann kamen Mr. Gradgrind und Mr. Bounderby, die soeben durch Coketown schritten und beide ausnehmend praktisch waren: sie konnten bei gegebenem Anlaß auch Tabellen vorweisen, aus persönlicher Erfahrung stammend und mit selbsterlebten Fällen belegt, die aufs klarste – das war das einzige Klare bei der Sache – zeigten, daß diese selben Leute einfach schlechtes Pack seien; daß man von ihnen keinen Dank ernte, was man auch für sie tue; daß sie unruhige Geister seien, die nie wüßten, was sie wollten; daß sie ganz vortrefflich lebten und frische Butter kauften und nur Mokka und nur die besten Stücke Fleisch nehmen wollten und doch ständig unzufrieden und widersetzlich seien.

(Charles Dickens)

Gesprächspunkte und Arbeitsanregungen

1. Welche Ursachen werden in dem Text von C. Norberg-Schulz für die Umgestaltung der Stadt im 19. Jahrhundert angegeben? Erweitern Sie diesen Ursachenkatalog besonders im Hinblick auf die sozialen Bedingungen und die wissenschaftlich-technischen Leistungen.
2. Versuchen Sie, die Konzeption des „offenen Raumes“ (Norberg-Schulz) anhand von Karten und Plänen Ihrer Stadt/Gemeinde zu erarbeiten. Welche Widerstände ergeben sich gegen eine solche Konzeption?
3. Informieren Sie sich über die Epoche Napoleons III. und seiner Vorgänger, etwa über die verschiedenen sozialen Revolutionen in Frankreich, besonders in Paris, seit der Französischen Revolution.
4. Wie lassen sich das Vorgehen und die Leistungen von Georges Haussmann aus heutiger Sicht bewerten?
5. Interpretieren Sie den Text von Charles Dikkens, in dem die Situationen verschiedener Gesellschaftsschichten in der fiktiven Stadt „Coketown“ um die Mitte des 19. Jahrhunderts geschildert werden. Welcher Darstellungsmittel bedient sich der Schriftsteller? Welche Absicht verfolgt die Schilderung?

Mögliche Anschlußthemen

1. Umwandlung von Städten in Deutschland im 19. Jahrhundert, besonders in den „Gründerjahren“.
2. Stadtpark, Grünanlagen, Zoo o. ä. – die „grünen Lungen“.
3. Industriesiedlungen, Industriestädte in der näheren Umgebung.
4. Industrieansiedlung und Industrieaussiedlung heute.

Kunstgeschichtlicher Schwerpunkt 6

Die Entwicklung der Industriearchitektur und der Arbeitersiedlung

Mit der zunehmenden Verwissenschaftlichung des Faches Bergbaukunde, der 1765 erfolgten Gründung der ersten Bergakademie im sächsischen Freiberg, dem Einsatz neuerer Werkstoffe und Maschinenkonstruktionen (z. B. von Dampfmaschinen), den gleichzeitig einsetzenden fundamentalen Veränderungen in technologischer und architektonischer Hinsicht (spätestens seit 1735 war es im englichen *Coalbrookdale* gelungen, große Eisenmengen billig mit Koks zu schmelzen, die Revolutionsarchitekturen eines Ledoux bzw. seine Planungen hatten industrielle Komplexe mit industrie-spezifischen Ausdrucksformen z. T. realisiert) – mit diesen Veränderungen wandelten sich die Voraussetzungen und das Verhältnis beider Kulturkomponenten[1] zueinander: Zugleich setzte eine Trennung von Architekt und Ingenieur-Konstrukteur ein, die sich in der zweiten Hälfte des 19. Jh. endgültig vollziehen sollte. Hinzu kamen die politischen und gesellschaftlichen Umwälzungen, deren Einfluß nicht unterschätzt werden darf.

Die erhaltenen Denkmäler des Montanwesens aus der ersten Hälfte des 19. Jh. spiegeln in ihrer stilistischen Vielfalt diesen Komplexbereich in schöner Deutlichkeit wider. Nachdem es Abraham Darby im Jahre 1777 gelungen war, die ersten Teile der von Thomas Gregory entworfenen gußeisernen *Brücke über den Severn bei Coalbrookdale* (Ironbridge) zu gießen, setzte sich auch auf dem europäischen Festland die Konstruktionsweise durch, Baulichkeiten aus gegossenen Fertigteilen herzustellen: Bereits 1796 schlug man bei *Laasan* in Schlesien eine Brücke über die Striegauer Wasser. Mit der Verhüttung von Erzen durch Koks wuchs auch in Deutschland eine große Zahl neuer, leistungsstarker Hütten und Gießereien. Diese Faszination, welche der Werkstoff des „Eisens" ausübte, liegt weitgehend in jenem fundamentalen Eindruck begründet, den Maschinen wie Dampfförderanlagen, Pumpen, Gebläse, Eisenbahnen und Lokomotiven hervorriefen: Diese Maschinen umgab ein „Mythos" der dienstbar gemachten Zyklopenkräfte*.

In den späten 20er Jahren des 19. Jh. errichtete die Bergadministration des Königreichs Hannover in Bad Lauterberg die *Königshütte,* um mit deren Erzeugnissen den eigenen Eisenbedarf zu decken. Der „Kunstmeister" Karl Heinrich Mummenthey errichtete eine Hüttenanlage, die in ihrer Gestalt einer gotischen Kirche ähnelte: Der Hochofen mit der Gicht* lag im Westen, davor legte sich in Glas und Eisen ein kurzer dreischiffiger Baukörper, der den Abstich und den Kupolofen* aufnahm, und schließlich endete die Hütte in einem „Dreikonchenbau"*, der die Formerei aufnahm und in seiner äußeren Erscheinungsform einer rheinischen Choranlage der Romanik ähnelte...

Charakteristisch für den Zeitgeist „um das Jahr 1800" erscheinen die Abhandlungen Goethes („Von deutscher Baukunst") oder Ludwig Tiecks („Franz Sternbalds Wanderungen") oder von Peter von Cornelius, der eine der „deutschen Nationalität" angemessene Stilform in der gotischen Architektur sah. Die Begeisterung für die Fortsetzung des Bauvorgangs am Kölner Dom hatte seit 1814 um sich gegriffen. Die Bedeutung des Kölner Domes war von den Zeitgenossen – mit Schinkel – als religiöses,

1 Gemeint ist das Verhältnis der Kulturkomponenten Technik und Kunst.

Fenster mit neugotischem Maßwerk der Königshütte in Bad Lauterberg

Westfront der Gießhalle der Sayner Hütte in Bendorf um 1855

historisches und lebendiges Monument verstanden worden, als Nationaldenkmal. So wird ein gedankliches Grundgerüst mit den Begriffen „Religion“, „Vaterland“ und „Kunst“ erkennbar. Diese drei Begriffe führen auch beim Bau der *Lauterberger Königshütte* bzw. bei der *Sayner Hütte* auf den richtigen Weg zum Verständnis der Architektur und des Verhältnisses der verwendeten Kunstformen der Neugotik innerhalb der technischen Aufgabe eines Hüttenbauwerks: „Gotisch“ als Stilform wurde gleichgesetzt mit „altehrwürdig“, „schön“ und darum „deutsch“. Diese Gleichsetzung der Begriffe „gotisch“ und „deutsch“ galt gerade für die Zeitgenossen der Jahre nach den Befreiungskriegen als ein wesentliches Kriterium für die Verwendung dieser Stilmittel. Zum politischen Aspekt kam die religiöse Komponente, welche die adäquate Bauform zum griechischen, antiken Tempel als Bauaufgabe des Altertums im gotischen Kirchenbau sah.

Mit diesen dürren Worten, welche die Faszination der Zeitgenossen für das gotische Element nur unzureichend ausdrücken können, mag angedeutet werden, daß die Verwendung „gotischen“ Zierats an Baulichkeiten und Maschinen nicht aus der Ansicht der Architekten und Konstrukteure heraus erfolgte, man müsse die Anlagen im nachhinein durch Zierrat „veredeln“: Vielmehr bildeten Anlage und Gestaltung ein untrennbares Ganzes, das konzeptionell bereits mit verschiedenen Wertvorstellungen und Bewertungen versehen wurde. Es muß aber wiederum betont werden, daß das Eisen durch die neuen technischen Möglichkeiten im ersten Viertel des 19. Jh. eine enorme Aufwertung, fast eine Entdeckung als Baustoff erfuhr, daß der Maschinenbau neue Impulse erhielt. Durch die Möglichkeit, Eisenteile in großer Zahl durch bessere Hochofen-Technologien schneller, billiger und in großer Zahl herzustellen, ergaben sich neue schöpferische Möglichkeiten, die bislang dem Werkstoff des Eisens verschlossen gewesen waren: Die Errichtung des eisernen Turmhelms der *Stockholmer Riddarholmskyrkan* aus dem Jahre 1835 legt davon ebenso Zeugnis ab wie der Guß der vier Turmhelme der *Remagener Apollinariskirche* für Schinkels Sakralbau.

Als Musterbeispiele der Verwendung „gotischer“ Stilformen bei Anlagen des Montanwesens sollen hier erwähnt werden: die *Antonshütte* im Erzgebirge (erbaut unter der Direktion des Oberberghauptmanns von Herder durch Friedrich Brendel in den Jahren 1828 – 1832 in Gestalt einer Dreiflügelanlage), das sog. *Schwarzenberg-Gebläse* (errichtet in der Antonshütte von Brendel als kolossaler, über 5 m hoher Ständerbau, der in sich durch Maßwerkbrücken verbunden und versteift war)...

Bei der Schilderung des Verhältnisses von technischer Funktion und künstlerischer Gestaltung im Falle von Einzelbauteilen und -anlagen ist vor allem das Beispiel der Förderanlagen interessant. Mit dem Übergang des Bergbaus vom Stollen- zum Tiefbau erwuchs den Ingenieur-Architekten des 19. Jh. eine neue Bauaufgabe: die des Förderturms bzw. des -gerüstes. Da man bei relativ geringen Schachtteufen* nur relativ niedrige Fördertürme brauchte, unterschieden sich die ersten massiven Schachttürme nur wenig von den gewohnten Zechenhäusern. Erst mit dem Übergang zu größeren Teufen entwickelten sich jene Schachttürme, die noch heute als *Malakofftürme** mit den enormen Mauermassen über 2 m und Höhe bis zu 40 m unsere Bewunderung hervorrufen. Als Manifestationen der Unternehmen setzen sich diese mit diesen Türmen „Zeichen“ und statten sie entsprechend ihres Anspruchs in ästhetischer Weise mit der Formenvielfalt des Historismus aus. „Mancher stolze, in reicherem Stile ausgeführte Schachtturm ragt wie eine Ritterburg aus dem Wald und Busch oder in lachendem Gefilde hervor...“ Mit Roland Günter sind diese Türme zugleich „eine Art Siegesdenkmal, Ausdruck der Überlegenheit, ein bißchen Kirche, viel Burg, etwas Aussichtsturm, Orientierungszeichen, großbürgerliches Streben nach Prestige, Distanzierungsgebärde“ und „Hoheitssignal mit Backstein-Dekorationen, die als Ornamente genußfähig sind“. Die wenigen noch erhaltenen Schachttürme dieser

Schwarzenberg-Gebläse im neugotischen Stil, heute auf der Lehrgrube Alte Elisabeth in Freiberg/Erzgebirge

Zeit zwischen 1850 und 1880 zeigen mit ihrer meist großformatigen Gliederung eine monumentale, aber letztlich doch „leere", abweisende Äußerlichkeit.

Die Malakofftürme wurden um 1880 aus rein technischen Gründen von den stählernen Bockgerüsten abgelöst; dementsprechend waren die neuen Gerüste rein aus der Funktion entwickelte Formen, denen ästhetische Prinzipien fremd waren, wiewohl die aus filigrananmutenden Fachwerkträgern zusammengesetzten Gerüste oft einen phantastischen, komplizierten Eindruck hervorriefen. Ein *Fördergerüst*, das aus rein ästhetischen Gründen vom funktional Vorgegebenen abwich, wurde im Jahre 1912 auf *der Kaligrube Bergmannsegen* bei Lehrte errichtet: Es war im deutschen Bergbau in dieser Form einmalig und in seiner Formgebung unverwechselbar. Das aus Fachwerkträgern zusammengesetzte Jugendstilgerüst besaß eine Kranbahn mit geschwungenem Ausleger und in der Breitenerstreckung an- und abschwellenden Streben! Diese Formgebung erwuchs wohl einzig aus formal-ästhetischen Gründen, um auch in der Konturierung des Gerüstes eine Entsprechung zur geschwungenen und kompliziert abgesetzten Dachform der übrigen Zechenbauten zu besitzen. Erst mit den prachtvoll-monumentalen *Doppelbock-Fördergerüsten* der Steinkohlenzechen des Ruhrgebiets entstanden vergleichbare Sichtzeichen mit ästhetisch befriedigender Form, von denen auch in jüngster Vergangenheit noch hervorragende Beispiele wie jener steil aufschießende Doppelbock der *Zeche Lohberg* errichtet worden sind.

(Rainer Slotta)

Malakoffturm am Schacht Hannibal in Wanne-Eickel

Thematik

Zur sozialen Funktion von Architektur: Die Schlafhäuser und die Prämienhäuser im Saarbergbau

Neben den maschinellen Einrichtungen, die den täglichen Arbeitsablauf des Bergmanns entscheidend bestimmen, prägt die Wohnungs- und Siedlungssituation das Leben der im Bergbau beschäftigten Menschen. Deshalb sollen hier einige Aspekte aus dem staatlich betriebenen Bergbau an der Saar angeführt werden.

Die Errichtung der „*Schlafhäuser*" in der Nähe der Gruben zählt mit Sicherheit zu den bemerkenswertesten und typischen Phänomenen des saarländischen Bergbaus des 19. und 20. Jh. Die Errichtung derartiger Schlafhäuser war notwendig geworden, weil die ständige Erweiterung des Bergbaus, der 1850 noch nicht die Grenzen der alten Kreise Saarbrücken, Ottweiler und Saarlouis überschritten hatte, die Anwerbung neuer Arbeitskräfte zur Folge hatte. Um das Jahr 1870 kamen bereits Bergleute aus dem pfälzisch-oldenburgischen Raum Birkenfeld, dem Regierungsbezirk Trier und aus der Pfalz. Durch diese Entwicklung bedingt, sah sich der preußische Staat gezwungen, eine Siedlungs- und Wohnungspolitik zu führen, um ausreichenden Wohnraum für die Belegschaften zu stellen. Besonders die Arbeiter aus den weiter entfernten Gegenden – etwa aus dem Hunsrück – mußten Unterkunft und Verpflegung nach der Schicht bekommen, da der tägliche Weg nach Hause unmöglich war. Diese Bergleute blieben während der gesamten Woche in der Nähe der Gruben und kehrten erst am Wochenende zur Familie zurück: Dies waren die sog. Saargänger. 1875 gehörte nicht weniger als ein Drittel (!) der Belegschaft zu diesen Saargängern, doch verringerte sich die Zahl mit dem Ausbau des Eisenbahn- und Straßennetzes immer mehr.

Die Saargänger wurden im wesentlichen in sog. *Schlafhäusern* untergebracht; 1902 bestanden 29 derartige Einrichtungen mit 4755 Einliegern! Die Lebensumstände in den Schlafhäusern lassen sich heute noch erahnen und anhand einer zeitgenössischen Schilderung des Jahres 1904 zurückgewinnen: Jeder Schlafhausbewohner erhielt gegen eine Miete von 2 Mark ein Bett und Bettwäsche sowie einen verschließbaren Schrank zugewiesen. In den einzelnen Zimmern standen meistens 7 – 12 Betten, manchmal jedoch erheblich mehr. Die Betten bestanden aus eisernen Gestellen, einem Strohsack, Bettlaken, Kissen und einer wollenen Decke in einem Bettbezug. Die Wäsche wurde monatlich einmal, in einigen Schlafhäusern auch zweimal gewechselt. Außerdem erhielt jeder Schlafhausbewohner wöchentlich zwei frische Handtücher. Das weitere Mobiliar bestand aus einem Holztische und mehreren Schemeln. Ein vom Bergamt eingesetzter Hausmeister war für die Ordnung verantwortlich, der die Stubenältesten ernannte. Ausspeien, Pfeifenausklopfen usw. war verboten; die Einlieger mußten außer der Arbeitskleidung im Besitz eines ordentlichen Anzuges sein, und die Kleidung war unmittelbar vor und nach der Schicht zu wechseln: Eine halbe Stunde nach der Schicht mußte jeder gewaschen sein! Das Glücksspiel war im Hause strengstens verboten, und Frauen durften das Schlafhaus nur betreten, um ihren Angehörigen Lebensmittel und Kleidung zu bringen, mußten danach aber sofort wieder das Haus verlassen. Die Haustüren wurden um 21.30 Uhr geschlossen, und um 22.00 Uhr löschte man das Licht.

Die Wascheinrichtungen befanden sich in der Regel in besonderen Räumlichkeiten, deren Böden mit Steinfliesen ausgelegt waren. Die Waschmöglichkeiten waren aus Holz oder aus emailliertem Eisenblech und standen in einer langen Reihe nebeneinander an der Wand. Nach dem Waschen kippten die Bergleute das Waschwasser in eine im Boden verlaufende Abflußrinne aus.

Den Schlafhausbenutzern standen unentgeltlich Gemeinschaftsküchen zur Verfügung, in denen ununterbrochen unter Feuer gehaltene Kochherde (sog. *Bromse, Brumse* oder *Brumms)* standen und auf denen sie ihre Mahlzeiten

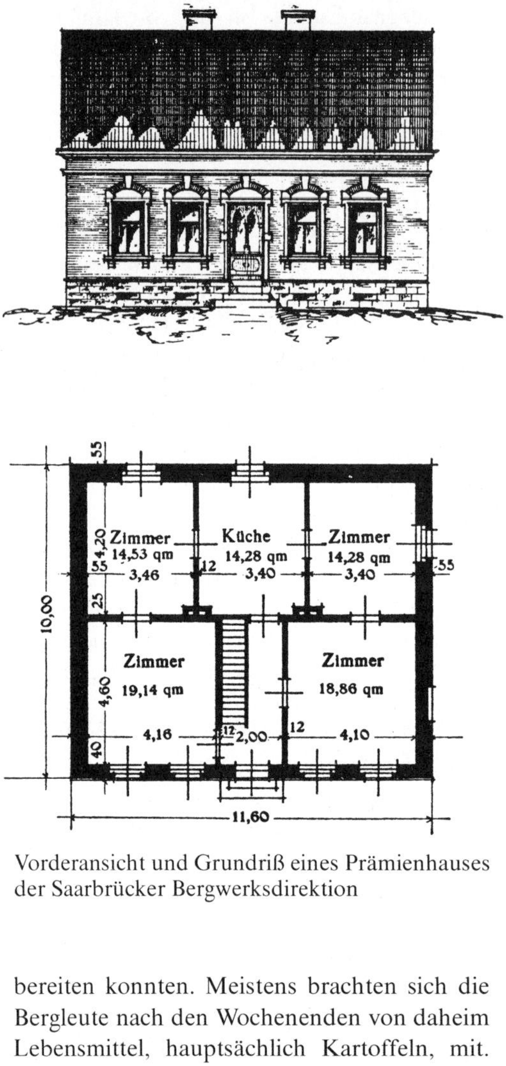

Vorderansicht und Grundriß eines Prämienhauses der Saarbrücker Bergwerksdirektion

bereiten konnten. Meistens brachten sich die Bergleute nach den Wochenenden von daheim Lebensmittel, hauptsächlich Kartoffeln, mit. Gelegenheit zur Versorgung boten auch die vom Bergfiskus* eingerichteten Konsumläden, deren Verkaufsstellen oft unmittelbar neben den Schlafhäusern lagen.

Auf manchen Gruben wie auf der Grube Von der Heydt bei Saarbrücken bestand darüber hinaus noch eine *Speisegenossenschaft* der Schlafhausbewohner unter eigener Verwaltung, doch hatte diese nur bis zum Bergarbeiterstreik des Jahres 1889 Bestand...

Die Bergwerksverwaltung und allen voran der damalige *Oberberghauptmann Heinrich von Dechen* erkannte jedoch schon bald, daß man mit und in den Schlafhäusern allein „keine neuen Bergmannsfamilien begründen" und „keinen ordentlichen Arbeiterstand vermehren" konnte und daß das Mittel der Schlafhäuser nur als Notbehelf zu erachten war. Da man keinen gesteigerten Wert auf die Errichtung von Kolonien wie etwa im Ruhrgebiet legte, entwickelte die Verwaltung der Saargruben ab 1841 unter der Führung des *Bergrates Leopold Sello* das Projekt des staatlich geförderten *Prämienhauses*, jenes Wohnhauses, das noch heute als Zeugnis und Denkmal jener Epoche des Bergbaus die saarländischen Ortschaften bestimmt: Noch im Jahre 1910 verfügte die Bergwerksverwaltung lediglich über 998 eigene Wohnungen. Sellos Plan sah eine Förderung des Eigenheimbaues vor; das Verfahren bestand darin, daß jedem Bergmann ein Baudarlehen und eine Bauprämie gewährt wurden. In einem Darlehnsvertrag wurde festgelegt, daß der Bauwillige zehn Jahre lang das zu erbauende Haus bewohnen mußte und seine Beschäftigung im Bergbau nicht aufgeben durfte. Hatte er nach Ablauf der Frist alle seine Auflagen erfüllt, wurde ihm die Rückzahlung der Prämie erlassen.

In der Regel wurden vor allem aktive, verheiratete Bergleute über 25 und unter 40 Jahren zur Bewerbung zugelassen, da die Zielsetzung dieses Eigenhausbaues eindeutig in der Heranziehung, Seßhaftmachung und Erhaltung einer Stammbelegschaft bestand. „Es ist dabei ein Arbeiterstand gewonnen worden, der die Gruben nicht verläßt, und der immer neue Arbeiter für dieselben erwachsen läßt", urteilte von Dechen 1855. Ein Bergmannshaus kostete in jenem Jahre je nach Größe und Anbauten zwischen 420 und 640 Talern, so daß die Bauprämie und das Darlehen, das zur damaligen Zeit etwa 200 Taler betrug, nur etwa 30% der Gesamtbaukosten umfaßte. Deshalb förderte man den Hausbau im Selbstbau, d. h. die Bergleute betrieben den Hausbau allein oder mit Verwandten, eine Maßnahme, zu der sich die Verwaltung neben handfesten Produktivitätsgründen auch aus „erzieherischen" Gründen ver-

Prämienhäuser in Friedrichsthal-Bildstock im heutigen Zustand

pflichtet zu sein fühlte: „Denn durch kein anderes Mittel werde der Arbeiter mehr an sein künftiges Eigentum gefesselt als dadurch, daß man ihm Gelegenheit gebe, dasselbe durch selbstschaffende Tätigkeit zu erwerben. Schon allein der Gedanke, sich einen festen Wohnsitz gründen zu können, bessere ihn moralisch und rege ihn zur Sparsamkeit, Ordnung und erneuertem Fleiße an, so daß hierdurch schon im voraus das Ziel angebahnt werde, welches Hauptzwecke der Ansiedlung sei".

(Rainer Slotta)

Gesprächspunkte und Arbeitsanregungen

1. Verfolgen Sie die „Kulturkomponenten Technik und Kunst" (Slotta) bis ins 19. Jahrhundert an Beispielen aus Ihrer Stadt/Gemeinde.
2. Sprechen Sie über die Probleme der Erhaltung von Industriearchitektur (= Industriearchäologie). Wie stehen Sie zu der Erhaltung von Industriedenkmälern?
3. Welche Motive standen hinter der Einrichtung von sog. Schlafhäusern in den Bergbaubezirken? Wie bewerten Sie diese Motive?
4. Informieren Sie sich über die „Gastarbeiterbewegungen" im 19. Jahrhundert, etwa aus Polen in das Ruhrgebiet. Vergleichen Sie die Bedingungen von Ansiedlung, Assimilation, Integration usw. damals und heute.
5. Übertragen Sie die Finanzierung der „Prämienhäuser" auf die heutigen Verhältnisse.
6. Entwickeln Sie anhand der vorgegebenen Grundrisse/Aufrisse verbesserte Varianten und vergleichen Sie diese mit heutigen „Siedlungshäusern".

Mögliche Anschlußthemen

1. Bergbausiedlungen im Ruhrgebiet, Arbeitersiedlungen in der Nähe von Industrieanlagen.
2. Baugenossenschaften, Bauvereine o. ä.
3. Archäologische Erkundungen von ortsnaher Industriearchitektur.
4. Darstellung von Arbeit und Arbeitern in Plastik und Malerei.

Kunstgeschichtlicher Schwerpunkt 7

Gegenströmungen: Die Arts and Crafts-Bewegung in England nach 1880*

Als das Fabrikzeitalter begann und der schwammige frühviktorianische Tapezierstil überhandnahm, traten zwei Männer dem entgegen: John Ruskin (1819 – 1900) mit dem Wort und William Morris (1834 – 1896) mit der Tat, in enger Verbindung mit den Malern der „präraffaelitischen* Bruderschaft" Burne-Jones*, D. G. Rossetti* und anderen. Sie setzten sich ein für eine Ganzheit der Künste, eine „Einheit von Kunst und Leben", an der das ganze Volk teilhaben könne. Dem sollte einmal die ästhetische Erziehung dienen, eine Art Bekehrung zur Kunst, und andererseits ein „gotischer Werkmannssinn" bei den Kunsthandwerkern und Künstlern. Dieses Ideal – welches ja auch das unserer romantischen Gotiker hätte sein können – führte Morris mit äußerster Folgerichtigkeit durch. Er vertiefte sich in jedes Gewerbe und richtete halbsozialistische Gemeinschaftswerkstätten ein, wo unter Ausschluß des Maschinellen Stoffe, Möbel, Gerät von schönster handwerklicher Durchbildung unter freier Verwendung gotischer Vorbilder hergestellt wurden. Die Strenge der Gotik wurde ihm zur Lanze, mit der er gegen die Windmühlen der Formenverweichlichung antritt. Denn Morris' reines Vorkämpfertum verband sich mit donquichottehaften Zügen: Er haßte die Maschine so sehr, daß er sein Leben lang keine Eisenbahn benutzte, und war überhaupt, wie die ganze Gruppe, gegen städtische Kultur und die gesteifte Hemdbrust. Für ihn und Ruskin war die Maschine mit ihren Folgen ein Irrweg, eine Krankheitserscheinung, der man im Namen der Schönheit zu Leibe gehen mußte und dabei auf die Verdrängung oder doch Eindämmung des Übels hoffen konnte. Ruskin trug einmal im Triumph ein Spinnrad durch die Straße, um die Leute wieder zu ihrem Homespun zurückzuführen. So war die praktische Tätigkeit der beiden Männer wesentlich auf die Erhaltung edler Handwerksüberlieferung gerichtet, nicht auf das Finden neuer Formen. – In der Liebe zur Natur, die bei Ruskin ebenso leidenschaftlich war wie die zur Kunst der Gotik und Italiens, traf er sich mit seinen Landsleuten, und bei diesem charakteristischen Zug der Engländer nimmt es nicht wunder, daß auch die gewerbliche Erneuerung vom Landhaus ausging.

Der Architekt Norman Shaw aus dem Morriskreise entnahm der Vergangenheit keine Prunkfassaden oder ornamentalen Stücke, sondern ging auf die schlichten, anonymen ländlichen Häuser des 17. und 18. Jahrhunderts zurück, die den konservativen Lebensformen des Engländers auch im 19. noch angemessen waren. Er tat es ohne den Ehrgeiz, etwas absolut Neues machen zu wollen, er wollte nur das Brauchbare und Vernünftige den italienisierenden Villen und auch dem „gotischen" Haus entgegensetzen – und kam so doch zu etwas Neuem. Die junge Architektenschule der Ashbee, Baillie Scott, Voysey und andere kümmerten sich auch im Innern ihrer Bauten um alles, von der Tapete bis zum Salzfaß, und man schloß sich in den achtziger Jahren zu der Art Workers Guild zusammen (die ab 1888 regelmäßig die Arts and Crafts*-Ausstellungen veranstaltete), was den Sieg des Morrisschen Vorbildes bedeutete. Die Ornamentik insbesondere der Stoffe war allmählich vom Gotisieren losgekommen und bediente sich flächig stilisierter Pflanzen. „Stilisieren" war um

Charles F.A. Voysey: Broadleys Windermere in Cartmel/Lancashire (1898)

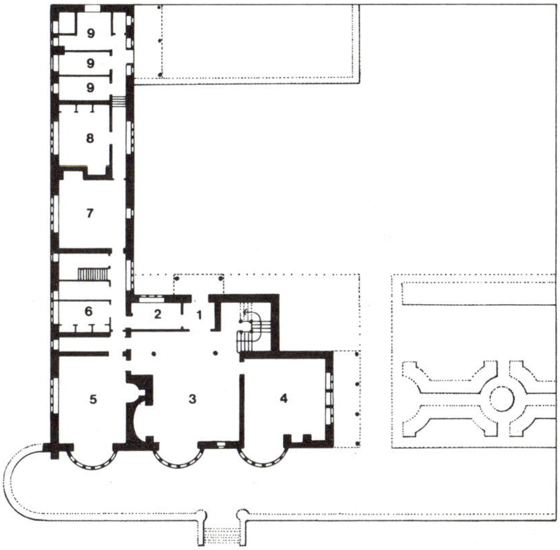

Richard N. Show: Das Herrschaftshaus Grimsdyke in Harrow-Weald/Middlesex (1872)

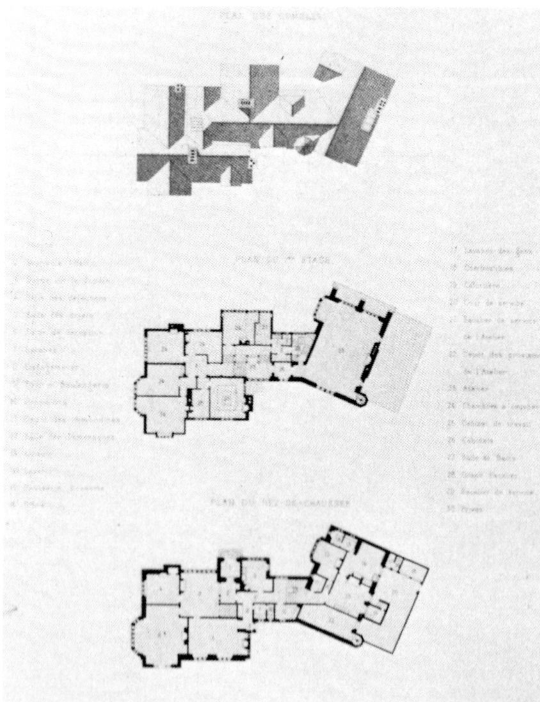

Grundriß des Grimsdyke-Hauses

die Jahrhundertwende in allen Ländern ein ungemein wichtiger Begriff. Man hat darunter etwa zu verstehen die vereinfachende, Zufälligkeiten unterdrückende, Gesetzmäßigkeiten hervorhebende Umformung des Naturvorbildes, seine Einordnung in einen gegebenen Raum oder einen bestimmten Rhythmus, die Anpassung an ein Material. Walter Crane, dessen reizende Bilderbücher wie auch seine theoretischen Schriften in Deutschland viel Erfolg hatten, sagt einmal von den Persern, als er über ihre Teppiche spricht, daß sie „die Natur gewissermaßen in eine besondere, von ihnen selbst geschaffene Region übertrügen und sie dort mit ihrer eigenen Erfindung vereinigten", was eine hübsche Definition dieses vielgestaltigen Begriffes ist. – Über das, was in England still herangereift war, berichtete ab 1893 eine Zeitschrift, das „Studio", deren Verbreitung auf dem Kontinent mehr und mehr zunahm. Konjunkturschnuppernde Möbelfirmen brachten, da der historische Ornamentvorrat ohnehin erschöpft war, alsbald Zimmer im „englischen" Stil – die natürlich nur ein paar Äußerlichkeiten aufgeklebt trugen –, und nationale Weherufe ertönten über die massenhafte Einfuhr von englischen Dekorationsstoffen.

(Friedrich Ahlers-Hestermann)

Thematik

John Ruskin und William Morris oder die Wiederbelebung von Kunsthandwerk und handwerklicher Baukunst

Der große Anstoß auf dem Gebiet der ästhetischen und sozialen Erneuerung kam aus England, und zwar von der über das normale Maß hinausragenden Figur von William Morris; er war Dichter, Verfasser von Flugschriften, Reformer, Entwerfer, hatte etwas auf der Universität studiert, war etwas in Architektur und etwas in Malerei ausgebildet und endete als Hersteller und Geschäftsinhaber, wenn auch als einer von besonderer Art. Morris' Firma wurde 1861 in Zusammenarbeit mit seinen engen Freunden, dem Architekten Philipp Webb* und den Malern Ford Madox Brown*, Rossetti* und Burne-Jones* gegründet. Morris' Theorien, nach denen er seit seinem fünfundzwanzigsten Lebensjahr gelebt hatte und die er seit seinem vierzigsten Lebensjahr in leidenschaftlichen Vorträgen dargelegt hatte, sind wohlbekannt. Sie leiten sich von Ruskin her, der den Kristall-Palast gehaßt und der sich so weit von sich selbst entfernt hatte, daß er hatte sagen können, ein Bahnhof könnte niemals Architektur sein, und der mit wildem Fanatismus leugnete, daß seine Zeit sich ihren eigenen Stil suchen müsse: „Es vergeht kein Tag, ohne daß unsere Architekten ... nicht aufgerufen werden, originell zu sein und einen neuen Stil zu erfinden ... Wir brauchen keinen neuen Stil in der Architektur ... Es ist unwichtig wie ein Marmorsplitter, ob wir eine alte oder eine neue Architektur haben ... Die uns bekannten Architekturformen sind für uns gut genug, und bei weitem besser als wir selber" (John Ruskin). Morris war klüger. Er widerlegte den gängigen Historizismus, diese „Maskierung in anderer Leute weggeworfenen Kleidern", aber er empfahl auch „die alten Bau-Werke unmittelbar zu studieren und sie verstehen zu lernen". Er war kein Revolutionär; er liebte das Mittelalter und die Natur und das offene Land, und er haßte die großen Städte. Sein Haß war zuerst rein visuell, schlug aber fast mit einem Schlag ins Soziale um. London war für ihn „nicht nur eine ganze Grafschaft, die mit häßlichen Schuppen bedeckt ist", sondern auch „eine viehische Ansammlung von im Rauch vertrockneten Schwindlern und ihren Sklaven". Das Mittelalter war ihm nicht nur fürs Auge wohlgefällig, es war für ihn – wie früher auch für Ruskin – in der sozialen Struktur, oder in dem, was er für seine soziale Struktur halten mochte, richtig. Im Mittelalter, so sagte er, „war die Kunst nicht zwischen großen, geringeren und kleinen Leuten aufgeteilt"; die Künstler seien nicht, wie jetzt, „hochkultivierte Männer gewesen, die ihre

Bildung zum Nachsinnen über die vergangene Herrlichkeit der Welt befähigt, aus ihrem Blickfeld den alltäglichen Unrat, in dem die meisten Mensch leben, zu verdrängen". Künstler waren einfache Arbeiter, „gewöhnliche Leute", die „den Amboß" oder „den Eichenstamm" mit „manch vergnüglichem Lachen" bearbeiteten. Gegenstände, die heute Museumsstücke sind, seien „zu ihrer Zeit allgemein gebräuchliche Dinge gewesen". Der Grund dafür sei, daß im Mittelalter „die tägliche Arbeit durch das tägliche Schaffen von Kunst versüßt wurde". Und so kam Morris zu seiner Definition der Kunst als „eines Ausdrucks der menschlichen Arbeitsfreude". Er kam zu der Forderung, daß Kunst wieder „eine Beglückung für den Hersteller und den Verbraucher" werden müsse. Denn während der Durchschnittsmensch an der „bewußten Anstrengung" des einsamen Künstlers kein Interesse haben könne, könne er sich doch an dem erfreuen, was der Handwerker für ihn schaffe. So sollte Kunst nicht nur „durch das Volk", sondern auch „für das Volk" entstehen. „Ich will keine Kunst für wenige, so wie ich auch Erziehung oder Freiheit nicht für wenige will". Dies theoretische System ist ein merkwürdiges Leitbild für einen Mann in der Mitte des 19. Jahrhunderts. Man kann es nur als Demonstration eines Widerstandes gegen das Niveau und den Geschmack der Entwürfe verstehen, wie sie auf den Weltausstellungen in London 1851, in Paris 1855, wiederum in London 1862 und wiederum in Paris 1867 gezeigt wurden. Wenn man die Dinge, und vor allem die für den Hausgebrauch bestimmten Waren, die in den Katalogen dieser Ausstellungen abgebildet sind, betrachtet, kann man die Ausbrüche von Morris verstehen. Im Mittelalter war „jedes von Menschenhand gemachte Ding mehr oder weniger schön"; heute „sind fast alle Waren, die vom zivilisierten Menschen hergestellt werden, von einer schäbigen und ausgesuchten Häßlichkeit". Was angeboten und verkauft wurde, ist „verderblich für den Käufer, verderblicher noch für den Verkäufer, wenn er es nur wüßte". Unsere Häuser sind „tonnenweise mit unaussprechlichem Plunder vollgestopft", und „die einzigen annehmbaren Dinge sind meistens in der Küche". Der Grund dafür liegt darin, daß allein diese ehrlich und einfach sind. „Die beiden Tugenden, die im modernen Leben am meisten vonnöten sind, sind Ehrlichkeit und Einfachheit". [Zitate aus den theoretischen Schriften von W. Morris, z. B. „The Seven Lamps of Architekture".]

William Morris: Tapete „Pimpernel" (1876)

Morris hatte zu seiner Zeit zweifellos recht, die Industrie zu schelten. „Als Lebensbedingung ist die maschinelle Herstellung ganz und gar ein Übel". Aber wenn man sich gegen die Maschine wehrt, kann man nicht billig herstellen. Morris behauptete, daß „man neun Zehntel von allem, was es in den Häusern der reichen Leute gibt", verbrennen müsse. Wie dem auch gewesen sein mag, was die Firma Morris herstellte, war

Schrank von Charles R. Mackintosh, vor 1900

zwangsläufig teuer, d. h. es konnte nicht „für das Volk“ sein. Und es war auch im strengen Sinne nicht „durch das Volk“ entstanden; denn es waren Morris und seine Freunde, die ihre Chintze und Tapeten, ihre Möbel und farbigen Gläser entwarfen. Zugegeben, die Dinge wurden (wenn auch nicht immer) von Hand gemacht; aber sie waren nicht im eigentlichen Sinne schöpferisches Handwerk. Trotz solcher Unstimmigkeiten hatte Morris in dem, was er sich zum Ziel gesetzt hatte, Erfolg. Er brachte in allen Ländern junge Maler und Architekten dazu, daß sie sich dem Handwerk oder dem Entwerfen zuwandten, d. h. daß sie den Menschen in ihrem Alltag halfen.

Warum er Erfolg hatte, ist leicht ersichtlich. Denn (bis zu einem gewissen Grad) tat er auch, was er predigte. Er selbst war ein leidenschaftlicher Handwerker und versuchte sich schon 1856 in der Holzschnitzerei und in der Buchillustration; er möblierte seine ersten Räume in London mit selbstentworfenen und selbstgeschreinerten „stark mittelalterlichen Möbeln ... so fest und schwer wie Felsen“. (Nikolaus Pevsner)

Gesprächspunkte und Arbeitsanregungen

1. Die Arts and Crafts-Bewegung stand im Zusammenhang mit der Kunstrichtung der „Präraffaeliten*“. Informieren Sie sich über diese englische Kunstrichtung und über die vergleichbare deutsche („Nazarener“).
2. Welche Funktion wird seit dem Beginn dieser Bewegung der ästhetischen Erziehung (= Kunsterziehung) zugewiesen? Vergleichen Sie die Absichten der ästhetischen Erziehung damals mit den Absichten von heute.
3. Versuchen Sie, die Argumente von William Morris gegen die Industriearchitektur/Industrieware zusammenzustellen und in eine zeitgemäße Sprache zu übertragen.
4. Bewerten Sie die Vorstellungen von William Morris (anhand des Textes von Pevsner) und vergleichen Sie sie mit heutigen Strömungen.

Mögliche Anschlußthemen

1. Geschichte des Handwerkes, der handwerklichen Erzeugnisse.
2. Maschinenerzeugnisse seit der Mitte des 19. Jahrhunderts.
3. Industriedesign heute.

Kunstgeschichtlicher Schwerpunkt 8

Aus technischen Möglichkeiten wird Architektur – die Schule von Chicago (ab 1890)

Zentrum der architektonischen Moderne – im Unterschied zur bloßen Kunst der Ingenieure – wurde Chicago. 1871 hatte ein Feuer das Geschäftszentrum der Stadt vollkommen ausgelöscht, den Warenumschlagplatz und das Finanzzentrum für den ganzen Mittelwesten. Es erstand neu aus der Asche, und von überall her kamen Architekten, die hier die Chance witterten, die ein Christopher Wren* nach dem großen Feuer in London gehabt hatte. Sie fanden in vielfachem Sinn eine *Tabula rasa** vor: Chicago hatte weder Tradition noch Stil, und auch an beidem keinerlei Interesse. Es war eine wüste, gierige Stadt, ihre einzige Norm in der städtischen Entwicklung hieß: Nimm, was du kriegst, und kümmere dich nicht um den Nachbarn. „Dieser Rohzustand berauschte und vermittelte das Gefühl, daß man große Dinge tun könnte. ‚Groß' war das einzige passende Wort…, die Chicagoer waren die größten, wildesten und ehrgeizigsten Träumer und Macher auf der Welt." So Louis Henry Sullivan (1856 – 1924). Sullivan spielte die Hauptrolle beim Aufbau Chicagos. Er ist einer der Vorläufer der modernen Architektur, nicht weil er das tragende Stahlgerüst „erfand", sondern weil er dessen ästhetische und funktionale Möglichkeiten so meisterlich durcharbeitete und formte.

Das Grundkonzept des Bauens mit Stahlskeletten wurde aus einer neuen Holzbauweise entwickelt. Sie nannte sich *balloon frame* (Ballonrahmen), weil sie, verglichen mit der altmodischen Stütze- und Balken-Bauweise, sehr leicht war. Zwei neue Technologien hatten sie möglich gemacht: die Sägewerke, die in der Lage waren, die nordamerikanischen Wälder zu genormtem Bauholz zu verarbeiten, und der maschinell gefertigte Nagel. Siedler im wilden Westen, aber auch Geschäftsleute in neuen Städten wie Chicago konnten den Rahmen eines Hauses schnell aufstellen, sie brauchten einige Pfosten, Träger und Balken – im Vergleich zu Ziegelsteinen, Stein oder Lehm fast gewichtslos –, die mit dünnen Brettern abgedeckt wurden und einen festen und stabilen Rohbau ergaben. Die Hauswände waren dabei nicht mehr als eine isolierende Hülle (manchmal isolierte sie auch nicht), auf ein hölzernes Gerüst genagelt, dessen vertikale Pfosten den Druck auf das Fundament ableiteten. Bei einer Ziegel- oder Steinwand dagegen mußte die Wand selbst ihre Last tragen. Man konnte einen *balloon frame* in einem Bruchteil der Zeit aufstellen, die man für eine Ziegel- oder Steinwand gebraucht hätte, oder man sparte das mühselige Behauen, Nuten und Einpassen der Stämme bei einem Blockhaus. Man brauchte dazu auch keine besonderen handwerklichen Kenntnisse; jeder, der mit Hammer und Säge umgehen und beim Nagel Kopf und Stift unterscheiden konnte, war in der Lage, sein eigenes Haus zu bauen.

Wenn man nun das Gerüst aus Stahl, die Haut aus Glas und die vorgefertigten Verkleidungen aus Metall oder anderen Baustoffen machte, war der Wolkenkratzer geboren. Das Problem bei hohen Bauten aus Ziegelsteinen oder Stein ist nämlich, daß nach ein paar Stockwerken die feste tragende Wand an ihrem Fundament sehr dick sein muß, damit sie ihr eigenes Gewicht tragen und dazu die Druck- und Zuglasten der Gesamtkonstruktion aufnehmen kann – eine hohe Wand ist wie ein Segel, der Wind kann sie

Daniel H. Burnham: Das Reliance Building in Chicago (1894-1895), Zustand um 1900

umwerfen. Die Architekten Burnham und Root hatten 1891 in Chicago die Konstruktion mit tragender Wand zu einer Höhe geführt, wo es nicht mehr weiterging – 16 Stockwerke – das *Monadnock Building*, ein vornehm einfaches Riesengebäude aus Ziegelsteinen. (Die Erfindung, die Hochhäuser, gleich aus welchem Material, überhaupt erst möglich gemacht hatte, war schon 3 Jahrzehnte alt: 1857 hatte der Amerikaner Elisha Otis den Sicherheitsfahrstuhl erfunden. Vor dieser Zeit mußten Geschäftsgebäude einfach niedrig sein, weil kein Geschäftsmann das Risiko eines Herzanfalls eingehen wollte, wenn er täglich mehrmals sechs Stockwerke zu Fuß hoch ging.)
Ein Stahlgerüst machte die dicken Wände entbehrlich. Alle Materialien geben etwas nach, wenn man sie belastet; ihre Verwendbarkeit in einer Konstruktion hängt davon ab, wie viel sie unter einem gewissen Druck nachgeben und ob sie zurückschnellen. Grob gesagt, hängt der Nutzwert eines Materials beim Bauen von der relativen Beziehung zwischen Festigkeit und Elastizität ab. Ziegel ist vollkommen unelastisch (wie Zwieback) und nimmt relativ wenig Druck auf; alter Ziegel zerbröselt je nach Brennweise schon bei einem Druck von 75 kg/cm². Handelsüblicher Flußstahl hat demgegenüber eine Zugfestigkeit von 10 000 kg/cm² und mehr und ist etwa 15mal so elastisch wie Holz. Deswegen war es möglich, ein Stahlgerüst zu entwerfen, dessen große, nicht abgestützte Pfeiler weitläufig gesetzt und durch horizontale Träger verbunden waren. Die Pfeiler trugen den ganzen Druck, so konnten die Wände aus Glas oder leichten Platten bestehen; sie trugen jetzt nur noch ihr eigenes Gewicht.
Die Technik war einfach, und sie erreichte in Chicago ein hohes Maß an Vervollkommnung und Ausdruckskraft. Schon 4 Jahre nach dem Monadnock Building hatten Burnham und Root das *Reliance Building*, einen Stahlgerüstbau, fertiggestellt (1890 – 94), der mit seinen großen „Chicago-Fenstern" – ein breites Fenster jeweils zwischen zwei schmalen – die Wand im wahrsten Sinne des Wortes transparent machte. Die Transparenz wurde nur noch von ein paar schmalen undurchsichtigen Bändern und Streifen unterbrochen. Aber es war zweifellos Sullivan, der am meisten zu der Poesie des Stahlgerüstes beitrug. Sein *Guaranty Building* in Buffalo, 1894/95, legte das lyrische Thema aller späteren Wolkenkratzer fest – *Vertikalität.* Dieser Wolkenkratzer war ganz klar in drei Teile gegliedert, Sockel, Büroetagen und Flachdach. Ein überkragendes Gesims schloß die prismatische Form ab. Die optische Überraschung liegt in der Tatsache, daß er nicht wie geschichtet oder aufeinandergestapelt wirkt. Sullivan überspielte seine Horizontalen, indem er die Vertikalen etwas hervortreten ließ. So beherrschen die Pfeiler das Bild, sie steigen ungehindert nach oben und enden in Rundbögen, die durch die runden Fenster des obersten Stockwerks noch mehr akzentuiert werden. Das Stahlgerüst und das bloßgelegte Muster der Druck- und Zugkräfte geben dem Gebäude sein optisches Motiv.
Sullivans größere Leistung (vom Standpunkt der zukünftigen Architektur aus) liegt jedoch darin, daß er dem Gittermuster die gleiche Ausdruckskraft gab wie der Höhe. Ein zellulares Gerüst aus Stahlträgern ist an sich weder „horizontal" noch „vertikal". Es ist additiv wie eine Bienenwabe; man kann noch weitere offene Rechtecke hinzufügen, entweder seitwärts anbauen oder oben aufsetzen, ohne seine Struktur zu gefährden. Sullivan verdeutlichte dies in vorbildlicher Form mit dem *Carson-Pirie-Scott-Kaufhaus* in Chicago, 1899. Das Muster seiner Fensterfront ist durch das Stahlgerüst eindeutig festgelegt. In gewissem Sinn besteht das Carson-Pirie-Scott-Kaufhaus aus zwei Gebäuden: Die Einfachheit der oberen Stockwerke steht in starkem Kontrast zum Erdgeschoß, das Sullivan als verzierten Sockel entwarf und mit ornamentalen Bronzeplatten verkleidete, die in der Feinheit des Details und der schwingenden Kraft an Cellini* erinnern. (Einer der Mitarbeiter an den Entwürfen hierzu war Sullivans kaum 20 Jahre alter Assistent Frank Lloyd Wright.) Die Puristen des Internationalen Style, deren

Grundsätzen die oberen Stockwerke dieses Gebäudes vollkommen entsprachen, haben seine Zweigliederung als Schwäche bezeichnet. Sie kommen mir vor wie die Leute, die glauben, das Cézannes* „Logik" Abstraktion anstrebte, und es immer wieder bedauern, daß auf seinen Bildern Äpfel und Berge zu sehen sind. Uns machen heute die „Widersprüche" Sullivans, die aus der Sicht seiner Zeit überhaupt keine sind, eher wieder Spaß.

Wie vieles andere in Amerika faszinierte auch der „Wolkenkratzer" die Europäer; er schien ein amerikanisches Gegenstück zum Eiffelturm zu sein, wie dieser wurde er zu einem Gegenstand der Schwärmerei und Phantasie. Man wollte in ihm eine prometheische Demokratie *all'Americana* erkennen, und Sullivan stimmte dem begeistert zu. „Bei mir ist Architektur keine Kunst", sagte er, „sondern eine Religion, und diese Religion ist wiederum ein Teil der Demokratie." Der zellulare Aufbau des Stahlgerüstes war Sinnbild der Gleichheit. Und doch hatten die Wolkenkratzer in Europa keinen Erfolg. Dafür gibt es viele Gründe; der Hauptgrund war vielleicht, daß man in den alten Städten – Paris, Berlin, Wien oder Mailand – nicht gern den Stadtkern für reine Zweckgebäude opfern wollte. Im niedergebrannten Kern von Chicago konnten und wollten die Architekten ein Stadtzentrum schaffen, das nur Geschäftsviertel war, kaum zum Wohnen geeignet. Außerdem waren Europas Bauämter konservativ und zogen den Beaux-art-Stil* dem Yankee-Stahlgerüst vor.

Stahlbeton war das zweite Material für das zukünftige Utopia. Ein Betonblock hält viel Druck aus, aber nur wenig Zug: Er läßt sich auseinanderziehen. Wenn man aber dort Armierungen einzieht, wo der Zug entsteht (an der Unterseite eines aufliegenden Trägers oder einer tragenden Platte), wird der Beton so stark, daß er große Entfernungen überspannen kann und so die Grenzen überwindet, die Natur- oder Ziegelsteinen gesetzt sind. Zu alledem kann Flüssigbeton in jede beliebige Form gegossen werden und erschließt damit neue Ausdrucksformen, zu denen es in der bisherigen Architektur keine Entsprechungen gab. Die Vorbilder dafür stammten eher aus den winzigen Strukturen der Natur, die Fotografie und Mikroskopie zwischen 1880 und 1920 in reicher Fülle erschlossen hatten – Samenhülsen, Blütendeckblätter, Dolden, Kieselalgen, Plankton und die feinen Spitzenmuster der Korallenbänke. Auch verwegene Kunststücke wurden aus Beton gebaut, wie Eugène Freyssinets parabolische Luftschiffhalle in Orly, außerhalb von Paris mit einer Innenhöhe von über 60 Metern. Aber Beton war noch ein sehr ungewohntes Material. 1913 benutzte der deutsche Architekt Max Berg (1870 – 1947) ihn für seine *Jahrhunderthalle* in Breslau. Sie hatte das größte Kuppelgewölbe, das je gebaut worden war, etwa 66 Meter im Durchmesser (das Pantheon hat 43 Meter und der Petersdom 41 Meter), und war ganz aus Stahlbeton. Als der Beton abgebunden hatte, weigerten sich die Arbeiter einfach, die Holzverschalungen abzunehmen. Sie hatten Angst, das ganze Gebäude würde über ihnen zusammenbrechen; Berg mußte eigenhändig die ersten Verschalungen abreißen, ehe sie an ihre Arbeit zurückgingen. (Robert Hughes)

Thematik

Die architektonische Sprache der frühen amerikanischen Hochhäuser: form follows function

Weder Sullivan noch Jenney läßt sich die Erfindung des Wolkenkratzers zuschreiben, wenn man mit dieser Bezeichnung lediglich ein sehr hohes, vielgeschossiges Bauwerk meint, denn solche Höhen waren auch schon kurz vor Sullivans Wainwright Building mit tragendem Ziegelmauerwerk erreicht worden, zum Beispiel bei dem sechzehn Geschosse hohen Monadnock Block in Chicago (1889 – 1892) von Burnham und Root. Immerhin hat Sullivan aber eine architektonische Sprache entwickelt, die dem

Louis H. Sullivan:
Guaranty Trust Building
in Buffalo (1895)

vielgeschossigen Stahlskelett angemessen war. Erstes Beispiel für dieses Idiom ist das Wainwright Building, bei dem die schon bei Richardsons Marshall Field Warehouse sichtbare Unterdrückung des Balkens zu einem logischen Schluß geführt ist. Die Fassade weist keine Arkaden* mehr auf, sondern wird durch ein Raster backsteinverkleideter Pfeiler artikuliert, während die horizontalen Stahlprofile und Brüstungen zurückgesetzt und mit Terrakotta* belegt sind, damit sie keinen Kontrast zu den Fenstern bilden. Die Pfeiler erheben sich aus einer straffen, zweigeschossigen Steinbasis und enden abrupt in einem massiven, dekorierten Terrakottasims*. Vier Jahre später verfeinerte Sullivan diese Ausdrucksform bei seinem zweiten Meisterwerk, dem Guaranty Building.

Das Guaranty Building zeigt Sullivan auf dem Höhepunkt seines Schaffens: Es realisiert ohne Zweifel am konsequentesten jene Prinzipien, die er 1896 in seinem Aufsatz *The Tall Office Building Artistically Considered* niederlegte. Mit diesem dreizehn Geschosse hohen Bürogebäudes schuf Sullivan ein Bauwerk, in dem nach seinen eigenen Worten „das Ornament so angewendet ist, daß es eingeschnitten oder ausgeschnitten wurde... Dennoch sollte es nach der Fertigstellung so aussehen, als sei (der Dekor) durch das Wirken einer wohltätigen Kraft aus der Substanz des Materials hervorgegangen." Ornamentierte Terrakottaplatten hüllen die Fassade in ein dichtes Filigran, dessen Motive selbst bis zu den kunstvollen Metallarbeiten der Eingangshalle vordringen. Nur die Spiegelglasfenster im Erdgeschoß und die Marmorwände sind von dieser intensiven, um nicht zu sagen üppig verschwenderischen dekorativen Behandlung ausgeschlossen.

Sullivan sah sich wie sein Schüler Frank Lloyd Wright als einsamen Kulturschöpfer der Neuen Welt. Von Whitman, Darwin und Spencer beeinflußt und von Nietzsche inspiriert, betrachtete er seine Bauten als Produkte einer nicht endenden Lebenskraft. Für Sullivan manifestierte sich die Natur in der Kunst durch Konstruktion und Ornament. Sein berühmter Ausspruch „Die Form folgt der Funktion" fand seinen folgerichtigsten Ausdruck in dem konkaven Gesims des Guaranty Building, wo die ornamentale „Lebenskraft" auf den Sprossen sich in Wirbeln um die kreisrunden Dachfenster zieht. Darin spiegelt sich metaphorisch* das technische System des Gebäudes wider, das, um Sullivan zu zitieren, „sich selbst vervollständigt und auf- und absteigend seinen großen Kreis vollendet". Die fundamentale Bedeutung dieser organischen Metapher legte Sullivan noch deutlicher mit dem geflügelten Samen der Platane dar, dem „Keimling", den er auf der ersten Seite seiner Abhandlung über das Ornament in der Architektur, *A System of Architectural Ornament According with a Philosophy of Man's Powers,* zeigte. Die Schrift wurde in seinem Todesjahr 1924 veröffentlicht. Unter das Bild stellte Sullivan eine an Nietzsche erinnernde Unterschrift: „Der Keim ist das Reale; er ist der Sitz der Identität. In seinem zarten Mechanismus liegt der Wille zur Kraft, dessen Funktion es ist, seinen vollen Ausdruck in der Form zu suchen und schließlich zu finden."

Für Sullivan wie für Wright konnte eine solche Form sich nur in einem jahrhundertealten demokratischen Amerika entwickeln, wo sie als eine Kunst erstehen würde, „die fortleben wird, weil sie im Volk, für das Volk und durch das Volk geschaffen ist". Als selbsternannter kultureller Prophet der Demokratie wurde Sullivan weitgehend ignoriert. Das Volk selbst lehnte seine überidealisierte, egalitäre Kultur ab.

(Kenneth Frampton).

Gesprächspunkte und Arbeitsanregungen

1. Informieren Sie sich über die Geschichte und die Kultur Amerikas nach dem Bürgerkrieg.
2. Erproben Sie anhand von Modellen die Konstruktionsweise von amerikanischen Häusern (balloon-frame-Technik), wie sie im Text von R. Hughes beschrieben wird, und vergleichen Sie sie mit den Hausbautechniken in Westeuropa.
3. Vergleichen Sie die Konstruktionsweise und die Wirkung der ersten Hochhäuser in Chicago mit dem Bau und der Wirkung des „Kristallpalastes" in London (Kapitel 3).
4. Im Text von R. Hughes wird von den Vorstellungen der „Puristen des International Style" gesprochen. Suchen Sie Beispiele für diesen Purismus (z. B. im Kapitel über Frank Lloyd Wright) und vergleichen Sie die ornamental gestalteten Fassaden (Sullivan) mit „puristischen" Fassaden.
5. Untersuchen Sie anhand von Beispiele (z. B. der Abbildungen dieses Buches) die Auswirkungen der Formel „form follows function" und legen Sie mit Hilfe des Textes von K. Frampton die ursprüngliche Bedeutung dieser Formulierung L. H. Sullivans fest.

Mögliche Anschlußthemen

1. Die Entwicklung des Baues von Hochhäusern in Deutschland.
2. Hochhäuser und Stadtarchitektur.

Kunstgeschichtlicher Schwerpunkt 9

Der Jugendstil – eine internationale Kunstbewegung zwischen 1890 und dem Ersten Weltkrieg

Zu Anfang der neunziger Jahre entwickeln sich in Belgien, Frankreich, Holland, Österreich und Deutschland Bewegungen, die trotz ihrer Verschiedenheiten gemeinsame Züge tragen. Gemeinsam ist ihnen die völlige Ablehnung jeglicher Formen vergangener Baustile, aber auch die Suche nach neuen Ornamentformen, die Ausdruck der eigenen Zeit sein sollen. In der Betonung des Ornaments sind diese Bewegungen noch dem neunzehnten Jahrhundert verhaftet; doch schufen sie sich in der pflanzenhaft bewegten oder federnd gespannten Linie schon ihre eigene Formensprache. Immer stärker kristallisierte sich aber im Laufe der Zeit das Anliegen heraus, das über die Zeitgebundenheit des Ornaments hinausführte: eine Besinnung auf die Grundlagen architektonischen Schaffens, wie sie von Otto Wagner, Adolf Loos, Hendrik Petrus Berlage und Henry van de Velde angestrebt wurden.

1896 erschien in München die Zeitschrift „Jugend", die der neuen Bewegung in Deutschland den Namen gab. Das Wort „Jugendstil" umschreibt nicht nur das Neue, den Aufbruch einer begeisterten Jugend, sondern läßt auch, indem es das Bild von der Abfolge der Generationen nahelegt, die zeitliche Bedingtheit dieser Bemühungen ahnen. Ebenso klar formuliert der in Westeuropa gebräuchliche Begriff das Programm dieser jungen Bewegung. „Art Nouveau" – neue Kunst: damit war die Suche nach einer Kunst, frei von allen historisierenden Bindungen, bezeichnet.

Zwei Dinge gilt es in den Strömungen der Zeit zu trennen. Da ist zunächst das unbedingte Gefühl, daß der Eklektizismus des neunzehnten Jahrhunderts überwunden werden müsse. Es ist ein Anlauf einzelner gegen eine ganze Zeit. Aber neben der gefühlsmäßigen Auflehnung steht schon die klare Erkenntnis: „Jeder neue Stil ist allmählich aus dem früheren dadurch entstanden, daß neue Konstruktionen, neues Material, neue menschliche Aufgaben eine Änderung... der bestehenden Formen erfordern". Diese Worte Otto Wagners fielen 1895, zur gleichen Zeit, als Louis Sullivan forderte, daß die Form immer der Funktion folgen solle.

Die Betonung des Ornaments zeugt von einer Haltung, die noch weit von einer modernen Baugesinnung entfernt ist. Aber die gleiche Einstellung, erstarrte Tradition nicht mehr als gegeben hinzunehmen, führte auch in der Architektur zu neuen Lösungen. Wie die Ornamentik des Jugenstils nur dem eigengesetzlichen Rhythmus der Linie folgt, so wird auch jedes einzelne Bauwerk nicht mehr länger dem Zwang einer symmetrischen Schaufassade untergeordnet, sondern gibt sich sein Gesetz nach den jeweiligen Bedürfnissen und Forderungen des Raumprogrammes. Es entstehen jetzt Wohnhäuser, denen in der freien asymmetrischen Grundlösung und in der ungezwungenen Raumfolge auf verschiedenem Niveau eine veränderte Konzeption zugrunde liegt.

An einem Vergleich lassen sich Bedeutung und Anliegen, aber auch die schon früh eintretende Verkitschung des Jugenstils in Deutschland erkennen. Das Wohnzimmer um 1890 war vollgestopft mit Möbeln, deren Formen die Stile vergangener Zeiten kopierten. Schwere Vorhänge verdunkelten die Fenster. Dagegen ein Schreibzimmer van de Veldes! Es enthält we-

Speisezimmer um 1880

nige, handwerklich sauber gestaltete Möbel, die sich dem Raum unterordnen. Die Wand kommt zu ihrem Recht, helle Farben lichten den Raum auf. Die Möbel behalten durch aufgesetzte Linien noch immer eine dekorative Note, aber der Unterschied zu dem üblichen bürgerlichen Wohnzimmer ist offenkundig. Erst in den Händen der Nachahmer werden die Formen des Jugenstils aus reiner Geschäftemacherei modisch kopiert und wuchern zu üppigem Dekor aus.
Art Nouveau und Jugenstil haben ihre Vorläufer in England. In der zweiten Hälfte des neunzehnten Jahrhunderts wirken dort John Ruskin (1819 – 1900) und William Morris (1834 – 1896). Beide bemühen sich, der damals herrschenden Formverwilderung durch die Sauberkeit schlichter Handwerksarbeit und die Schönheit natürlicher Materialien entgegenzuwirken. Morris richtete Werkstätten ein, in denen in handwerklicher Arbeit einfache Möbel, handgearbeitete Stoffe, Tapeten und Geräte hergestellt wurden. 1859 bereits erbaute der Architekt Philip Webb für Morris ein Wohnhaus, das Red House in Kent. Es stellt in der Raumanordnung, in der frischen und unkonventionellen Gliederung den denkbar größten Gegensatz zu den damals üblichen, mit Stuck überladenen Villen dar. Zugleich aber ist es, geschichtlich gesehen, einer der ersten Versuche einer schöpferischen Erneuerung des Wohnhausbaues. C. F. A. Voysey und R. N. Shaw, zwei der bekanntesten englischen Architekten, führen die von Morris und Webb eingeschlagene Linie weiter...
Neben Webb, Shaw und Voysey wurde in Europa vor allem der Schotte Charles Rennie Mackintosh (1868 – 1928) bekannt, der mit seinen kunstgewerblichen Arbeiten starken Einfluß vor allem auf den Kreis um Otto Wagner, auf die Wiener Sezession* nahm. Seine bedeutendste architektonische Leistung ist der Bau der Kunstschule in Glasgow (1898 – 99), die 1907 – 09 durch einen Bibliotheksflügel erwei-

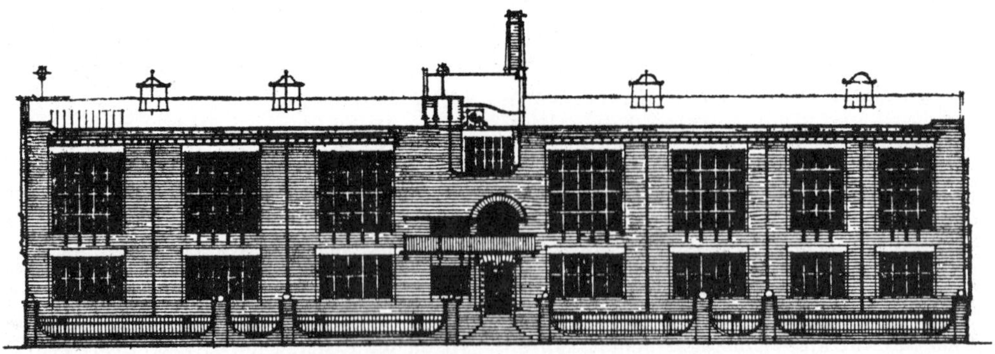

Charles R. Mackintosh: Kunstschule in Glasgow (1897-1899) mit Eingangspartie und Aufriß

tert wurde. Der Entwurf zeigt im Grundriß noch eine axiale Aufteilung, geht aber in der Fassadengestaltung neue Wege. Die Wirkung beruht auf dem unvermittelten Gegeneinandersetzen von geschlossenen und verglasten, offenen Flächen, aber auch noch auf der Schwere und Monumentalität der Formen.
Die künstlerischen Bestrebungen in Europa wurden von England aus nachhaltig beeinflußt. Es besteht jedoch ein wesentlicher Unterschied zwischen den Bemühungen von Morris und den später einsetzenden kontinentalen Bewegungen. Morris und Ruskin sahen in der Maschine den Feind aller Kultur. Saubere Handwerksarbeit war als Protest gegen die maschinelle Massenproduktion gedacht, die zu einer Entwertung aller Formen zu führen drohte. So richtig Morris auch die Gefahr einer Unterhöhlung menschlicher Werte durch die Fabrikarbeit erkannte, so wenig sah er, daß mit der Maschine dem Menschen ein Werkzeug gegeben war, das – richtig angewandt – ungeahnte Perspektiven eröffnet.

An diesem Punkt setzt die Arbeit des Belgiers Henry van de Velde (1863 – 1957) zu Anfang der neunziger Jahre an. Van de Velde ist Maler, aber er steht sehr bald vor der Gewissensfrage, ob es angesichts der Erfordernisse der Zeit noch zu verantworten sei, nur der Malerei zu leben. Dabei wurde sein Blick auf den Kreis um Ruskin und Morris gelenkt. Von ihnen gewann er entscheidende Anregungen, erkannte aber auch, daß ohne Technik der Aufbau einer neuen Kultur nicht möglich ist. „Der vollkommen nützliche Gegenstand, der nach dem Prinzip einer rationellen und folgerichtigen Konstruktion geschaffen wurde, erfüllt die erste Bedingung der Schönheit, erfüllt eine unentbehrliche Schönheit". Die Funktionstüchtigkeit wird zur Voraussetzung der ästhetischen Wirkung…
Das eigentliche Wirkungsfeld van de Veldes sollte in Deutschland liegen, wo er zum ersten Mal durch seine Beteiligung an der Dresdener Kunstausstellung 1897 bekannt wird. Karl Osthaus beruft ihn zum Ausbau des Folkwang-

Henry van de Velde: Kunstschule Weimar (1906)

Museums nach Hagen, bis er als Direktor der Kunstgewerbeschule in Weimar als Künstler und Pädagoge seinen Ideen zur Wirkung verhelfen konnte. Er reorganisiert den Aufbau der Schule und richtet Werkstätten ein, in denen die Schüler praktisch arbeiten. Die Erzeugnisse der Werkstätten werden verkauft, so daß schon während der Studienzeit ein ständiger Kontakt mit der Praxis vorhanden ist. Walter Gropius, der 1919 die Schule übernahm und hier das Bauhaus gründete, sollte manches vorfinden, auf dem er aufbauen konnte.

In seinem architektonischen Schaffen, so in der Kunstschule Weimar (1906) und dem Werkbundtheater Köln (1914), gelingt es van de Velde, die von den Gebäudefunktionen gestellten Aufgaben in kräftige Ausdruckswerte umzusetzen. Die Glasflächen der Weimarer Kunstschule, die sich zwischen schweren Pfeilern spannen, und die Oberlichtfenster, die in das steile Mansarddach einschneiden, besitzen die gleiche expressive Kraft, wie, auf einer anderen Ebene, van de Veldes Möbel. Im Kölner Werkbundtheater findet er eine Gestalt, die alle einzelnen Bauteile als plastische Körper zueinander ordnet und die Ornamentik auf wenige Linien und Flächen zurückführt, die eher die kubische Geschlossenheit betonen als auflösen. Die tektonische Auffassung, die schon in seinen frühen Möbelentwürfen zu Tage trat, vermag jetzt die ganze reich differenzierte Baumasse zu organisieren.

Mit seinen Bemühungen stand van de Velde in Belgien nicht allein. Schon seit den achtziger Jahren gab es in Brüssel einen Kreis aufgeschlossener Künstler – „les Vingt" –, die stark beeinflußt waren von den Worten Morris' und seiner Nachfolger. Victor Horta (1861 – 1947), der zu diesem Kreis gehörte, errichtete bereit im Jahre 1893 in Brüssel das Wohnhaus in der Rue de Turin – also zu einem Zeitpunkt, zu dem von der neuen Bewegung auf dem Kontinent noch wenig zu spüren war. Vieles hat hier seine erste Formulierung gefunden. (Jürgen Joedicke)

Thematik I

Victor Horta: Maison Tassel

Der bedeutendste in Belgien wirkende Art Nouveau-Künstler war zweifellos der Architekt Victor Horta (1861 – 1947), der auch die Einrichtung und Innendekoration seiner Häuser bis zum scheinbar unwichtigsten Detail übernahm. Die Werke, an die sich sein Ruhm knüpft, beginnen mit der *Maison Tassel* in der ehemaligen Rue de Turin, die 1892 entworfen wurde und 1893 bis in die letzte dekorative Einzelheit fertiggestellt war. Das Entstehungsdatum dieses Hauses galt lange Zeit als Beginn des Art Nouveau; es war das Jahr, in dem auch die Zeitschrift *The Studio* herauskam und in ihrer ersten Nummer Beardsley* vorstellte. Wenn auch angesichts der englischen Entwicklung der Anfang des Hoch-

Victor Horta: Treppenhaus des Maison Tassel, Brüssel (1892/93)

Victor Horta: Maison Tassel, Blick in die Dachkonstruktion

Art Nouveau auf mehr als ein Jahrzehnt früher anzusetzen ist – von dem Londoner Früh-Art Nouveau, von Gaudí in Barcelona, von Furness und Sullivan in Nordamerika ganz zu schweigen –, so bleibt doch die Tatsache bestehen, daß mit der *Maison Tassel* der kontinentale Hoch-Art Nouveau als Gesamtkunstwerk zum erstenmal fertig und vollendet ins Dasein trat.

Ornamente Hortas weisen eine überraschende Ähnlichkeit mit denen eines Bucheinbandes von Heywood Sumner (aus dem Kreis Mackmurdos) von 1888 auf. Die Vermutung liegt nahe, daß englische Buchdekorationen die Anregung zu der Formenwelt Hortas gegeben haben. An der Wand des Treppenhauses der *Maison Tassel* ist die Schicht der großen Kurvenzüge mit einer Lage welliger Sternblumen hinterfangen, in denen sich die Herkunft der abstrakten Formen von vegetabilischen verrät. Zu den großen geschwungenen Bändern verhalten sich diese sternförmigen Ornamente ähnlich wie bei Sumner die kleinteiligen wirbelnden Haare Undines zu den größer angelegten Linienbahnen. Hier wie dort tritt der charakteristische Art Nouveau-Rhythmus auf. Die linearen Bänder sind im Sinne der später so genannten „belgischen Linie" bewegt, die bereits Sumner vollständig darbietet. Wer Hortas Wandmalereien gegenständlich zu deuten versuchte, wird am ehesten an einen wogenden Hain aus Wasserpflanzen am Grund eines durchsichtigen Meeres denken; bis in Motiv und Thematik reicht die Übereinstimmung...

Horta gebührt das Verdienst, die englische Anregung, die typische Art Nouveau-Schwingung mit ihrem „Peitschenknall"-Rhythmus zum erstenmal ins Räumliche und Struktive umgesetzt zu haben. Im Treppenhaus der ehemaligen *Maison Tassel* ist der lineare Art Nouveau englischer Tapeten und Bucheinbände zu einem vollkommenen und selbst von Horta später kaum mehr übertroffenen Ensemble geworden, das in Architektur und Ornament, im Zwei- und Dreidimensionalen aus einem einzigen Leitmotiv lebt. Am Fuß der Treppe steigt eine schlanke Eisenstütze frei auf wie ein Blumenstengel, und aus ihrem „Kapitell" wachsen (wie über Blakes* gemalten Pfeilern!) pflanzenhafte Bänder in den Raum. Ihr Rhythmus wird von Konsolen und frei gezeigten eisernen Trägern beantwortet und lockerer von den Bändern, die den Treppenlauf als Geländer umranken. Wie Wasserringe, die sich um ein Zentrum ausbreiten, schwingen diese Ornamente von der Stütze aus über Decke, Wände und sogar das Fußbodenmosaik weiter. Das Muster wiederholt sich dabei nicht im Rapport wie bei einer Tapete, sondern jede Form ist individuell abgewandelt. Auch darin bestätigt sich die Anregung durch den Bucheinband von Sumner.

Eine aufregende Neuheit dieses Baues lag in der Demonstration metallener Tragelemente im Inneren und am Außenbau eines repräsentativen privaten Wohnhauses. Die Skelettkonstruktion ermöglichte im Gegensatz zu einem massiven Mauerwerksbau einen verhältnismäßig freien und unkonventionellen Grundriß mit offen ineinander übergehenden Raumeinheiten und einer neuartigen Raumanordnung. Die räumliche Schwingung des Innern wird an der Fassade in körperhafte Biegung umgesetzt: Schwingung der Mauer, plastische Details, Vorwölbung der zentralen Fensterpartie, die als durchsichtiges, lineares Gerüst mit eingespannten Membranen erscheint. Eisen tritt nicht nur an den Gittern und schlanken Fenstersprossen auf, sondern auch in den tragenden, horizontalen Eisenschienen. Damit überträgt Horta Elemente, die an die genieteten Platten von Frachtdampfern oder Maschinenhallen erinnern, auf das elegante Stadthaus – ein Kontrastreiz, für den Horta auch sonst nicht unempfänglich ist. So verfremdet er die artifizielle Festlichkeit in seinem eigenen Hause – die Lampe als gläsernes Bouquet aus elektrischen Blüten und plissiertem Frou-Frou*! –, indem er die Raumdecke wie das Gewölbe einer Metrostation behandelt und die Wände aus hellglasierten Ziegeln mauert. (Robert Schmutzler)

Thematik II

Otto Wagner: die Postsparkasse

Zu Wagners wichtigsten Bauten, dessen Inneneinrichtung noch weitgehend original erhalten ist, zählt die Postsparkasse, die in zwei Etappen 1904 – 1906 und 1910 – 1912 errichtet wurde. Die nur zweijährige Bauzeit war in Anbetracht eines allgemeinen dreimonatigen Bauarbeiterstreiks und der besonderen Fundierungsschwierigkeiten im Stubenviertel (Wien) ein Rekord, der dank Wagners vereinfachter Baukonstruktion möglich war. Das Gebäude, das sich in seinem Grundriß dem trapezförmigen Grundstück anpaßt, war für 2700 Beschäftigte konzipiert und enthält neben dem großen Kassensaal, der ähnlich einem überdeckten Hofraum das Zentrum der Anlage bildet, Büros und Sitzungsräume. Der Eindruck des überdachten Hofes wird noch verstärkt durch die filigrane, transparente Deckenkonstrukion und die Behandlung der Wand als Mauerstruktur. Hier hat das Aluminium – wie bereits bei dem Portal des Depeschenbüros der „Zeit" (1902) –, das für die Köpfe der Fassadennägel, die Eckakroterien, die Warmluftgebläse und die glasüberdachte Schalterhalle verwendet wurde, traditionelle Materialien verdrängt. Ein Zeitgenosse Wagners, Josef August Lux, schreibt über den Bau: „Keine Reminiszens an historische Stile, keine Palazzoarchitektur, keine Monumentalität aus der Schatzkammer der Überlieferung – sondern alles Nutzstil. Die Materialfragen treten in den Vordergrund. Eisenbeton, Glas, Marmor, Aluminium, Hartgummi usw. sind die Elemente, aus denen sich das Werk zusammensetzt... Aus Marmor und Aluminium entsteht die Fassade, das Bauwerk gleicht einer riesigen Geldkiste über und über mit Nägelköpfen bedeckt... Für den Kassensaal ist ausschlaggebend: die leichte Auffindbarkeit aller Schalter, die Möglichkeit

Otto Wagner: Schalterraum der Postsparkasse in Wien (1904-1906)

einer leichten Kontrolle der frequentiertesten Parteien ... Für den Bienenstaat der Bureaux ist wieder entscheidend die wohlorganisierte Verbindung untereinander ..." Basierend auf einem höchst simplen Grundkonzept entstand mit dem Schaltersaal der Postsparkasse ein Raum, der sowohl einladend und offen wirkt, aber dennoch eine gewisse Monumentalität beinhaltet, die aber keinesfalls erdrückend ist. Bereits Kaiser Franz Joseph soll beim Anblick des Kassensaales gesagt haben: „Merkwürdig, wie gut die Menschen hineinpassen ..."

Für die Möblierung der Postsparkasse, für deren Gestaltung Wagner ebenso verantwortlich war, nutzte er die Möglichkeiten der Serienproduktion, die das Bugholzverfahren der Firmen Thonet* und J. & J. Kohn ermöglichte. Während die Direktionsräume mit ihren schweren Fauteuils noch weitgehend von repräsentativen Aspekten bestimmt sind, wurden die Stühle der Büroräume, die Armsessel des Sitzungssaales, die Hocker im Kassensaal und die Aktenablagen aus gebogenem Buchenholz hergestellt. Um den Sitzmöbeln zusätzliche Stabilität und Lebensdauer zu verleihen, erhielten die Armlehnen Aluminiumauflagen und die Stuhlbeine ebensolche Manschetten. (Dorothee Müller)

Otto Wagner: Sessel, um 1904; Variante des sog. Postsparkassenstuhles; Ausführung J. Hummel, Wien

Gesprächspunkte und Arbeitsanregungen

1. Ergänzen Sie den einführenden Text von J. Joedicke über den „Jugendstil" durch eine Bestandsaufnahme von Beispielen der Jugendstilarchitektur aus Lexika und Kunstgeschichte (vgl. auch Arbeitsbuch „Skulptur und Plastik vom Rokoko bis zur Klassischen Moderne", Kapitel 7).
2. Beurteilen Sie die abgebildete „Kunstschule" in Glasgow von Charles Rennie Mackintosh aus der Sicht des Historismus und der des „neuen Bauens". Ziehen Sie dazu die Texte und Abbildungen der beiden nächsten Kapitel heran.
3. Suchen Sie nach Wiederaufnahmen („Revivals") von Gestaltungsformen und Motiven des Jugendstils in der heutigen Kunst bzw. in der Werbung. Diskutieren Sie die Bedeutung dieser Jugenstil-Renaissance in der heutigen Zeit.
4. Seit dem Jugendstil spricht man wieder von einem „Gesamtkunstwerk". Untersuchen Sie anhand des Textes von R. Schmutzler und D. Müller, ob man diese Kennzeichnung zu Recht auf die Gestaltungen (z. B. von Victor Horta und Otto Wagner) anwenden darf.
5. In dem Text von D. Müller ist von den sog. Thonet-Stühlen* die Rede. Verfolgen Sie die Entwicklung dieser Design-Objekte bis heute.

Mögliche Anschlußthemen

1. Antonio Gaudí und der Jugendstil in Spanien.
2. Die Wiener Werkstätten, die Wiener Sezession.
3. Malerei und Plastik des Jugendstils.

Kunstgeschichtlicher Schwerpunkt 10

Der Deutsche Werkbund (ab 1907) und das Bauhaus (1919 – 1933)

Der Deutsche Werkbund

Die Idee des Werkbundes war bereits angedeutet bei William Morris, der sich in den achtziger Jahren gegen die künstlerische Verwirrung seiner Zeit wandte. Er forderte die Rückkehr zur kulturellen Einheit, wie sie in den großen Zeiten der Vergangenheit bestanden hatte, als Kunst, Moral, Politik und Religion noch ein lebendiges Ganzes bildeten. Sein Ideal war die gotische Kathedrale, zu deren Errichtung sich alle Künstler als Handwerksleute zusammengefunden hatten.

Morris, in mancher Hinsicht ein der Vergangenheit zugewandter Romantiker, wollte mit der Maschine nichts zu tun haben. Ihm schwebte vielmehr eine Erneuerung des mittelalterliches Handwerks vor. Trotz der durch die industrielle Revolution entstandenen Massenproduktion und trotz des neuen Massenbedarfs hielt er an den veralteten Arbeitsmethoden des Handwerks fest und führte damit gerade eine der Erscheinungen herauf, die er abzuwenden suchte – die Isolierung des einzelnen Künstler-Handwerkers, der handgefertigte Gegenstände nur für einen kleinen Kreis von Auserwählten herzustellen vermag.

Die fortschrittlicheren Gedanken in Morris' Konzeption wurden gegen Ende des neunzehnten Jahrhunderts in Europa und in den Vereinigten Staaten weitergetragen. Im Gegensatz zu England mit seiner „Kunstgewerbe"-Bewegung begannen Amerika und das kontinentale Europa wenigstens theoretisch, die Technik zu verherrlichen. In den neunziger Jahren erklärte der Belgier Henry van de Velde [Gropius' Vorgänger als Lehrer der Weimarer Kunstgewerbe-Schule], der Ingenieur sei der wahre Architekt unserer Zeit, und verkündete, daß die neuen, von der modernen Wissenschaft entwickelten Materialien, wie Stahl, Beton, Aluminium, Linoleum, eine neue, zweckgerichtete Bauweise erforderten. (Gleichzeitig beschäftigte er sich allerdings mit dem *Art-Nouveau**-Ornament.) Um 1900 wagte es der Wiener Adolf Loos*, der seine Ausbildung zum Teil in den Vereinigten Staaten erhalten hatte, jedes Ornament von seinen Bauwerken zu verbannen. In Amerika, einem Lande von erstaunlicher technischer Fruchtbarkeit, waren Louis Sullivan und später Frank Lloyd Wright die ersten, die darauf bestanden, daß „die Form der Funktion entsprechen solle". Sie hatten seit dem frühen 19. Jahrhundert eine Reihe von Vorgängern. Ihr Werk war für die europäischen Zeitgenossen eine unerschöpfliche Quelle der Anregung.

In Deutschland suchte Hermann Muthesius* nach einer Synthese zwischen dem „Maschinenstil" und Morris' „Kunstgewerbe"-Bewegung. Im Jahre 1907 gründete er den Deutschen Werkbund in dem Bestreben, eine echte Zusammenarbeit zwischen den hervorragendsten Künstlern und Handwerkern auf der einen Seite und Industrie und Gewerbe auf der anderen Seite in die Wege zu leiten. Auf der ersten Sitzung des Werkbundes sagte Theodor Fischer: „Massenproduktion und Arbeitsteilung müssen dazu gezwungen werden, Qualität herzustellen." Damit schien der Trugschluß in Morris' „Handwerkerkultur" überwunden zu sein. Allerdings hatte bis jetzt noch niemand das Mittel gefunden, mit dessen Hilfe der Geist der Technik, praktisch oder ästhetisch, in die Kunst eingehen konnte.

Die kulturelle Gleichordnung von Kunst und Wirtschaft, die Morris vergeblich suchte, konnte

Walter Gropius und Adolf Meyer: Faguswerke/Leine (1911-1916)

auch der Werkbund nicht erreichen. Architekten und Entwerfer waren, ebenso wie Maler und Bildhauer, zum größten Teil immer noch romantische Individualisten. Muthesius mußte zugeben: „Wir wissen selbst nicht, wohin wir treiben."

Walter Gropius

Es blieb dem jüngsten der führenden Köpfe des Werkbundes, Walter Gropius, vorbehalten, mit der Gründung des Bauhauses den Anfang zur Lösung des Problems zu machen.
Es wäre unnatürlich gewesen, wäre der junge Gropius von den Einflüssen der Spätromantik gänzlich unberührt geblieben. Von Anfang an aber unterschied er sich von seinen Zeitgenossen durch den vorwärtsdrängenden Ernst, mit dem er das Problem der Versöhnung von Kunst und industrialisierter Gesellschaft anpackte.
Bereits im Jahre 1910 hatten er und sein Lehrer, der Architekt Behrens, ein „Programm zur Industrialisierung des Hausbaues auf künstlerisch einheitlicher Grundlage" aufgestellt. Die Idee des vorfabrizierten Hauses war zwar aus Amerika übernommen, aber daß Gropius die „künstlerisch einheitliche Grundlage" besonders betonte, bedeutete einen neuen Schritt auf dem Wege zur Synthese von Kunst und Technik. Im Jahre 1911 stellte er dies mit seinem Fabrikgebäude in Alfeld unter Beweis, und dann wieder 1914 mit seinem Verwaltungsgebäude für die Werkbund-Ausstellung in Köln (jeweils in Zusammenarbeit mit Adolf Meyer). Diese Bauwerke waren die ersten, die klar die Elemente eines neuen Baustils herausstellten – sie hielten sich frei von der traditionellen Massigkeit des Baukörpers und nutzten die neue Leichtigkeit der modernen Bauweise aus.

Die Frühzeit des Bauhauses in Weimar

Von der Architektur ausgehend, dehnte Gropius sein Interesse auf das gesamte Gebiet der bildenden Kunst aus. Noch während des Krieges, an der Front, arbeitete er an einem neuen Projekt zur Kunsterziehung. Dazu hatte ihn der Großherzog von Sachsen-Weimar angeregt, der mit ihm bereits die Möglichkeit besprochen hatte, die Leitung der Weimarer Kunstakademie zu übernehmen. Gropius wollte die Akademie mit der Weimarer Kunstgewerbeschule vereinigen, um so ein „Kunstzentrum zur Beratung von Industrie und Gewerbe" zu schaffen. 1919 wurde mit der Gründung des Bauhauses diese Vereinigung vollzogen und zugleich ein sehr wesentlicher und entscheidender neuer Schritt getan: jeder Studierende am Bauhaus wurde in jedem Fach von zwei Lehrern unterrichtet – einem Künstler und einem Handwerksmeister. Diese Unterrichtsteilung war zu Beginn nicht zu vermeiden, denn es gab keine Lehrer, die sowohl die künstlerische wie die technische Seite eines Fachgebietes genügend beherrschten. Solche schöpferische „Beidhändigkeit" heranzubilden, war ja gerade das Ziel des Bauhauses. Der Eigenart der Künstler entsprechend, die dem Lehrkörper angehörten, verrieten die ersten Ergebnisse der neuen Erziehung natürlicherweise den Einfluß zeitgenössischer „moderner" Kunstbewegungen, insbesondere des Kubismus. Dieser Einfluß zeigte sich in einer etwas formalistischen willkürlichen Gestaltung. Die Presse verwechselte verständlicherweise manchmal die Ziele des Bauhauses mit den anderwärts zur Schau gestellten „Ismen" und sprach vom „Einzug des Expressionismus in das Bauhaus". Heute, da wir wissen, was das Bauhaus schließlich hervorgebracht hat, müssen wir uns mit Erstaunen vergegenwärtigen, daß es in seinen Anfängen – ganz natürlicherweise – Vertreter des expressionistischen und surrealistischen Subjektivismus, ja sogar von archaischen Mystizismen als Lehrer annehmen mußte. Es war einfach nichts anderes da. Als das Bauhaus mit seiner Arbeit begann, befand sich das gesamte Kunstleben in chaotischer Verwirrung. Niemand glaubte damals, daß Gropius Erfolg haben würde. Er stand mit seinen Ideen allein in einem Chaos auseinanderstrebender Kräfte. Schöpferischer Instinkt verbunden mit Charakterstärke – das waren die einzigartigen Gaben, die er als Leiter des Bauhauses einzusetzen

Walter Gropius: Bauhaus-Gebäude in Dessau (1925/26)

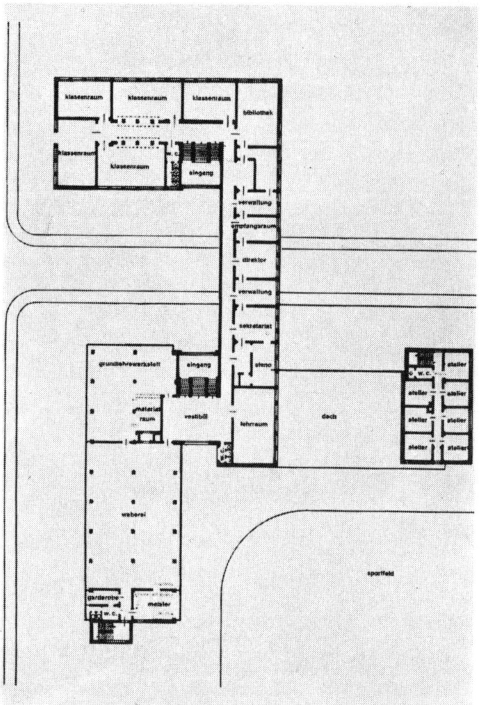

Grundriß des Bauhaus-Gebäudes, 1. Stock

hatte. Gleich zu Anfang hatte er sich gegen mitleidlose Gegnerschaft und die wirtschaftlichen Schwierigkeiten der Inflationszeit zu behaupten. Mit der gleichen Beharrlichkeit kämpfte er darum, im Bauhaus selbst das richtige Erziehungsprogramm zu entwickeln und durchzuführen.
Glücklicherweise ließ sich das erste und schwierigste Stadium der Entwicklung verhältnismäßig rasch überwinden, und Gropius' Idee wurde bald verwirklicht: moderne Künstler, die mit Wirtschaft und Wissenschaft vertraut waren, begannen ihren schöpferischen Einfallsreichtum mit praktischem, handwerklichem Können zu verbinden und so ein neues Gefühl für die funktionelle Form zu entwickeln.

Das Bauhaus in Dessau

Im Jahre 1925 wurde das Bauhaus vom feindseligen Weimar ins gastfreundliche Dessau verpflanzt. Inzwischen war eine neue Lehrergeneration herangebildet worden, deren jeder zugleich schöpferischer Künstler, Handwerker und industrieller Formgestalter war. So konnte das System des zweigeteilten Unterrichts aufgegeben werden. Eine Fülle neuer Ideen wurde verwirklicht, und aus dieser Zeit des Bauhauses stammen viele vertraute Dinge unseres heutigen Lebens – Stahlmöbel, moderne Stoffe, Geschirre, moderne Typographie, Photographie, Photomontage, Plakate, moderner Bühnenentwurf und Tanz. Der Grundgedanke der funktionellen Form wurde sogar in die „freien Künste" hineingetragen, und so wurde in der Architektur, in Stadt- und Großraumplanung eine neue Verbindung von Architektur und bildender Kunst angebahnt. (Alexander Dorner)

Der Ausbildungsgang

Das spekulative Arbeitsfeld einer Akademie, verbunden mit der Werkarbeit einer Kunstgewerbeschule, sollte den Rahmen für einen neuen umfassenden Ausbildungsplan für künstlerisch Begabte liefern. Der Leitsatz, unter dem die Arbeit begonnen wurde, lautet: „Das Bauhaus erstrebt die Sammlung alles künstlerischen Schaffens zur Einheit, Wiedervereinigung aller werkkünstlerischen Disziplin zu einer neuen Baukunst als deren unablösliche Bestandteile. Das letzte, wenn auch ferne Ziel des Bauhauses ist das Einheitskunstwerk – der große Bau – in dem es keine Grenze gibt zwischen monumentaler und dekorativer Kunst."
Der beherrschende Gedanke des Bauhauses ist also die Idee der neuen Einheit, die Sammlung der vielen „Künste", „Richtungen" und Erscheinungen zu einem unteilbaren Ganzen, das im Menschen selbst verankert ist und erst durch das lebendige Leben Sinn und Bedeutung gewinnt.
Von dem richtigen Gleichgewicht der Arbeit aller schöpferischen Organe hängt die Leistung des Menschen ab. Es genügt nicht, das eine oder das andere zu schulen, sondern alles zugleich bedarf der gründlichen Bildung. Daraus ergibt sich Art und Umfang der Bauhauslehre.

Der Gang der Ausbildung umfaßt drei Abschnitte (siehe graphischer Plan):

1. Die Vorlehre. Dauer: ein halbes Jahr. Elementarer Formunterricht in Verbindung mit Materialübungen in der besonderen Werkstatt für die Vorlehre.
   Ergebnis: Aufnahme in eine Lehrwerkstatt.
2. Die Werklehre in einer der Lehrwerkstätten unter Abschluß eines gesetzlichen Lehrbriefes und die ergänzende Formlehre. Dauer: drei Jahre.
   Ergebnis: Gesellenbrief der Handwerkskammer, gegebenenfalls des Bauhauses.
3. Die Baulehre. Handwerkliche Mitarbeit am Bau (auf Bauplätzen der Praxis) und freie Ausbildung im Bauen (auf dem Probierplatz des Bauhauses) für besonders befähigte Gesellen. Dauer: je nach der Leistung und nach den Umständen. Bau- und Probierplatz dienen im gegenseitigen Austausch zur Fortsetzung der Werklehre und der Formlehre. (Walter Gropius)

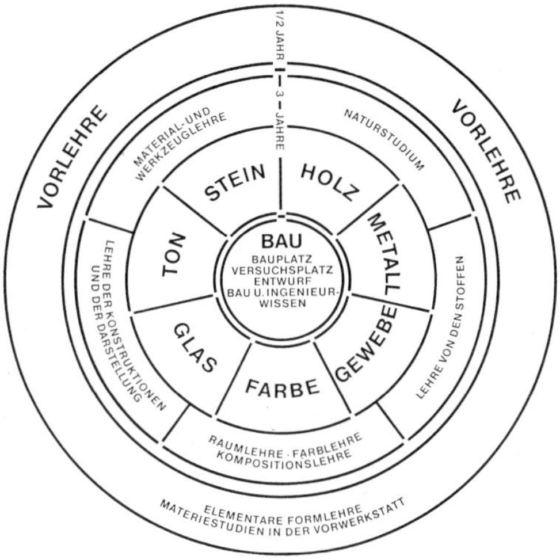

Schema des Ausbildungsganges im Bauhaus Weimar/Dessau

Architektur und Bauhaus[1]

Das Bauen – so konnten wir sehen – erschien zwar im Programm des Bauhauses, nicht aber im eigentlichen Bauhaus-Unterricht, obgleich eine Gruppe der Studenten eine eigene Architekturabteilung wünschte. Als dann im Jahr 1923 eine Bauhaus-Ausstellung beschlossen worden war, erwies sich eine architektonische Arbeit als eines der wichtigsten Ausstellungsstücke, nämlich das Versuchshaus des Bauhauses, weiß, flach und würfelförmig. Es war entworfen von Georg Muche, Maler und am Bauhaus Lehrer für Weberei, ausgeführt von Adolf Meyer, mit dem Gropius schon beim Faguswerk zusammengearbeitet hatte. Das Haus sollte ein Anfang zu einer Gemeinschaftssiedlung für die Schule, die Lehrer und die Studenten des Bauhauses sein. Schließlich wurde dieser Entwurf aber nicht realisiert, doch bildete sich 1924 eine Arbeitsgruppe über Architekturprobleme mit Muche, der auch der „Bauhaus-Lehrling“ Marcel Breuer angehörte. Diese Gruppe erarbeitete Projekte wie etwa den Entwurf für einen fünfzehngeschossigen Betonwohnblock – ebenfalls von Muche – und den Entwurf zu einem etwas weniger hohen Wohnblock von Breuer.

Gropius selbst hatte 1924 zusammen mit Adolf Meyer eine Modellserie für industriell vorgefertigte Wohnbauten ausgearbeitet, Baueinheiten (sie nannten es „Baukasten im Großen“), die auf die verschiedensten Arten miteinander kombiniert werden konnten.

Der Umzug des Bauhauses von Weimar nach Dessau hatte einen verstärkten Einsatz auf dem Gebiet der Architektur zur Folge, noch aber nicht wirklichen Unterricht in Architektur. Jener Einsatz galt vor allem und in erster Linie dem Bau des neuen Bauhaus-Gebäudes, das nun eine Hochschule mit Professoren geworden war – und kam bald auch den Häusern für die Lehrer zugute und den experimentellen, standardisierten Billigbauten der Siedlung Törten bei Dessau. Die Gebäudegruppe des Bauhauses ist ein klassisch gewordenes Beispiel für den internationalen Modernen Stil der endzwanzi-

1 Der Text weist im Original radikale Kleinschreibung auf.

Skizze der Wandgestaltung für die Werkstattgebäude des Bauhauses von Oskar Schlemmer

ger und dreißiger Jahre geworden, die Schule war am Entwurf der Häuser für die Lehrer, der Siedlung von Törten und auch an anderen Arbeiten von Gropius beteiligt, wie etwa am Dessauer Arbeitsamt. So standen die Dinge, als Gropius das Bauhaus verließ, um sich auf private Arbeiten konzentrieren zu können – ein sehr bedauerlicher Schritt, den viele seiner Freunde nicht verstehen konnten. Sein Argument war, daß „alles geordnet ist, so daß ein Wechsel des Personals durch die Schule vorgenommen werden kann, ohne Störungen zu verursachen“. Der „Wechsel des Personals“ war – auf Gropius' Vorschlag – die Ernennung von Hannes Meyer zu seinem Nachfolger. Einer der Studenten nannte das „eine Katastrophe“.
Hannes Meyer, der sich selbst als wissenschaftlichen Marxisten bezeichnete, besaß nicht den Takt von Gropius; auch nicht dessen Großzügigkeit. Nicht daß Gropius durch sein Bleiben das Bauhaus hätte retten können. Die nationalsozialistische Flut brach unaufhaltsam herein, aber Hannes Meyer ist dennoch gerade in unserem Zusammenhang wichtig: er war es, der die Architekturabteilung aufbaute. Gropius nannte ihn in seinem Rücktrittsschreiben vom Februar 1928 „den Leiter unserer Bauabteilung“.
Hannes Meyer war erst im Jahr 1927 an das Bauhaus gekommen. Sein Lehrplan für diese Abteilung sah vor: 1 Semester Vorlehre, 1 Jahr Werkstatt (Metallwerkstatt, Tischlerei oder Wandmalerei), 1 1/2 Jahre Baustudium unter wissenschaftlichen und sozialen Aspekten, 1 1/2 Jahre Atelierarbeit.
Der mittlere Ausbildungsabschnitt bleibt im Prospekt von 1929 etwas vage, und Hannes Meyer hatte keine Möglichkeit, sich mit seinem eigenen Programm auseinanderzusetzen. Im Jahre 1930 wurde er aus politischen Gründen abgesetzt. Seine politische Haltung spielte in der Tat in seine Bautheorie hinein: „Bauen ist ein biologischer Vorgang. Bauen ist kein ästhetischer Prozeß... Bauen ist nur Organisation: soziale, technische, ökonomische, psychische Organisation... Bauen wird aus einer Einzelangelegenheit von einzelnen zu einer kollektiven Angelegenheit der Volksgenossen.“

(Nikolaus Pevsner)

Thematik I

Funktion und Fassade: Die Turbinenfabrik der AEG in Berlin von Peter Behrens (1909)

Wenn Sie sich nun diese Ansicht des Gebäudes ansehen, mit dem wir heute unsere Unterhaltung begonnen haben, der *Turbinenfabrik in der Huttenstraße* in Moabit, dann werden Sie erkennen, wie klassizistisch auch hier noch vieles ist und wie rein geometrisch. Der zweigeschossige Bauteil zeigt sogar eine gewisse Abhängigkeit von Schinkel, die Behrens nicht geleugnet hat. Die eigenartige Giebelfront, von der nun des Näheren die Rede sein wird, wollen wir analysieren. Sie finden hier zwei Pylonen* zu beiden Seiten des Mittelfensters, welche sich nach oben verjüngen. Man könnte auch sagen, sie stemmen sich gegen das abschließende Tympanon* an. Das Tympanon ist eine reine Fläche ohne jedes Profil. Von dieser Fläche „hängt“ das Giebelfenster. Die Pylonen aber haben horizontale Fugen in ziemlich großen Abständen, so daß sie, obwohl sie ganz offenbar aus Beton sind, an tragendes Mauerwerk von cyklopischem* Maßstab erinnern. Wenn Sie genau hinsehen, werden Sie finden, daß in jeder dieser Vertiefung ein Stahlband liegt. Das sieht man allerdings nur, wenn man genau hinguckt. Ebenso werden Sie nun, bei genauerem Hinsehen, finden, daß das vieleckig gebrochene Tympanon von einem Winkeleisen umfaßt ist. Auch das fällt nicht auf, soll wahrscheinlich nicht auffallen. Es hat jedoch, wie wir sehen werden, seine konstruktive Bedeutung. Was den Eindruck beherrscht, ist das starke Anstemmen der beiden Pylonen: sie haben offenbar tragende Funktion.
Betrachten wir nun die Seitenfront an der *Berlichingenstraße:* Die Stahlstützen, Vollwandträ-

Peter Behrens: Gebäude der AEG-Turbinenfabrik in Berlin (1908/09)

ger, stehen auf einem Gelenk! Das Gelenk wird gezeigt. Die Pfeiler*, so scheint es, verjüngen sich nach unten, nach dem Gelenk hin. In Wahrheit verjüngen sie sich nicht, vielmehr sind die Fenster der langen Front geneigt, sie folgen dem geneigten äußeren Umriß des Pylons. Diese Pfeiler, welche sich scheinbar nach unten verjüngen und auf einem Gelenk stehen, einer Rolle, tragen jedoch etwas: sie tragen den kräftigen Dachüberstand, einen Kasten, der mit seinem starken Schattenschlag nichts anderes ist als das Gebälk des griechischen Tempels in denkbar reduzierter Form. Nicht ohne Absicht habe ich die Giebelfläche ein Tympanon genannt. Das Gebäude, welches man eine „*Kathedrale der Arbeit*“ genannt hat, ist vielmehr ein „*Tempel der Arbeit*“. Die elementare Klassik, von der wir gesprochen haben, die reductio ad elementa* der antiken Formen, wirkt in diesen Fabrikbau hinein. Dies alles aber, meine Damen und Herren, diese sorgfältig bedachten assoziativen Vorkehrungen sind – ebensoviele Illusionen, Unwahrheiten, nennen Sie es, wie Sie wollen: denn der Schnitt des Gebäudes zeigt die Konstruktion als Dreigelenkbogen, – was Sie nach dem Anblick des Fußgelenkes an der Berlichingenstraße nicht überraschen wird. – Das zweite Fußgelenk liegt *über* dem zweigeschossigen, dem „Schinkelschen“ Bauteil, das Kopfgelenk natürlich im Scheitel des Daches. Der Gebälkkasten also, aber auch das Tympanon*, sind *konstruktiv* unrichtig. Dies, notabene, meinte mein Freund, der Perret-Schüler, als er sagte, Behrens sei kein Konstrukteur. Das stimmt nicht ganz, er wußte, was er tat. Im Sinne Perrets allerdings, der gesagt hat, daß man die Muskeln und die Nerven eines Bauwerks *zeigen* muß, war Behrens ein perverser Konstrukteur: seine vorgebliche Konstruktion ist nicht die echte.

Noch etwas: Sie sehen, daß es sich hier außen um einen Vollwandträger* handelt, der jedoch zum Gitterträger* wird, sowie man ihn nicht mehr sieht, im Innern. Sie sehen auch, daß hier

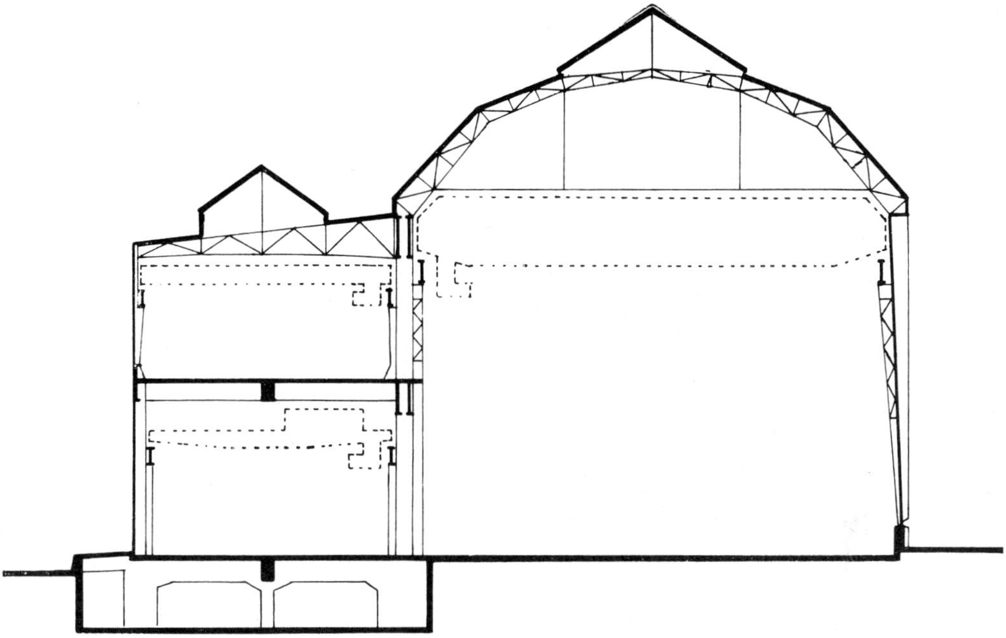

AEG-Turbinenfabrik, Schnitt

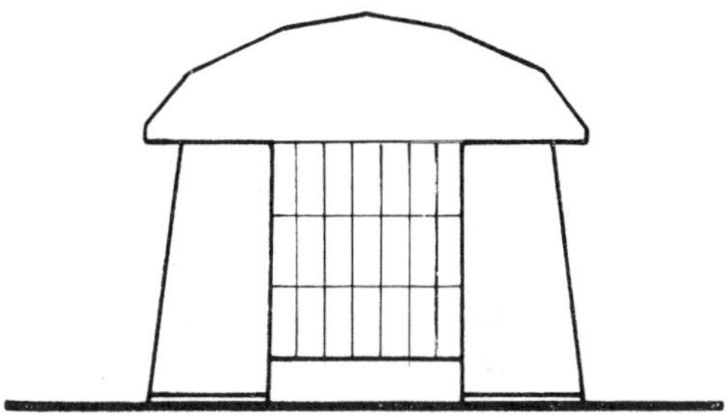

der Träger für die Laufkatze auch ein Gitterträger ist. Wenn Sie in den Raum treten, so werden Sie finden, daß die außen durch starke Stützen mit starkem Schattenschlag getrennten Fenster hier innen als eine durchgehende Fensterwand in Erscheinung treten. Der Kastenträger außen hat ästhetische Funktion: er simuliert den Pfeiler*, vielmehr die „Säule*".

Es gibt ein Foto aus der Bauzeit. Es zeigt die Halle, als der Giebel noch nicht stand. Ein konsistentes System aus Dreigelenkbögen. Man sieht deutlich, daß der Giebel *nicht* zu diesem System gehören wird. Er ist Fassade. Es steht zwar hier eine Stütze, und hier auch. Sie dient aber nur dazu, die Verlängerung der Kranbahn bis an diese Giebelwand zu ermöglichen. Und wenn Sie nun diesen großen, energischen Pylon* im Grundriß sehen, dann finden Sie, was er wirklich ist. Er ist eine ganz dünne Wand. Wenn Sie im Innern des Gebäudes sind, so finden Sie, daß hinter dieser dünnen Wand ein Gittergerüst aus Stahl steht. Das trägt die Pylonen. Diese tragen nicht etwa das überschießende Dach. Es entsteht ein merkwürdiger Eindruck von Inkongruenz, wenn Sie im Innern sind, Inkongruenz zum Äußeren.

Wir sind immer noch *in* der Fabrik. Wenden Sie sich ganz der Giebelfront zu! Sie bemerken, daß das Stahlgerüst, welches die dünne Wand der „Pylonen" trägt – man kann das Wort nun nur noch in Anführungszeichen setzen –, nach oben schräg in den Raum zurückweicht: – die Innenansicht des kräftigen Anstemmens der „Pylonen". – Der eiserne Fensterrahmen muß entsprechend nach oben breiter werden. Es wirkt

AEG-Turbinenfabrik im Bau

wie ein großer Fensterkasten; und dieser starke Rahmen trägt einen ganz banalen Polouceau-Dachbinder*. Jetzt wird Ihnen klar werden, warum das Tympanon von einem Winkeleisen umfaßt ist. Dieses Tympanon mit dem Signum der AEG ist nämlich eine dünne Wand. Was hier trägt, ist der Polouceau-Binder.

Die Konstruktion des Giebels sieht aus wie ein Pilz: Auf dem Betonsockel steht das Fenster, der Pilzstil, und trägt den Binder. Das Fenster „hängt“ nicht etwa von der Tympanonfläche herab, wie wir weiter oben den Eindruck wiedergegeben haben: das Fenster, vielmehr sein Rahmen, ist in diesem Giebel das Stützende. Das Tympanon füllt den Polouceau-Binder, verkleistert ihn sozusagen, damit es da oben nicht hereinzieht, die „Pylonen“ füllen, schön an den Ecken gebogen und nach oben verjüngt, den Zwischenraum zwischen dem Fenster und dem ersten „Pfeiler“ – in Wahrheit Dreigelenkbogen – der Halle. Es handelt sich um nichts anderes als um einen Raumabschluß. Das hat Peter Behrens betont. Er hat in „Wendingen*“ 1920 einen Text geschrieben, der sicher noch seinen Intentionen von 1907 entspricht, in dem er sagt, daß die Pylonen nichts anderes sind als ein nicht tragender Raumabschluß. Behrens hat ganz offenbar gefühlt, daß er vorbeugen muß gegen eine bestimmte Art der Darstellung der Giebel der Turbinenfabrik: daß nämlich diese Pylonen sich stämmen, daß sie statisch sind, daß sie tragen, daß sie energiegeladen sind, fest und gewaltig und etwas von einem Bismarckdenkmal haben. Dagegen hat er sich gewehrt. Den Eindruck wollte er nicht aufkommen lassen. Daß er sich dagegen wehrt, zeigt, daß er selber gefühlt haben muß, daß der Giebel problematisch ist. Er brauchte auch nicht lange zu suchen, sein Mitarbeiter, Karl Bernhard, der sich zwar offiziell über die Turbinenfabrik immer so geäußert hat wie Behrens, hat ihm in etwa gesagt: „Hören Sie, dieser Bau ist ein reiner Glas- und Stahlbau. Und der Giebel, den Sie davorsetzen, das ist eine Fassade. Die verleugnet das Glas und den Stahl. Ich bestehe darauf, daß in die Pylonen Stahlbänder gelegt werden, damit man wenigstens auch in der Front den Zusammenhang sieht.“ Man sieht den Zusammenhang nicht, aber Behrens hat nachgegeben, er hat die Bänder eingelegt. Trotzdem bleibt der Eindruck bestehen, daß es sich hier um große Fugen eines mächtigen Mauerkörpers handelt. (Julius Posener)

Thematik II

„bauen“ – ein Manifest des Bauhausarchitekten Hannes Meyer von 1928

bauen
alle dinge dieser welt sind ein produkt der formel:
(funktion mal ökonomie)
alle diese dinge sind daher keine kunstwerke: alle kunst ist komposition und mithin zweckwidrig. alles leben ist funktion und daher unkünstlerisch. die idee der „komposition eines seehafens“ scheint zwerchfellerschütternd! jedoch wie entsteht der entwurf eines stadtplanes? oder eines wohnplanes? komposition oder funktion? kunst oder leben????
bauen ist ein biologischer vorgang. bauen ist kein ästhetischer prozeß. elementar gestaltet wird das neue wohnhaus, nicht nur eine wohnmaschinerie, sondern ein biologischer apparat für seelische und körperliche bedürfnisse. – die neue zeit stellt dem neuen hausbau ihre neuen baustoffe zur verfügung:

stahlbeton
kunstgummi
kunstleder
zell-beton
woodmetal

drahtglas
preßkork
kunstharz
kunsthorn
kunstholz

aluminium
euböolith
sperrholz
kautschuk
torfoleum

si-stahl
kaltleim
gasbeton
rollglas
xelotekt

ripolin	asbest
viscose	azeton
eternit	casein
goudron	trolit
kanevas	tombak

diese bauelemente organisieren wir nach ökonomischen grundsätzen zu einer konstruktiven einheit. so erstehen selbsttätig und vom leben bedingt die einzelform, der gebäudekörper, die materialfarbe und die oberflächenstruktur.
(gemütlichkeit und repräsentation sind keine leitmotive des wohnungsbaues.)
(die erste hängt am menschenherzen und nicht an der zimmerwand...)
(die zweite prägt die haltung des gastgebers und nicht sein perserteppich!)
architektur als „affektleistung des künstlers" ist ohne daseinsberechtigung.
architektur als „fortführung der bautradition" ist baugeschichtlich treiben.
diese funktionell-biologische auffassung des bauens als einer gestaltung des lebensprozesses führt mit folgerichtigkeit zur reinen konstruktion: diese konstruktive formenwelt kennt kein vaterland. sie ist der ausdruck internationaler baugesinnung. internationalität ist ein vorzug der epoche. die reine konstruktion ist grundlage und kennzeichen der neuen formenwelt.

1.geschlechtsleben	7.wohnhygiene
2.schlafgewohnheit	8.autowartung
3.kleintierhaltung	9.kochbetrieb
4.gartenkultur	10.erwärmung
5.körperpflege	11.besonnung
6.wetterschutz	12.bedienung

solche forderungen sind die ausschließlichen motive des wohnungsbaues. wir untersuchen den ablauf des tageslebens jedes hausbewohners, und dieses ergibt das funktionsdiagramm für vater, mutter, kind, kleinkind und mitmenschen. wir erforschen die beziehungen des hauses und seiner insassen zum fremden: postbote, passant, besucher, nachbar, einbrecher, kaminfeger, wäscherin, polizist, arzt, aufwartefrau, spielkamerad, gaseinzüger, handwerker, krankenpfleger, bote. wir erforschen die menschlichen und tierischen beziehungen zum garten, und die wechselwirkungen zwischen menschen, haustieren und hausinsekten. wir ermitteln die jahresschwankungen der bodentemperatur, und wir berechnen danach den wärmeverlust der fußböden und die tiefe der fundamentsohlen. – der geologische befund des hausgartenuntergrundes bestimmt die kapillarfähigkeit und entscheidet, ob untergrundberieselung oder schwemmkanalisation. wir errechnen die sonneneinfallswinkel im jahreslauf und bezogen auf den breitengrad des baugeländes, und wir konstruieren danach den schattenfächer des hauses im garten und den sonnenlichtfächer des fensters im schlafzimmer. wir errechnen die tagesbeleuchtung der arbeitsfläche im innenraum, und wir vergleichen die wärmeleitfähigkeit der außenwände mit dem feuchtigkeitsgehalt der außenluft. die luftbewegung im erwärmten raum ist uns nicht mehr fremd. die optischen und die akustischen beziehungen zum nachbarhaus werden sorgfältigst gestaltet. wir kennen die atavistischen* neigungen der künftigen bewohner zu unseren bauhölzern und wählen je nachdem als innenverkleidung des genormten montagehauses die flammige kiefer, die straffe pappel, das fremde okumé oder den seidigen ahorn. die farbe ist uns nur mittel der bewußten seelischen einwirkung oder ein orientierungsmittel. die farbe ist niemals mimikri für allerlei baustoffe. buntheit ist uns ein greuel. anstrich ist uns ein schutzmittel. wo uns farbe psychisch unentbehrlich erscheint, mitberechnen wir deren lichtreflexionswert. wir vermeiden reinweißen hausanstrich: der hauskörper ist bei uns ein akkumulator der Sonnenwärme.
das neue haus ist als trockenmontagebau ein industrieprodukt, und als solches ist es ein werk der spezialisten, volkswirte, statiker, hygieniker, klimatologen, betriebswissenschaftler, normengelehrte, wärmetechniker. der architekt?... war künstler und wird ein spezialist der organisation!
das neue haus ist ein soziales werk. es erlöst das

baugewerbe von der partiellen arbeitslosigkeit eines saisonberufes, und es bewahrt vor dem odium der notstandsarbeit, durch eine rationelle hauswirtschaft schützt es die hausfrau vor versklavung im haushalt, und eine rationelle gartenwirtschaft schützt den siedler vor dem dilettantismus* des kleingärtners. es ist vornehmlich ein soziales werk, weil es (wie jede DINnorm) das industrie-normenprodukt einer ungenannten erfindergemeinschaft ist.
die neue siedlung vollends ist als ein endziel der volkswohlfahrt ein bewußt organisiertes gemeinkräftiges werk, in welchem auf einer integralgenossenschaftlichen grundlage die kooperativkräfte und individualkräfte zum gemeinkräftigen ausgleich kommen. die modernität dieser siedlung besteht nicht aus flachdach und vertikal-horizontaler fassadenaufteilung, sondern in ihrer direkten beziehung zum menschlichen dasein.
in ihr sind die spannungen des individuums, der geschlechter, der nachbarschaft und der gemeinschaft und die geopsychischen beziehungen überlegen gestaltet.

bauen heißt die überlegte organisation von lebensvorgängen.

bauen als technischer vorgang ist daher nur ein teilprozeß. das funktionelle diagramm und das ökonomische programm sind die ausschlaggebenden richtlinien des bauvorhabens.

bauen ist keine einzelaufgabe des architektenehrgeizes mehr.

bauen ist gemeinschaftsarbeit von werktätigen mit erfindern, nur wer als meister in der arbeitsgemeinschaft anderer den lebensprozeß selbst meistert...ist baumeister.

bauen wird so aus einer einzelangelegenheit von einzelnen (gefördert durch arbeitslosigkeit und wohnungsnot) zu einer kollektiven angelegenheit der volksgenossen.

bauen ist nur organisation: soziale, technische, ökonomische, psychische organisation.

hannes meyer (1928)

Gesprächspunkte und Arbeitsanregungen

1. Analysieren Sie anhand der Texte von A. Dorner und W. Gropius die (kunst-) historischen Bedingungen, die zur Gründung des Deutschen Werkbundes und des Bauhauses führten. Beziehen Sie die kunstgeschichtlichen Bedingungen auf die allgemeine geschichtliche (politische, soziale) Situation kurz vor und kurz nach dem Ersten Weltkrieg.
2. Wie unterscheiden sich die Vorstellungen der Architekten und Designer des Deutschen Werkbundes von Auffassungen über das Kunsthandwerk, die William Morris vorgetragen hatte (vgl. Kapitel 7)?
3. Verfolgen Sie die Gründungsphase des Bauhauses (in Weimar) und die Struktur des Ausbildungsganges, welche von W. Gropius initiiert wurde. Informieren Sie sich über die „Bauhausmeister" in Malerei, Plastik, Theater, Vorlehre (P. Klee, W. Kandinsky, J. Itten usw.) und die Entwicklung der „Bauplastik" durch O. Schlemmer (vgl. Arbeitsbuch „Skulptur und Plastik vom Rokoko bis zur Klassischen Moderne", Kapitel 15).
4. Analysieren Sie anhand der Abbildungen und des Textes von J. Posener die konstruktive Konzeption der Turbinenfabrik von Peter Behrens und die Wirkung der „vorgehängten" (Teil-)Fassade. Sprechen Sie über das Für und Wider einer solchen Vorgehensweise. Beziehen Sie dabei auch die Texte des Kapitels 8 ein.
5. Welche Auffassung vom Bauen/ von Architektur wird in dem Text des Bauhaus-Architekten Hannes Meyer vermittelt? Legen Sie eine Liste mit Grundbegriffen, Grundanschauungen an und vergleichen Sie diese Liste mit den Konzeptionen des Werkbundes, der Arts and Crafts-Bewegung* usw. Wie bewerten Sie die Auffassungen von Hannes Meyer aus heutiger Sicht?
6. Informieren Sie sich über die im Text von Hannes Meyer genannten „neuen Baustoffe" und sprechen Sie über ihre Funktionen für das Bauen heute und über ihre Gefahren.

Mögliche Anschlußthemen

1. Hermann Muthesius, der Initiator des Deutschen Werkbundes.
2. Die Wirkungsgeschichte des Bauhauses.
3. Die Ulmer Hochschule für Gestaltung – ein Versuch, die Tradition des Bauhauses fortzusetzen?

Kunstgeschichtlicher Schwerpunkt 11

Das „Neue Bauen“ nach 1910: Baukunst zwischen Realität und Utopie

Die Befreiung der Baukunst vom Wust des Dekorativen, die Besinnung auf die Funktion ihrer Glieder, das Suchen nach einer kanppen, ökonomischen Lösung ist ja nur die materielle Seite des Gestaltungsprozesses, von dem der Gebrauchswert des neuen Bauwerks abhängt. Viel wesentlicher aber als diese funktionsbetonte Ökonomie ist die geistige Leistung einer neuen räumlichen Vision im baulichen Schaffensprozeß. Während also die Praxis des Bauens Problem der Konstruktion und des Materials ist, beruht das Wesen der Architektur auf der Beherrschung der Raumproblematik.
Offenbar hatte aber die gewaltige Umstellung der Produktion von der Hand auf die Maschine die Menschheit für ein Jahrhundert so absorbiert, daß sie sich lange Zeit mit erborgten Stilen und formalistischen Dekorationen behalf, ohne zu den eigentlichen Gestaltungsfragen vorzudringen.
Dieser Zustand hat nun sein Ende erreicht. Eine neue Baugesinnung, die auf das Wesentliche geht, ein neues, verändertes Raumgefühl hat sich entfaltet, und die nun schon zahlreichen guten Beispiele dieser neuen Baugesinnung zeigen in ihrer veränderlichen Gestalt neue Ergebnisse dieses veränderten Geistes und seiner neuen technischen Mittel...
Deutschland trägt den Hauptanteil an der Entwicklung des „neuen Bauens“. Lange vor dem Kriege existierte in Deutschland die Bewegung des „Deutschen Werkbundes“. Eine Persönlichkeit wie Peter Behrens war damals nicht eine fremde, vereinsamte Erscheinung, sondern besaß im Werkbund einen starken Rückhalt. Hier war das Sammelbecken der Erneuerung. Ich erinnere mich sehr deutlich der Werkbundausstellung 1914 und der leidenschaftlichen Debatte dort auf der öffentlichen Werkbundtagung, zu der auch viele Ausländer gekommen waren. In den Jahren 1913 und 1914 entstanden auch die bekannten Jahrbücher des Werkbunds. In aktiver Mitarbeit an ihnen gewann ich meinen ersten umfassenden Einblick in die Bewegung als Ergebnis einer Art Bestandsaufnahme des damaligen architektonischen Schaffens. In dieser Zeit, 1911 – 1914, entstanden auch meine beiden ersten größeren Bauten, die „Fagus“-Fabrik und das Bürohaus auf der Werkbundausstellung, Köln, die schon die charakteristischen Merkmale der funktionell betonten, modernen Baukunst aufweisen.
Um die gleiche Zeit vor dem Kriege war in Frankreich die stärkste Erscheinung August Perret. 1911 – 1913 entstand das Théâtre des Champs-Elysées in Zusammenarbeit mit dem Belgier van de Velde, der in Deutschland von Weimar aus in enger Fühlung mit dem Werkbund wirkte. Perrets besonderer Ruhm ist seine außerordentliche konstruktive Begabung, die seine räumliche Gestaltungskraft weit übertrifft. Obwohl mehr Ingenieur als Architekt, gehört er zweifellos zu den Initiatoren des neuen Bauens, gerade weil er Mittel fand, die monumentale Schwere der bisherigen Architektur durch kühne, völlig neue Konstruktionen aufzulösen. Aber dieser Pionier fand lange Zeit in Frankreich keinen Widerhall und blieb dort unbeachtet.
In Österreich baute Otto Wagner um die Jahrhundertwende sein Postsparkassengebäude. Er wagte es, wieder reine Flächen ohne überkom-

mene Dekoration und Profile zu zeigen. Wir können es uns heute kaum mehr vorstellen, welche Revolution durch seinen Schritt entstand. Gleichzeitig schrieb Adolf Loos* in Wien seine grundlegenden Aufsätze und Bücher und baute gegenüber der Burg in Wien das Geschäftshaus am Michaelsplatz, das die an barocke Formen gewöhnten Gemüter der Wiener so heftig erhitzte.

1913 begann in Italien der Futurismus*. Zu ihm gehörte St. Elia, der leider im Kriege fiel. Gelegentlich der Triennale-Ausstellung in Mailand 1933 feierte ihn Marinetti, der Begründer des Futurismus, als einen der maßgeblichen Urheber des „neuen Bauens". St. Elia schrieb 1913 allerdings erstaunliche Worte über die kommende Baukunst, aber er kam nie zum praktischen Bauen, sein Hochhaus an einer viergeschossigen Straße blieb nur Entwurf.

In Holland verlief die Entwicklung langsamer. Die Architekten Berlage, de Bazel, Lauweriks hatten, auf einer anthroposophischen* Weltanschauung aufbauend, den Gebrauch geometrischer Systeme im Entwurf wieder eingeführt und gleichzeitig ähnlich wie die bedeutenden englischen Vorläufer Ruskin und Morris eine neue Befruchtung des Handwerks herbeigeführt; eine romantisch-mystische Linie herrschte bis in die Nachkriegszeit in Holland vor. Erst einige Jahre nach der Werkbundausstellung 1914, etwa um 1917, setzte die neue Bewegung des „Stijl" ein, in der Oud und van Doesburg* die Führung übernahmen. Um 1914 waren noch die fortschrittlichsten Bauten das Kontorhaus von Berlage und Wohnblöcke von de Klerck.

In Nordamerika begann der Durchbruch mit der neuen Technik bereits in den achtziger Jahren. Schon 1883 baute Root in Chikago einen Wolkenkrater aus Backstein.Um die Jahrhundertwende baute Sullivan, der viel zu wenig bekannte Lehrer von Frank Lloyd Wright, epochemachende Hochbauten und schrieb Grundsätze über die Baukunst, die schon den Kern unserer funktionellen Lehre von heute enthalten: „Form should follow function." Der Idee nach war Sullivan klarer als Frank Lloyd Wright, der den europäischen Architekten später räumlich und konstruktiv so viele Anregungen gebracht hat, sich aber besonders in der Nachkriegszeit in Vorträgen und Aufsätzen mit starker Betonung des Romantischen in Gegensatz zu der europäischen Bewegung des „Neuen Bauens" setzte. Die Amerikaner haben heute die am weitesten entwickelte Bautechnik der Welt – ich habe sie drüben eingehend studiert –, aber trotz Sullivan und Wright, trotz hochentwickelter Technik und Bauorganisation blieb die künstlerische Entwicklung stecken. Die notwendige geistige Vorbereitung dafür in der Gesamtbevölkerung ist dort wohl noch nicht erreicht.

Die wichtigsten Entwicklungslinien der Vorkriegszeit sind hiermit wohl skizziert. Es kam der Krieg, und mit seinem Ende entfaltete sich die neue Baubewegung gleichzeitig an verschiedenen Zentren. Am organischsten und stetig sich fortentwickelnd war die Bewegung in Deutschland, weil die Führer aller im Lager des Werkbunds standen und in breiten Kreisen Gleichgesinnter frühzeitig Resonanz fanden. 1919 entsteht dann das Bauhaus in Weimar und gleich danach und unter seinem Einfluß die praktische Siedlungsbewegung in den Städten mit ihrem stark sozialen Einschlag. Später wurde die Bewegung in großem Umfang auch von öffentlichen Stellen gefördert.

In Holland begann die „Stijl"-Bewegung, die Bauten von Oud, Rietveld, van Loghem entstehen, und gleichzeitig baut Amsterdam seine ausgedehnten Siedlungen. Der Stijl brachte starke propagandistische Wirkungen, überbetonte aber zu sehr formalistische Tendenzen und gab den Anstoß dazu, daß die kubische Bauform modisch wurde. Heute beginnt die konstruktive Auffassung langsam die romantisch-modernistische zu verdrängen.

Etwa um die gleiche Zeit wie der Stijl begann le Corbusier, der Westschweizer, der auch eine Zeitlang bei Peter Behrens studierte, mit seinen Schriften und Bauten in Frankreich zu wirken. 1916 baute er noch in Profilen und Lisenen*, dann begann er den „Esprit Nouveau" herauszugeben und stellte nun in gradlinigem Fortschreiten ein architektonisches und literarisches Werk von erstaunlichem Umfang hin, das ganz besonders auf den Nachwuchs der verschiedenen Länder tiefen Eindruck machte. Aber zum Unterschied von Deutschland, wo ein ganzer Lebenskreis in und um das Bauhaus entstanden war, blieb in Frankreich die Bewegung individuell persönliche Angelegenheit weniger, die Gesellschaft blieb indifferent und zog nicht die Konsequenzen für die Bildung einer neuen Schule. (Walter Gropius, geschrieben 1934)

Thematik I

Futurismus in Italien: Antonio Sant'Elia

Stärker als Amerika, Frankreich und Deutschland stand Italien am Beginn des 20. Jahrhunderts unter der Diktatur traditioneller Wertvorstellungen, deren Überwindung in um so intensiveren revolutionären Ausbrüchen manifest wurde. Filippo Tommaso Marinetti (1876 – 1944) wurde der Wortführer einer jungen antitraditionalistischen Generation von Malern, Bildhauern und Architekten, die durch die 1909 in Paris publizierte Manifestation des Futurismus internationales Aufsehen erregte. Großstadt, Maschine und Dynamismus waren die Schlagwörter der betont antihistorischen und antibürgerlichen Gruppe. Im politischen Programm des Futurismus vom 11. 10. 1913 heißt es: „Alles ist erlaubt, nur nicht, Feigling, Pazifist und Antiitaliener zu sein. Eine größere Flotte und ein größeres Heer, ein Volk, das stolz darauf ist, italienisch zu sein, für den Krieg, diese einzige Hygiene der Welt, und für ein großes Italien mit intensiver Landwirtschaft, Industrie und Handel. – Wirtschaftlicher Schutz und patriotische Erziehung des Proletariats. – Eine zynische, schlaue und agressive Außenpolitik – koloniale Expansionspolitik – freie Wirtschaft." Das spätere faschistische System, dem Marinetti bei seiner Entstehung half und dem er für mehrere Jahre als Kultusminister diente, ist hier in wesentlichen Punkten vorbereitet und erweist die engen Beziehungen zwischen Kunst und Politik im 20. Jahrhundert. Marinettis Buch „Futurismo e fascismo" von 1924 sollte dies deutlich unter Beweis stellen.

Die architektonische Artikulation des Futurismus wurde durch den erst im Frühjahr 1914 zur bereits fünf Jahre bestehenden Gruppe um Marinetti stoßenden Antonio Sant'Elia (1888 – 1916) geprägt. Außer der Villa Elisi in Como von 1911 hatte Sant'Elia keine Bauten ausführen können und war lediglich durch die Publikation „Le case popolare e la città giardino" von 1911 und seine gezeichneten Vorstellungen einer modernen Stadt und typischer Einzelbauten bekannt geworden.

Sowohl in den zeichnerischen Entwürfen Sant' Elias wie in den von ihm mitunterzeichneten Manifesten geht es um die Gestalt der modernen Stadt und um die Integration von Industrie, Elektrizität und Geschwindigkeit. Dies geht bis zur Verherrlichung von Lärm und industrieller Verschmutzung, eine Auffassung, die erst ein halbes Jahrhundert später in ihrer Begrenzung und Gefahr erkannt wurde: „Wir müssen die futuristische Stadt wie einen riesigen lärmenden Bauplatz planen und bauen, beweglich und dynamisch in allen ihren Teilen, und das futuristische Haus wie eine gigantische Maschine. Die Aufzüge dürfen sich nicht wie einsame Würmer in die Treppenhäuser verkriechen, sondern die Treppen, die überflüssig geworden sind, müssen abgeschafft werden, und die Aufzüge müssen sich wie Schlangen aus Eisen und Glas an den Fassaden hinaufwinden. Dieses Haus ohne Zement, Glas und Eisen, ohne Malerei und ohne Skulpturen, das nur die angeborene Schönheit seiner Linien und Formen ziert, das außerordentlich häßlich in seiner mechanischen Einfachheit und so hoch und so breit wie erforderlich ist, nicht wie es die Vorschriften der Baubehörden befehlen, dieses Haus muß sich am Rande eines lärmenden Abgrundes erheben: der Straße, die sich nicht mehr wie ein Fußtep-

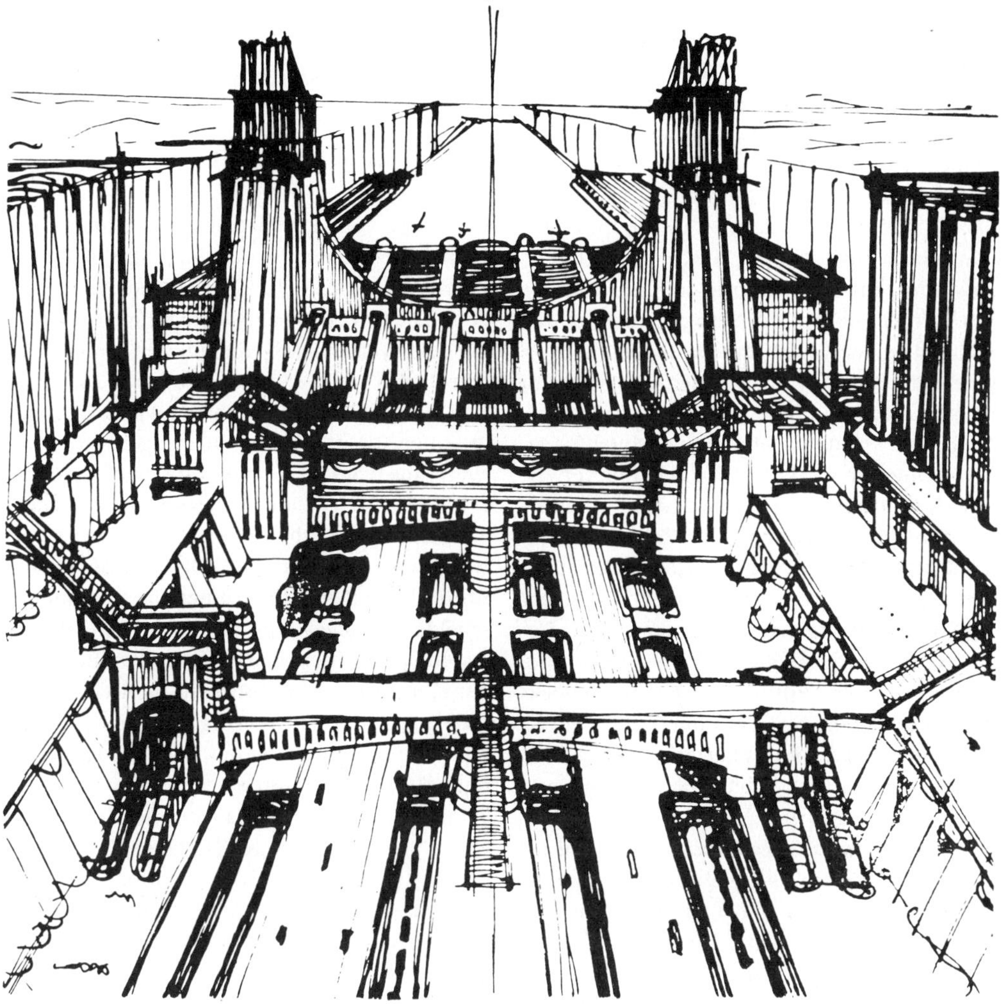

Antonio Sant'Elia: Vorstudie für die „Città Futurista" (1914)

pich auf dem Niveau der Portierslogen dahinzieht, sondern die mehrere Geschosse tief in die Erde hinabreicht, und diese Geschosse werden für die erforderlichen Übergänge durch Metall-Laufstege und sehr schnelle Rolltreppen verbunden sein."
In der Tradition von Otto Wagner und Tony Garnier nimmt Sant'Elia wesentliche Einzelargumente der späteren Architekturentwicklung vorweg: die Integration vertikaler und horizontaler Kommunikation im Stadtorganismus, die Ausnutzung der Keller- und Dachgeschosse für neue Funktionen, die Einbeziehung synthetischer Baustoffe wie Textilfasern und Leichtbaustoffe: „Ich behaupte: Die neue Architektur ist eine Architektur von kühler Kalkulation, verwegener Kühnheit und Einfachheit; eine Architektur aus Stahlbeton, Eisen, Glas, Textilgeweben und all jenen Ersatzstoffen für Holz, Steine und Ziegelwerk, die zur Erreichung einer maximalen Elastizität und Leichtigkeit beitragen."
Durch den Tod Sant'Elias im Jahre 1916 wurde keine seiner dem Futurismus nahestehenden Ideen verwirklicht. Seine zeichnerischen Visionen für Kraftwerke und Flugzeughallen haben dessen ungeachtet erheblich auf die neuere Architektur eingewirkt. In einer Gruppe von Zeichnungen für den Hauptbahnhof von Mailand hatte sich Sant'Elia einer konkreten Aufgabe gewidmet, doch durch die Koordination von Land-, Schienen- und Luftverkehr sowie der Einbeziehung von Wohnhochhäusern gleichzeitig wieder in eine visionäre Sphäre verwiesen. Bezeichnenderweise hat Sant'Elia einigen Projekten den mehr utopischen Titel „Milano 2000" gegeben. (Udo Kultermann)

Thematik II

Expressionismus in Deutschland: Bruno Taut und „Die Gläserne Kette"

Fasziniert von der Idee der mittelalterlichen Einheit der Künste in der Bauhütte, wird die Konzeption der „Zukunftskathedrale" nach dem Krieg zu einem allgemeingültigen Topos*, der dem Wunsch nach einer idealen Einheit von Kunst und Volk Ausdruck verleiht. Mit missionsbewußtem Eifer nimmt ihn Walter Gropius in seinen theoretischen Äußerungen auf, doch will er das „Sakrale" vom „Profanen" geschieden wissen: „... klare Wasserscheide zwischen Traum und Wirklichkeit, zwischen Sternensehnsucht und Alltagsarbeit!" Darin wird er von Bruno Taut (1880 – 1938) unterstützt, der unterscheidet zwischen dem, was ihm „Architektur" bedeutet, und den Bauaufgaben zur Befriedigung „materieller" Bedürfnisse. Im Architekturprogramm, das er als Vorsitzender des Ausschusses für Architektur im *Arbeitsrat für Kunst* Ende 1918 schreibt, fordert er die „Stützung und Sammlung der ideellen Kräfte unter den Architekten", um durch die „vollständige Revolution im Geistigen" den „Bau" zu schaffen. Wie Taut will auch Gropius die Architektur durch das Vorbild eines „Kultusbaus" anregen; doch gehen ihre Ansichten auseinander in der Frage, mit welchen Mitteln der „Bau" in einer zukünftigen Gesellschaft zu erreichen sei. Während Gropius die „Zukunftskathedrale" durch eine kleine Gruppe von Künstlern und Handwerkern errichtet sehen will, die in ihrer Arbeit den Regeln der mittelalterlichen Freimaurer folgen sollen, betrachtet Taut den „Kultusbau", das „Volkshaus", als kulturelle Aufgabe, die nur der sozialistische Staat einzulösen vermag. Unter Gropius' Leitung soll der *Arbeitsrat für Kunst* von keiner gemeinsamen politischen Plattform ausgehen: „... eine Großorganisation unter Künstlern von einer Stelle aus wird niemals gelingen und hat keinen Zweck ... kleine logenartige Arbeitszusammenschlüsse, das ist es, was wir brauchen". Aus der ursprünglich aktivistisch geprägten Konzeption des *Arbeitsrats* hofft er eine künstlerische Elite auf demokratischer Grundlage zu schaffen. Im Unterschied zu Bruno Taut sieht er die angestrebte „Geistigkeit" von der politischen Umwälzung getrennt. Die Tatsache, daß es für die Architekten „nichts zu bauen" gibt, und die Enttäuschung über das Scheitern der politischen Ambitionen der Aktivisten im Frühjahr 1919 führen nun auch Taut dazu, seine Ideen in einer kleinen, logenartig zusammengefaßten Künstlergemeinschaft einzubringen. Die gesellschaftspolitischen Ambitionen, die sich für ihn mit dem „Kultusbau" verbinden, gibt er zwar nicht auf, doch will auch er die „Sternensehnsucht" mit einer Gruppe Gleichgesinnter teilen. Am 24. November 1919 wendet er sich an jene Architekten und Künstler, die an der *Ausstellung für Unbekannte Architekten* teilgenommen haben, mit dem Vorschlag, einen Zirkel zum Austausch von utopischen Gedanken und Projekten zu bilden. Der Tenor seines Briefes unterscheidet sich deutlich von den Bestrebungen des Aktivisten Taut im frühen *Arbeitsrat für Kunst:* „Wir sind keine Künstlergruppe. ‚Bauen' steht über jedem Künstlertum. Der große Bogen um alles, und aus allem wird sich wie von selbst die große Form gebären. Nur die große Heiterkeit wird siegen. Tanzen und Bauen!" Außer dem Kritiker Adolf Behne (1883 – 1959) und Walter Gropius, der nur zögernd einwilligt, nehmen alle Angeschriebenen die Idee positiv auf, auch wenn der Vorschlag, unter *Decknamen* zu korrespondieren, teilweise auf Ablehnung stößt. Wenzel A. Hablik (1881 – 1934), Max Taut (1884 – 1967), Paul Goesch (1885 – 1940), Hermann Finsterlin (1887 – 1973), Wassily Luckhardt (1889 – 1972), Hans Hansen (1889 – 1934), Carl Krayl (1890 – 1947), Hans Luckhardt (1890 – 1954), Hans Scharoun (1893 – 1972) sowie Jakobus Goettel und Wilhelm Brueckmann finden sich zur „Kette" mit Bruno Taut („Glas") als engagiertem *Leiter und Koordinator* und Finsterlin („Prometh") als emphatischen *Theoretiker.* Während andere Glieder der „Kette" sich bald dem „Neuen Bauen" widmen, werden sich zwei Künstler, die ihre visionären Architekturphantasien schon früher formuliert haben – W. Hablik und H. Finsterlin –, zeitlebens mit der Idee vom umfassenden, alle Künste umschließenden und den neuen Menschen behausenden „Gesamtkunstwerk" beschäftigen.

Für die Mehrzahl der Künstler und Architekten, die sich an der „Gläsernen Kette" beteiligen, ist die psychische Ausgangslage nach dem Krieg dieselbe: Sie fühlen sich als Einzelkämpfer, als Rufer in der Wüste mit einer Botschaft, die sie messianisch verkünden wollen. Sie suchen nach Gleichgesinnten, um ihren Wünschen, ihren Forderungen nach der „zukünftigen" Architektur Ausdruck zu verleihen. Die beiden engagiertesten Schreiber, Hablik und Finsterlin, leben in der Provinz und sehen in der „Gläsernen Kette" die Möglichkeit, sich mit „Freunden im Werk" zu verbinden.

Gemeinsam ist der Wunsch nach dem „Bau", dem allumfassenden „Gesamtkunstwerk", aber auch der Drang zu spekulieren und „wieder kindisch sein" zu dürfen (Hablik). Trotz Meinungsverschiedenheiten herrschen die gemeinsamen Überzeugungen vor, und für die Gruppe geplante Projekte wie Habliks Summe seiner Bemühungen, das „Buch", oder Bruno Tauts architektonischer Märchenfilm, „Die Galoschen des Glücks", finden begeisterte Aufnahme, wenngleich sie nie realisiert werden.

Die unterschiedlichen Meinungen betreffen vor allem die Wahl der Form, ihr Verhältnis zur Natur und die Symbolik, die sich damit verbindet. So wird Finsterlin – neben der Kritik an der pathetischen und komplizierten Sprache – vorgeworfen, seine ausbuchtenden organischen Formen würden das Prinzip der Sublimierung* verletzen, indem sie Naturformen direkt nachahmen, während er seinerseits – mit Blick auf Bruno Taut und Wassily Luckhardt – die „Kristallomanie" ankreidet.

Bei Finsterlin finden sich die Formen kleiner, mit Gips ergänzter Knochenmodelle direkt in organische „Großraumprojekte" umgesetzt.

Wenzel A. Hablik: „Kristallbauten in Berglandschaft“; Aquarell und Bleistift auf Papier (1903)

Bruno Taut: Glaspavillon für die Werkbundausstellung in Köln 1914

Hablik, ein begeisterter Sammler von Kristallen, leitet seine utopischen Architekturphantasien aus verschiedenen Kristallisationsformen ab. Paul Goesch, dessen Formenwelt verwandt ist mit derjenigen der Anthroposophen*, konfrontiert die beiden Formtendenzen in einem Heft der von Bruno Taut herausgegebenen Zeitschrift *Frühlicht.* Den Brüdern Luckhardt, die kristalline Strukturen als Großprojekte planen, wirft Bruno Taut, der in seinem Buch *Die Auflösung der Städte* (Hagen 1920) neue, utopische Siedlungsformen propagiert, vor, sie seien noch zu „großstädtisch". Zu recht antwortet Hans Luckhardt, daß Tauts – die ganze Welt umspannenden und zum Kosmischen drängenden – gläsernen Land- und Gebirgsarchitekturen, wie er sie in der *Alpinen Architektur* (Hagen 1919) aufgezeichnet hat, ebenfalls dem Ideengut des Großstädters entspringen.

Der „Kristall", der schon für Nietzsches *Zarathustra* die Tugenden einer zukünftigen Welt in sich geborgen und nach der Jahrhundertwende Habliks Schaffenskraft beflügelt hat, wird in der ersten Zeit der „Gläsernen Kette" geradezu deren Symbol.

„Alle starke Zukunftssehnsucht ist werdende Architektur. Es wird einmal eine Weltanschauung da sein, und dann wird auch ihr Zeichen, ihr Kristall – die Architektur da sein. Dann gibt es kein Ringen und Grübeln um Kunst im Leben irgend welcher Banalitäten, dann gibt es eine einzige Kunst, und diese Kunst leuchtet in alle Ecken und Winkel hinein", hat Bruno Taut 1919 zur Ausstellung für unbekannte Architekten geschrieben. Im Kristall verbinden sich für den Freundeskreis der „Gläsernen Kette" auch jene beiden „Tugenden", die vor allem Taut propagiert: die kindliche *Naivität* und die *reine Form.* Mit Ausnahme von Paul Goesch und Hermann Finsterlin lassen sich alle Mitglieder von der Kraft des Kristalles, von seinen Lichtbrechungen als Symbol des „Dynamischen" faszinieren. Selbst Krayl, der *Dadaist** unter den „Kettengliedern", entwirft einen „Kosmischen Bau", eine kristalline Architekturform in einsamer Berggegend – wie sie Wenzel Hablik immer wieder erdacht und in seinem Zyklus *Schaffende Kräfte* schon 1909 zum zentralen Thema genommen hat. Drei anerkannte Symbole der ursprünglichen Unschuld sind darin vereint – die Berge – der Kristall – und der „Neue Morgen". Angeregt durch die Kristall- und Glasvisionen in den Werken seines Freundes, des Philosophen und Schriftstellers Paul Scheerbart (1863 – 1915), hat auch Bruno Taut in der *Alpinen Architektur* ganze Bergformationen mit kristallinen Strukturen überzogen. Wenzel Hablik verbindet in seinem modernen Paradies, das von schwimmenden und fliegenden Siedlungen bevölkert wird, das *kristalline* mit dem *organischen* Prinzip. Die Begeisterung für die Naturformen, der spielerische Umgang mit dem Kristall und das Faszinans des Technischen gehen bei ihm eine Symbiose ein, die die seltsamsten Kristallarchitekturen pflanzenartig sprießen läßt.

Nicht von ungefähr geht die Begeisterung für die Glasarchitektur und für die symbolische Kraft des Kristalls einher mit einem romantischen „Mediävalismus*", der sich vor allem in den Entwürfen zu den großen Gemeinschaftsbauten zeigt, die die *neue Volks-Religion* symbolisieren sollen. Diese *neue Religion* ist in ihrer Auffassung und ihrem formalen Ausdruck, zumindest in der ersten Zeit der „Gläsernen Kette", neoromantisch. Die Verwandtschaft zum romantischen Gedankengut geht bis zu metaphorischen Analogien. Friedrich Schlegel stellte angesichts des Kölner Doms (der den Romantikern als die Inkarnation der *deutschen Kathedrale* galt) fest: „So scheint das ganze Gewächse, wenn man etwas näher tritt, eher einer ungeheuren Kristallisation zu vergleichen"; und Schinkel erklärte zur Idealform des *„religiösen Gebäudes":* „Durch den Unterbau soll das Erdreich in seiner Crystallisation vorgestellt werden, über welchem hinaus die Pflanze zum Himmel anstrebt..." (Toni Stoos)

Bruno Taut: „Schnee-Gletscher-Glas“; 10. Blatt aus der Serie „Alpine Architektur“ (1918)

Thematik III

Erich Mendelsohn

Zwischen 1918 und 1924 war Erich Mendelsohn die sichtbarste Gestalt unter den neuen Architekten; auf jeden Fall in Deutschland. Es gab die Holländer, und es gab Wright. Le Corbusier machte eben seine ersten Versuche. In Deutschland war Bruno Taut ein architektonisches Kuriosum: der Magdeburger Stadtbaurat, der die Häuser anpinseln ließ; der Verfasser seltsamer Traktätchen wie die *Stadtkrone* und die *Alpine Architektur*. Es gab Mies van der Rohes Glasturmmodelle – aber keine Bauten von ihm seit dem Vorkrieg. Das kann man im großen und ganzen auch von Gropius sagen. Neben Mendelsohn nannte man vor allem Arthur Korn*; dann Alfred Gellhorn*, Harry Rosenthal*. Wollte man von Scharoun sprechen oder von Finsterlin und den anderen Meistern der „Gläsernen Kette", die Taut um sich vereinigt hatte – auch Gropius und die Brüder Luckhardt gehörten dazu –, so mußte man schon gut orientiert sein. Mendelsohn war unbestreitbar der große Mann der Epoche: die stärkste Kraft einer revolutionären Architektur. Er hatte 1919 bei Cassirer seine Skizzen aus dem Unterstand in Rußland unter dem Namen „Architektur in Eisen und Eisenbeton" ausgestellt und dafür die kleinen Skizzen, dynamische Vignetten am Rande von Briefen an Luise Mendelsohn, mit schwarzer Tusche zu großen Tafeln umgearbeitet. Diese Vision einer neuen Architektur überzeugte, weil sie möglich erschien. Mendelsohn baute den Einsteinturm: eine Skizze in voller Größe; und da stand das Neue sichtbar und betastbar auf dem Telegrafenberg bei Potsdam vor den Augen der erstaunten Zeitgenossen. Damals kam Oskar Beyer zu ihm als ein erster begeisterter Interpret. Er ist es bis zu seinem Tode im Jahre 1964 geblieben... Er hatte die Ausstellung bei Cassirer gesehen und an Mendelsohn geschrieben. Eine lebenslange Freundschaft war das Resultat. Auf den Einsteinturm folgten die Fabrik in Luckenwalde und das Mossehaus; um die gleiche Zeit die Doppelhäuser am Karolinger Platz, die Mendelsohn mit Möbeln versah – wie schon den Einsteinturm –, die Villa an der Heerstraße, das Seidenhaus Weichmann in Gleiwitz: Dokumente einer neuen Architektur. Wir saßen als Studenten an unseren Zeichenbrettern, und ein Kommilitone kam herein: „Habt ihr das Mossehaus gesehen? Lauft sofort hin: Das ist die Revolution."...

Der Beton ist für Mendelsohn das monolithische* Baumaterial: Das unterscheidet Mendelsohn von der französischen Schule. Bei Perret und sogar bei dessen Schüler Le Corbusier wird der Beton fast durchaus als Betonskelett in die Architektur eingeführt. Bei Mendelsohn ist der ganze Bau, seine Raumschale, aus Beton; und es werden dem Material fließend plastische Eigenschaften und die Möglichkeit zugeschrieben, den klassischen Gegensatz von Stütze und Last zu überbrücken. Es besaß diese Eigenschaften zweifellos, wenn auch ihrer vollkommenen Darstellung am Bau noch Schwierigkeiten entgegenstanden; und wenn van de Veldes Theaterbau formale Hinweise zeigt, so ist doch Mendelsohns Ausgangspunkt neu: Er will, daß die Form vom Material und der Konstruktion bedingt sei. Von 1914 an verwandeln sich die denkmalhaft starren Massen des Frühwerkes. Sie kommen in Fluß. Kanten runden sich. Baukörper vereinigen sich miteinander, einer geht aus dem anderen hervor, und die gleiche Kontur umzieht sie alle. Dadurch entsteht eine Abbreviatur des Ausdrucks; aus einem vielteiligen Satz wird sozusagen eine einzige Formel. Der Bau liegt dem Boden auf und schwebt zugleich; denn eben seine bodennahen Teile sind von Scharen weiter, meist parabolisch* überwölbter Öffnungen durchsetzt, die ihn vom Boden abzuheben scheinen. Dergleichen hatte es bei Olbrich nicht gegeben und auch nicht in dem Werkbundtheater des Meisters van de Velde, das in dem Jahre entstanden war, als die Umwandlung der Skizzen begann. Ich sage „des Meisters van de Velde"; denn Mendelsohn bekannte noch 1935, in Palästina, daß er van de Velde in Briefen nie anders anrede als „Verehrter Mei-

Skizzen von Erich Mendelsohn (1914-1917)

Erich Mendelsohn: Astrophysikalisches Institut (sog. „Einsteinturm") in Neubabelsberg bei Potsdam; Entwurf 1919, Fertigstellung 1921

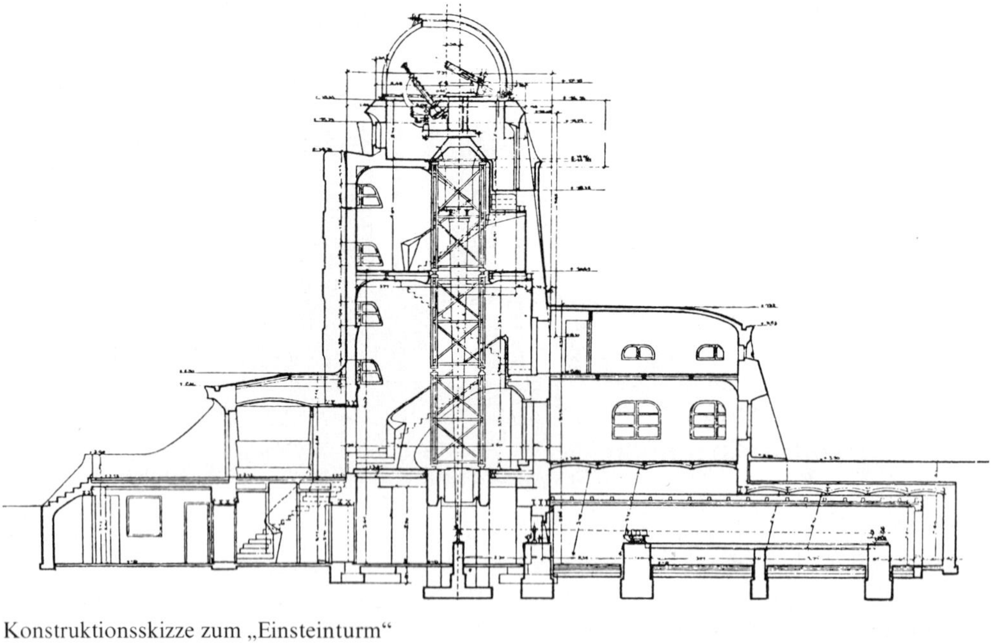

Konstruktionsskizze zum „Einsteinturm"

ster". Eine Verbeugung bedeutet bei Mendelsohn viel; er hielt es mit Goethes Dictum: „nur die Lumpe sind bescheiden".
So wird in Mendelsohns Werk das Erbe des Jugendstils weitergeführt, indem es neu gedeutet und neu gestaltet wird. Durch seine Anschauung von der stilbildenden Kraft neuer Materialien und Techniken befindet sich Mendelsohn jedoch in einer älteren Tradition: Er folgt der Theorie Viollet-le-Ducs. Die Logik dieser Theorie erschien mehreren Generation von Bauenden als zwingend. Für Mendelsohn ist sie die sichere Grundlage für eine Vision der kommenden Welt:
„Wie also alle Meisterwerke urwüchsiger Baukunst in ihrer frühen Form eindeutig von der Klarheit ihres konstruktiven Prinzips bestimmt werden, so sind aus Konstruktion und Material doch die Symbole jener Weltbilder emporgewachsen, durch die die Entwicklung der Menschengeschichte eindeutig festgelegt ist." Also auch der kommenden Geschichte, denn: „Ihm (dem neuen Architekten) bedeutet Material nicht zweckliche Enge, Fluch des Gebundenseins, Lähmung der Phantasie. Material ist ihm nur Mittel zur Freiheit, zur Herrschaft über den Zweck."
Der neue Architekt aber ist er selbst, Mendelsohn; denn der Vortrag wurde anläßlich der Ausstellung bei Cassirer gehalten, und der Gegenstand, auf den die eben zitierte Bemerkung sich bezieht, ist sein Entwurf einer optischen Fabrik (1917).
Die Logik seiner Argumentation ist zwingend. Vom Zweck und von der Konstruktion ausgehend, läßt die Architektur den Zweck unter sich, transzendiert* Geschichte, sagt Mendelsohn. Und diese neue Form zeigt er bereits in den Skizzen, verwirklicht er bereits im Einsteinturm. So erstaunlich schnell ist dieses Ergebnis entstanden, so sicher scheint es im Primat der Konstruktion gegründet, so geschichtlich echt muten, trotz ihrer Fremdheit Formen an, die im Werkbundtheater und bei Olbrich zumindest angedeutet worden waren, daß die Wirkung Mendelsohns auf seine Zeitgenossen gesichert ist: Mendelsohn will Ergebnisse einer geschichtlichen Wende zeigen. Der Vortrag, aus dem wir zitiert haben, weist dem Vortragenden selbst den ersten Platz in dieser welthistorischen Entwicklung an. Mag man das unbescheiden finden – nur die Lumpe sind bescheiden (Goethe).

(Julius Posener)

Thematik IV

„De Stijl" und die Schule von Amsterdam

Die Ziele

Die Frage, wie sich expressionistisches Bauen im großen Maßstab bewährt haben würde, müßte der bloßen Spekulation überlassen werden, gäbe es nicht die holländische Architektur. Unter den niederländischen Architekten des zweiten und teils auch des dritten Jahrzehnts war eine ebenso euphorische Zukunftsgläubigkeit verbreitet wie in Deutschland. Auch hier sollte Baukunst den Tempel errichten, „in dem Gott und Mensch, wahrhaftig vereint, das gemeinsame Werk verrichten" (De Bazel). Auch hier fühlten sich die jungen Architekten als die Baumeister der neuen Menschheit. Im Vorgefühl der neuen Einheit, Harmonie und Freude, der „Sicherheit, die weiß" und der „Kraft, die kann" (Wijdeveld), erschienen sogar Ideen wie die Tautsche Stadtkrone als kleinmütig. „Ein Licht, ein Brand ist Tauts Werk nicht", schrieb Jan Frederik Staal.
Der alles verändernde Unterschied zur Lage der jungen deutschen Architekten war: Die holländischen Radikalen konnten und mußten ihre Phantasie dem Test der Realisierung unterwerfen. Und diese Prüfung bestand nicht in einzelnen mehr oder weniger exzentrischen Aufträgen wohlmeinender Mäzene, sondern in der dringendsten Bauaufgabe, die es in Europa gab, im Massenwohnungsbau.
Obwohl die Niederlande nicht unmittelbar vom Kriegsgeschehen betroffen waren, herrschte

Wohnungsnot. Wegen der ungewissen politischen Situation, der hohen Zinsen und Löhne und des Baustoffmangels war die Bautätigkeit stark eingeschränkt. Der Fehlbestand an Wohnungen wurde allein in Amsterdam im Jahre 1918 auf 15 – 16000 geschätzt. Die Bauleistung betrug 1918 nur rund 1400 Wohnungen, während die Nachfrage im selben Jahr um rund 2700 stieg. Daß unter diesen Umständen in den großen, von Staat und Gemeinde subventionierten Wohnbaugebieten Amsterdam-Süd und Amsterdam-West der Bedarf nicht auf die notdürftigste Weise befriedigt wurde und ästhetische Gesichtspunkte überhaupt Berücksichtigung fanden, gehört zu den Besonderheiten der holländischen Szene. Die niederländischen Architekten konnten von Voraussetzungen ausgehen, die in Deutschland nicht gegeben waren. Die Einsicht in die Notwendigkeit von Planung war verbreitet. Ein Land, das seine physische Existenz einem ständigen Planungsprozeß verdankte, konnte sich nicht der Erkenntnis verschließen, daß Architektur und Stadtbau ebenso methodisch vorbereitet werden mußten wie Wasserbau und Landsicherung. Das niederländische Wohnungsgesetz von 1901 war in seiner Zeit vorbildlich. Es sah Darlehen für gemeinnützige und kommunale Wohnungsbaugesellschaften vor, verpflichtete die Gemeinden zur Bauaufsicht und zu einer langfristigen Bauleitplanung und verlieh ihnen das Recht zu Enteignungsmaßnahmen.

Die mehrfache Revision des Plans für Amsterdam-Süd unter demselben Architekten – Berlage – ist ein Beispiel dafür, wie kontinuierlich in Holland Stadtplanung betrieben wurde. Die Animosität gegen jede Art von Kontrolle scheint in den Niederlanden geringer als anderswo gewesen zu sein. Im Deutschen Werkbund verteidigten die Künstler unter den Architekten verbissen ihr Recht auf die freie unangetastete Schöpfung. In Holland wurde zur gleichen Zeit allgemein die Vorschrift begrüßt, Entwürfe für den Wohnungsbau Kommissionen vorzulegen, die sie auf ihre künstlerischen Qualitäten überprüften.

Dem Bewußtsein von der gesellschaftlichen Verpflichtung der Architekten entsprach in der Öffentlichkeit ein Gefühl der Verpflichtung gegenüber der Architektur. In Berlin mußten sich die progressiven Architekten gegen den historistisch orientierten Stadtbaurat Ludwig Hoffmann noch bis 1924, dem Jahr seines Rücktritts, zur Wehr setzen. In den holländischen Städten saßen währenddessen die avantgardistischen Architekten bereits in verantwortlichen Positionen oder waren von den Gemeinden mit wichtigen Aufgaben betraut. Berlage, Dudok, van Eesteren, Kramer, Oud und viele andere haben im Dienst oder im Auftrag der Kommunen geplant und gebaut. Im Niveau ihrer Entwürfe wetteiferte die Bauabteilung der Stadt Amsterdam mit den freien Architekten. Noch die Exzesse der expressionistischen Architekten waren in die Tradition der holländischen Baukultur eingebunden. Sie konnten auf die überlieferte handwerkliche Erfahrung der Bauarbeiter und -unternehmer im Ziegelbau ebenso rechnen wie auf das Interesse der Öffentlichkeit und auf vergleichsweise ohne Qualitätsansprüche bei Bauherren und Publikum …

(Wolfgang Pehnt)

Die Persönlichkeiten

Die Schule von Amsterdam, eine Gruppe von Architekten um Theo van de Wijdeveld (* 1885), den Herausgeber der Zeitschrift „Wendingen*", steht teilweise mit Berlage in direkter Verbindung. Viele von ihnen beteiligten sich an der Errichtung des von Berlage geplanten Stadtteils Amsterdam-Süd. Michel de Klerk (1884 – 1923), Paul Kramer (1881 bis 1961) und Johan Melchior van der Meij (1868 – 1949) übertrugen die Prinzipien Berlages in eine veränderte Zeitsituation und intensivierten die emotionalen Werte des Materials Backstein. Besonders die Wohnviertel de Klerks entsprachen dem romantischen oder expressionistischen Ideal durch die zugleich auf intime Abschließung wie auf soziale Kommunikation gerichteten Merkmale …

Der Maler und Kunsttheoretiker Theo van Doesburg (1883 – 1931) wirkte mit seinen Ideen

Theo von Doesburg und C. van Eesteren: Konstruktionsentwürfe und Ansichten (1923)

Gerrit T. Rietveld: Wohnhaus in Utrecht (1924)

und durch die 1917 gegründete Gruppe „De Stijl“ auf die gesamteuropäische Situation ein. In der ersten Ausgabe der Zeitschrift „De Stijl“ heißt es generell: „Es gibt ein altes und ein neues Zeitbewußtsein. Das alte ist auf das Individuelle gerichtet. Das neue richtet sich auf das Universelle. Der Kampf des Individuellen gegen das Universelle offenbart sich ebenso im Weltkrieg wie in der Kunst unserer Zeit.“ Im 1926 bis 1927 in Straßburg ausgeführten Café-Restaurant „L'Aubette“ hat van Doesburg in Zusammenarbeit mit Hans Arp und Sophie Taeuber-Arp die Prinzipien der Stijl-Gruppe in ihrer Komplexität durch die vollendete Neugestaltung eines Innenraumes demonstriert.

Ihren konsequenten architektonischen Ausdruck finden die Prinzipien der Stijl-Bewegung im Werk von Gerrit Thomas Rietveld (1888 – 1964), der seine Laufbahn als Tischler begann. Bereits mit seinem Rot-Blau-Stuhl von 1918 hatte Rietveld die neuen Prinzipien räumlicher Freiheit, wie sie von Wright in die Architektur eingeführt worden waren, für sich entdeckt und angewandt. Im Haus Schröder in Utrecht von 1924 werden sie in allen verschiedenen Anwendungsformen eingesetzt. Farbe und Raum, rechtwinklig gegeneinandergesetzte Flächen und fließende Raumzonen sind ineinander verschränkt und konstituieren eine dynamische Ganzheit.

Jacobus Johannes Pieter Oud (1890 bis 1963) gehörte zu den Gründern der Gruppe „De Stijl“, löste sich aber nach seiner Berufung zum Stadtbaumeister von Rotterdam im Jahre 1918 von den Zielsetzungen der Gruppe und konzentrierte sich auf die bedeutenden kommunalen Aufgaben in Rotterdam. Seine Wohnsiedlungen wie Tusschendijken von 1919 unter dem Einfluß von Frank Lloyd Wright und besonders das 1925 entworfene Arbeiterdorf Kiefhoek (gebaut 1928 – 1930) sowie die Siedlung in Hoek van Holland von 1926 bis 1927 bringen den Bautyp des zweigeschossigen Reihenhauses für Bewohner mit niedrigem Einkommen zu einem Höhepunkt. Hitchcock sah bereits 1929 in Ouds Siedlung in Hoek van Holland das schönste Beispiel moderner Architektur überhaupt. Bei einer außerordentlich niedrigen Miete enthalten die Einzelhäuser drei Zimmer und Küche, die Eckhäuser haben größere Wohnungen. Leonardo Benevolo schrieb über Kiefhoek: „Dieses Viertel ist eines der überzeugendsten Werke des sogenannten Funktionalismus; diesmal gilt die Bezeichnung im wortwörtlichen Sinne, denn hier handelt es sich nicht um eine mehr oder minder elegante Interpretation eines allgemeinen Funktionsbegriffes, sondern um eine technisch wirklich rentable Lösung."

(Udo Kultermann)

Gesprächspunkte und Arbeitsanregungen

1. Bestimmen Sie die Merkmale des „Neuen Bauens"/ der „neuen Baubewegung" (Gropius), im Vergleich mit der Architektur des Historismus bzw. des Jugendstils.
2. Verfolgen Sie die Entwicklung in den einzelnen europäischen Ländern anhand der verschiedenen Texte (vgl. Sie auch die nachfolgenden Kapitel). Sammeln Sie die Gründe, welche in den Texten für die Bildung einzelner Zentren angegeben werden.
3. Dokumentieren Sie Häuser bzw. öffentliche Bauten jener Zeit, deren Erscheinungsbild *nicht* von der „neuen Baubewegung" geprägt wurde (vgl. Sie dazu auch den einleitenden Text im Kapitel 15). Welche Stilmerkmale weisen diese Bauten auf, und wie bewerten Sie diese traditionelle Architektur?
4. Sprechen Sie über die Vorstellungen der futuristischen und expressionistischen Architekten und ordnen Sie deren Auffassungen in die Malerei und Plastik jener Zeit ein. Informieren Sie sich dabei über die verschiedenen Manifeste (Futuristisches Manifest, Dokumente des deutschen Expressionismus, des Dadaismus o. ä.).
5. Zeigen Sie die Unterschiede zwischen den projektierten Gestaltungen der Architekten der „Gläsernen Kette" und den „revolutionären" Bauwerken von Erich Mendelsohn („Einsteinturm") auf.
6. Grenzen Sie anhand der Texte von W. Pehnt und U. Kultermann die Bauten der holländischen Architekten von den Entwürfen bzw. Bauten der deutschen Architekten des „Neuen Bauens" ab.
7. Entwickeln Sie aus einfachen Materialien (Gießharz, Gips, Kreide, Knochen o. ä.) Formen von expressiver Architektur und versuchen Sie, diese Formen in Zeichnungen festzuhalten und weiterzuentwickeln.

Mögliche Anschlußthemen

1. Soziale Bedingungen und Wohnungsbau um die Jahrhundertwende.
2. Erich Mendelsohn als Industriegestalter (AEG).
3. Entwicklung des Autodesign.
4. Die Bauten der Architekten der „Gläsernen Kette" nach der expressiven Phase – z. B. die Entwicklung der Architektur von H. Scharoun.
5. Expressive Elemente in der Architektur der „Postmoderne".
6. Ausstattung/Bauten des expressionistischen Films.

Kunstgeschichtlicher Schwerpunkt 12

Frank Lloyd Wright

Die früheste Überwindung der bestehenden Grenzen zwischen den verschiedenen einander zugehörigen Bereichen Architektur, Technik und Industrie erfolgte durch Frank Lloyd Wright (1867 – 1959) im Mittelwesten der Vereinigten Staaten von Nordamerika. Sie wurde von einem Architekten artikuliert, der – nach seiner Schulung durch Louis Sullivan (1856 bis 1924) im Bau von Bürohochhäusern – vorwiegend durch den Bau von Einfamilienhäusern, die Verwendung traditioneller Baustoffe und eine aus der romantischen Tradition entwickelte Grundanschauung bekannt geworden war. In einem Vortrag im Hull-Haus in Chicago am 6. März 1901 mit dem Titel „Kunst und Handwerk der Maschine" (The Arts and Crafts of the Machine) legte Wright jedoch eine Grundlage für die Neueinschätzung von Technik und Architektur, die gegenüber der damals vorherrschenden Anschauung revolutionär wirken mußte. Hatten Victor Hugo, John Ruskin und William Morris und mit ihnen unter ihrem Einfluß auch Frank Lloyd Wright bis zu dieser Zeit in der Maschine ein notwendiges Übel gesehen, das keinen Platz in der Architektur haben könne, so entdeckte Wright jetzt dieses Instrument und mit ihm die moderne Technik als ein förderliches Werkzeug in der Hand des Architekten: „Standardisierung ist entweder ein Feind oder ein Freund des Architekten. Er mag wählen."

Einfachheit war das Ziel dieser architektonischen Bemühungen in ähnlicher Weise, wie sie die Einsichten des französischen Malers Paul Cézanne* bestimmte, daß sich die Natur selbst aus Würfeln, Zylindern und Kugeln konstituiere. Und in ähnlicher Weise wie die europäischen Architekten Peter Behrens, Josef Hoffmann, Otto Wagner und Tony Garnier zur Vereinfachung und Reduzierung der Elemente aufgrund der neuen technischen Bedingungen gekommen waren, schuf Wright die grundlegende Integration von Maschinenästhetik, Ökonomie der Baukonstruktion und Architekturtradition. Diese Synthese kann nicht hoch genug eingeschätzt werden und stellt eine der Grundlagen der Architektur im 20. Jahrhundert dar.

Bereits in den frühen Wohnbauten Wrights in der Umgebung von Chicago, etwa dem Warren Hickox-Haus in Kankakee, Illinois, von 1900, erweist sich deutlich der Zug zur Vereinfachung von Grundformen, wie es dem Architekten aufgrund seiner Kindheitserfahrungen mit dem Fröbelschen Spielzeug vertraut war. Ebenso waren die ökonomischen Bedingungen in diesen Häusern zu einer Lösung gebracht worden, wie sie selten später wieder erreicht worden ist.

Wrights Wohnbauten, so tief sie in der amerikanischen Architekturtradition verankert sind, wurden von den Zeitgenossen als außergewöhnlich empfunden. Dennoch wäre es ein Mißverständnis, Wright als isoliertes Genie zu sehen. Er entwickelte sich vielmehr aus einem kulturellen Klima, aus dem auch zahlreiche andere Architekten entwuchsen ...

Es ist keineswegs erstaunlich, daß Wrights Wohnhäuser mit anderen technischen Erfindungen jener Jahre in Zusammenhang gebracht wurden, im besonderen mit den Flugexperimenten der Brüder Wright und mit der Produktion von Verkehrsfahrzeugen. Das E. A. Gilmore-Haus in Madison, Wisconsin, von 1908 wurde das „Flugzeug-Haus" (The Airplane House) genannt, sicher im Hinblick auf die vom Boden abgehobene Lage des Hauptwohnraumes und der Plazierung des Hauses auf der Spitze eines

Frank L. Wright: Robie-Haus in Chicago (1909)

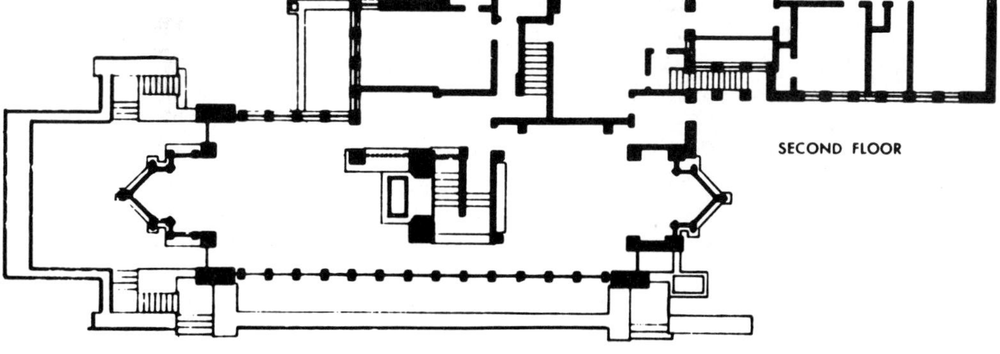

Grundriß des Robie-Hauses

Hügels. Doch auch die Struktur des Gebäudes selbst und die weit überhängenden Dachformen sowie die nahezu stromlinienförmige Gestalt der Wände mögen zur Entstehung der Metapher* beigetragen haben.

Das Hauptwerk Wrights in den frühen Jahren, das Robie-Haus in Chicago von 1909, wurde von den Zeitgenossen „Der Panzerkreuzer“ (The Battle Ship) genannt, der zentrale Schornstein als Mast interpretiert und die langen horizontalen Balkone als Decks mit dem Wohnraum als der Kommandobrücke. Die bereits im 19. Jahrhundert gebräuchliche Analogie von Häusern und Schiffen – Horatio Greenough benutzte sie bereits im positiven Sinne wie auch der Architekturhistoriker James Fergusson (1808 – 1886) – symbolisierte eine veränderte Auffassung des Hauses. Im Gegensatz zur Erdgebundenheit und festen Bindung an den Boden wird es jetzt mit den als funktional angesehenen Fahrzeugen und ihrer durch Maschinenkraft bedingten Form verglichen. Darüber hinaus wurde durch die notwendigen technischen Installationen wie Heizung, Beleuchtung und Garage mehr und mehr technische Apparatur in die Totalität des Wohnzusammenhanges integriert.

Wrights erfinderischer Genius bewies sich auch in der Neugestaltung von Bauaufgaben, wie sie vorher nur rudimentär oder in gänzlich anderer Formgestalt bestanden, so etwa in der Wohnsiedlung. Die kürzlich abgerissene Siedlung Franzisco Terrace in Chicago von 1895 war einer der frühesten Versuche, die soziale Realität und ökonomische Begrenzung mit der schöpferischen Architektur in Einklang zu bringen. Wright arrangierte 44 Kleinwohnungen in einen zweigeschossigen Bau um einen offenen Innenhof, der das Privatleben der einzelnen Bewohner garantierte, gleichzeitig aber auch die bestmögliche Kommunikation untereinander ermöglichte. Abschließende Isolation und verbindende Kommunikation wurden somit nicht als sich ausschließende, sondern als sich ergänzende Faktoren erkannt und realisiert.

Neben den Wohnbauten Wrights ist auf zwei hervorragende Beispiele für die Realisation seiner Grundgedanken zu verweisen: auf das Larkin-Verwaltungsgebäude in Buffalo von 1904 und auf die Unitarierkirche in Oak Park von 1906. Beide Bauten exemplifizieren die Stellung, die Wright der Maschine beimaß, und somit das veränderte Resultat aus der Synthese von Architektur und Technik. Das Larkin-Verwaltungsgebäude wurde für ein Versandhaus errichtet, dessen Arbeitsprinzip auf Büroarbeit und einen intern abgezirkelten Funktionsablauf abgestimmt war. Wrights Lösung, den Gesamtraum vom Boden bis zum Oberlicht als offene Zone zu gestalten und mit einer Klimaanlage auszustatten, geben dieser Auffassung architektonischen Ausdruck. Das oberste Geschoß enthielt ein Restaurant und einen Wintergarten, das Dach selbst war als Terrassse ausgebaut und konnte als Erholungsraum benutzt werden.

Wright erkannte deutlich die Bedeutung seines Werkes innerhalb der neueren Architektur: „Das Larkin-Verwaltungsgebäude war einfach ein Felsen aus Backstein, hermetisch abgeschlossen (eines der ersten Gebäude mit Klimaanlage), um das Innere vor den Abgasen der vorbeifahrenden New-York-Central-Züge zu schützen.“ Der Architekt war darüber hinaus in der Lage, das Gesamtenvironment dieser modernen Arbeitsstätte von den Stahlmöbeln bis hin zu den Details der Firma im Sinne eines übergeordneten Entwurfs zu gestalten. In seiner Autobiographie kommt Wright selbst auf den Vergleich mit einem modernen Verkehrsfahrzeug. Der Bau war für ihn „ein echter Ausdruck von Funktionsenergie im gleichen Sinne, wie es beim Ozeandampfer, beim Flugzeug und beim Auto der Fall ist“. Reyner Banham hat das Larkin-Gebäude zu Recht als „Verbindungsglied zwischen der herkömmlichen, als Fortschritt von Struktur und äußerer Form aufgefaßten Geschichte der modernen Architektur und einer als Fortschritt in der Gewinnung eines menschlichen Environments neugesehenen Geschichte der modernen Architektur“ verstanden.

Im Entwurf und in der Ausführung der Unitarierkirche in Oak Park zwei Jahre später ging Wright noch einen Schritt weiter, er schuf, wie er selbst stolz bekundete, „the first concrete monolith in the world". Die begrenzten finanziellen Mittel – es standen für den Bau der Kirche und des Gemeinderaums nur 45 000 Dollar zur Verfügung – führten Wright zur Wahl von Stahlbeton als Baumaterial. Die Gesetze der Anwendung und Schalung von Stahlbeton führten zur Grundform des Quadrats als Modul für alle Teile des Gebäudes. Die Quadrate des Oberlichtes im Kirchenraum geben dem aus der technischen Notwendigkeit gewonnenen Prinzip der vereinfachten quadratischen Form symbolischen Ausdruck. Die Integration von Architektur, Technik und Industrie hat somit zu einer neuen Gestalt von Architektur geführt, wie sie in den gleichen Jahren in Europa ähnlich bei Peter Behrens und Tony Garnier – wenn auch auf der Ebene einer anderen Tradition – erreicht wurde.

Neubeginn im Werk von Frank Lloyd Wright

Nach einer längeren Phase persönlicher Krisen und relativer Untätigkeit begann nach 1930 eine neue Schaffensperiode für Frank Lloyd Wright, die sich in einer größeren Zahl visionärer Projekte und einigen vollendeten Bauten von ungewöhnlicher Qualität aussprach. 1932 erschien sein Buch „The Disappearing City", in dem Wright seiner anti-urbanen Haltung offenen Ausdruck gab und gleichzeitig die allgemeine Zeitsituation traf. 1934 folgte die Publikation von „Broadacre City", in dem Wright seinen

Frank L. Wright: Haus über dem Wasserfall, Bear Run/Pa. (1936)

Frank L. Wright:
Fabrikgebäude des
Johnson Wax Co.,
Rascine/Wisc.
(1936-1939)

durch die Wirtschaftskrise erschütterten Landsleuten die Vereinigung der Vorzüge von Stadt und Land im Sinne der Ideen von Ralph Barsodi* vorlegte...

Die Hauptwerke Wrights aus den dreißiger Jahren sind zugleich Schlüsselwerke für die Integration von Natur und Architektur, unnachahmlich manifestiert im Haus Kaufmann in Bear Run, Pennsylvania, von 1936, in dem Komplex für die Johnson Wax Company in Racine, Wisconsin, von 1936 – 1939, im Hochschulkomplex des Florida Southern College in Lakeland, Florida, von 1938 bis 1959, sowie im Architekturbüro Wrights in Taliesin-West bei Phönix, Arizona, von 1938 – 1959.

Die Rolle der Technik in den Bauten Wrights wird am stärksten im Gebäude für die Johnson Wax Company in Racine deutlich, für die Wright ein vorher unbekanntes Tragsäulensystem in Stahlbeton entwickelte, das von den Baubehörden und von den Ingenieuren wegen der ungewöhnlichen und schlanken Formen abgelehnt wurde. In einem öffentlichen Test sollte schließlich die Sicherheit des Konstruktionssystems ermittelt werden, ein Vorgang, der von Wright selbst, mit offensichtlichem Stolz, in einem

Interview beschrieben wurde: „Der Kran schwenkte und lud seine Last wieder und wieder ab. Wir warteten immer noch auf den Zusammenbruch. Längst waren alle Forderungen der Kommission überschritten und verdoppelt. Doch die Last auf der Säule wuchs.
Der Anblick war unglaublich. Die Polizei hatte eingegriffen und die Menge aus der Nähe der heroischen schlanken Säule ausgesperrt, die wie ein graziöses Gebilde auf Zehenspitzen aufrecht stand, bis 60 Tonnen an Stelle der geforderten 12 auf die Spitze des Schaftes von 9 Zoll Durchmesser gehäuft waren. Nichts konnte mehr zugefügt werden, ohne abzugleiten – in diesem Moment gab ich das Zeichen, abzubrechen ... Ein Seitenstoß gegen die Säule brachte die gewaltige Überlast zum Einsturz, wodurch ein Beben in den umliegenden Straßen verursacht wurde. Der Schaft, noch immer unzerstört, lag am Boden, die Spannvorrichtung war zerbrochen. Der Prüfungskommissar entfernte sich. Sein Schweigen gab die Zustimmung."

(Udo Kultermann)

Thematik

Grundsätze der Gestaltung in den Bauwerken von Frank Lloyd Wright

Da wir nun eine gute Anzahl von Häusern der Frühzeit gesehen haben, möchte ich Sie zum Abschluß dieses Kapitels an die Grundsätze erinnern, welche Wright aus Gesprächen mit dem „lieben Meister"[1] und aus der eigenen Arbeit abgeleitet hat. Wir nehmen sie etwa in der Reihenfolge, wie sie uns beim Betrachten der Häuser sichtbar wurden:

Der freie Plan. Offenheit. Nur die Arbeitsräume, Küche, Herrenzimmer werden abgekapselt. Die Offenheit bezieht sich auch auf die Beziehung Innen-Außen: die Räume werden vom Zentrum des Hauses, dem großen Kamin, in den Garten hinausgestreckt. Dies erschwert, notabene, zuweilen die enge Verbindung zwischen ihnen. Die Räume werden zusehends mehr, auf drei Seiten, durch Fenster geöffnet.

Der menschliche Maßstab. Horizontalismus. Niedrige Räume werden horizontal unterteilt. Die Deckenhöhe wird durch den zur Decke gehörenden Fries, den obersten Teil der Wand, optisch noch niedriger. Bei sehr großen Räumen (Coonley Haus) wird die Decke durch die Untersicht des flach geneigten Daches ersetzt. Horizontale Gliederung auch außen: durch Fensterbänder, Werksteinplatten, Werksteinbänder in der Backsteinwand.

Shelter (Das Schützende). Das weit überstehende flach geneigte Walmdach, welches niemals durch Dachgauben unterbrochen ist, beschützt das Haus und betont seine Beziehung zum Erdboden. Das Dach ist der stärkste Ausdruck des Horizontalismus.

Auflösung der Wände. Fensterbänder in der Wand und an den Raumenden erkerartig vor der Wand lösen diese weitgehend auf. Schließlich bleiben nur noch die Hauptstützen stehen, und diese werden nun stark betont.

Struktur. Stützen und Gruppen von Stützen allein (Martin Haus) gliedern den Raum. Struktur als Wesen der Architektur.

Achsialität. Diesen Grundsatz erwähnt Wright nicht. Er ist aber von seinen Plänen abzulesen, und zwar immer entschiedener (Martin Haus). Diese Achsialität ist ein reines Ordnungsprinzip und hat nichts mit Repräsentation zu tun. Der Eingang befindet sich fast niemals in der Achse. (Das Winslow Haus, wo dies der Fall ist, ist ein frühes Beispiel: aber auch dort läuft die Eingangsachse sich am Kaminblock tot.)

Gruppierung. Ebenfalls ein Prinzip, das Wright nicht erwähnt, und wir haben es bisher nicht als Prinzip erwähnt. Der achsialen Komposition der Haupträume (Kreuzform, T-Form) werden Schlafzimmer- und Wirtschaftsflügel in großen Häusern frei angefügt. Die verschieden hohen

---

1 Gemeint ist Louis Sullivan; vgl. Kapitel 8.

Dächer bewirken ebenfalls, daß ein gruppierter Baukörper entsteht: Eindruck der Freiheit, der Ungezwungenheit auch im Außenbau.
In the nature of materials. Jedes Material ist so zu verwenden, wie es seinem Wesen entspricht. Keine Trennung zwischen Materialien für den Innenbau und den Außenbau (die Kaminwand ist fast immer aus Backstein gemauert).
Einheitlichkeit. Form, Material, Farbe, Möbel, auch Ornament sind aufeinander abgestimmt. Der Raum wird zum Kunstwerk, ist bis ins Einzelne festgelegt.
Formalismus. Immer stärker wird in Wrights Häusern die streng formale Komposition entwickelt. Im Martin Haus findet sie wohl ihre reinste Darstellung. Man kann sagen, daß hier das ganze Haus zum Kunstwerk wird. Der freie Plan, der in diesem Hause voll verwirklicht ist, wird hier zur Komposition, in welcher sehr subtile Beziehungen zwischen den Räumen vorherrschen. Es wäre falsch, wollten wir diese Seite des Architekten Wright übersehen. Wir werden in seinem Spätwerk Studien in reiner Geometrie finden (Kreise, Sechsecke etc.). Dies ist ganz gewiß ein Grundsatz, von dem Wright nicht spricht. Er würde diese formale Disziplin leugnen, er würde auch seine strengsten Kompositionen organisch nennen. Es handelt sich aber hier um eine *architektonische* Disziplin.
Organische Architektur. Dies ist der Hauptsatz, auf den Wright alle anderen Grundsätze bezieht. Was Wright das Organische nennt, ist nicht zu verwechseln mit dem Begriff des Organhaften bei Häring*. Am Anfang dieser Vorlesung habe ich von zwei Arten des Funktionalismus gesprochen. Wir können ihnen jetzt Namen geben: Der eigentliche Funktionalismus, Greenough*, Häring, behauptet, daß die Funktion die Form vorbestimmt. Darum spricht Häring von der Leistungsform und von dem organhaften Charakter der Bauteile: Form follows function. Wright dagegen spricht von einer *Beziehung* zwischen der Form und den Funktionen des Hauses. Organisch nennt er eine Architektur, die für den Menschen da ist und nicht für die Repräsentation, auch nicht für die Kunst. Daraus leitet Wright auch die Wechselwirkung zwischen dem Bauherrn und dem Architekten ab, die er für wesentlich hält. Übrigens ist nach ihm der Architekt in seinem Büro der unbeschränkte Meister. Assistenten, sagt er, sind nur die Finger des Meisters. (Julius Posener)

Gesprächspunkte und Arbeitsanregungen

1. Verfolgen Sie anhand des Textes von U. Kultermann die zwei Schaffensperioden im Werk von Frank Lloyd Wright. Suchen Sie nach weiteren Beispielen für diese Perioden.
2. Vergleichen Sie Wrights (frühe) Konzeption vom Wohnhaus mit den Vorstellungen von Le Corbusier, Mies van der Rohe u. a.
3. Weisen Sie die Grundsätze seiner Baugestaltung, wie sie im Text von J. Posener zusammengestellt sind, an den (Abbildungen seiner) Bauten selbst nach.

Mögliche Anschlußthemen

1. Die klassizistische Villa, die Villa des Jugendstils und das Landhaus im Stile Wrights.
2. Deutsche Bauvorschriften, Baunormen u. ä.

Kunstgeschichtlicher Schwerpunkt 13

Ludwig Mies van der Rohe oder das Klassische im „Neuen Bauen“

Während die private Bautätigkeit in Europa Ende der dreißiger Jahre immer mehr zurückging und durch den Krieg schließlich zum Erliegen kam, konnte sie sich in den USA frei entfalten. Die mitunter vorgebrachte These, daß die moderne Architektur Ende der dreißiger Jahre in den USA durch die Emigranten aus Deutschland, wie Mies van der Rohe, Gropius oder Breuer, um nur einige zu nennen, begründet worden sei, ist historisch nicht haltbar, weil schon seit Ende der zwanziger Jahre, sieht man selbst von Wright, Rudolph Schindler oder Richard Neutra ab, Ansätze dazu vorhanden waren; – jedoch ist richtig, daß die deutschen Emigranten in den USA ein weites Betätigungsfeld fanden. Im besonderen Maße gilt dies für Ludwig Mies van der Rohe, der 1938 nach Chicago berufen wurde. Er wirkte dort als Leiter der Architekturabteilung des späteren Illinois Institute of Technology und bekam den Auftrag, die neue Hochschule zu planen und zu bauen. Diese Bauten leiteten eine neue Epoche der modernen Architektur ein.

Wenn Wright feststellte, daß „jener Entwurf, der die Wahrheit des inneren Seins am reichhaltigsten enthüllt, der beste Entwurf ist“, so kann man von Mies sagen, daß für ihn der Entwurf der beste ist, der das innere Sein am einfachsten zum Ausdruck bringt.

Um dieser Einfachheit willen scheidet Mies vieles aus, was für andere wichtig ist; – was er mit zäher Beharrlichkeit anstrebt, ist das zur Kunstform sublimierte technische Produkt. Er strebt Universalität an; – und zwar bezogen auf die Form, auf die Konstruktion und auf den Gebrauch. Er sucht nicht die spezifische, sondern die universal anwendbare Lösung.

Diese Auffassung bildet sich bei ihm Ende der dreißiger Jahre mit der Planung für das Illinois Institute of Technology in Chicago. Sinngemäß könnte man seine Auffassung wie folgt interpretieren: Da Funktionen sich im Laufe der Zeit ändern, ist die einzig überdauernde Funktion in einem Gebäude Flexibilität und Variabilität.

Mies hat zwei typische Bauformen entwickelt: das Hochhaus als vielgeschossige Skelettkonstruktion und die stützenfreie Überdeckung eines großen, eingeschossigen Raumes, die Halle. Für jede dieser Gebäudeformen sind wiederum eine Reihe typischer Details entstanden, so für das Hochhaus Details, die das Verhältnis der Ausfüllung des Tragwerkes zum Tragwerk selbst und die Ausbildung des Tragwerkes festlegen.

Für die Detaillierung der Außenwand lassen sich drei Typen nachweisen. Bei Typ A sitzt der Fensterpfosten in Stützenachse, das Fenster schlägt jedoch an der Stütze an, so daß die Fensterfelder an der Stütze jeweils kleiner als die mittleren sind (Appartementhäuser am Lake Shore Drive in Chicago, 1949 – 1951). Bei Typ B ist das Fensterfeld direkt am Fensterpfosten angeschlagen, so daß eine durchgehende gleichmäßige Breite der Fensterfelder entsteht (Commonwealth-Appartementhäuser, Chicago, 1953 – 1956). Als Vorläufer dieser Lösung sind das Chemiegebäude (1945/46) und die Alumni Memorial Hall (1945/46) des Illinois Institute of Technology, Chicago, zu bezeichnen. Bei Typ C (Crown Hall, Illinois Institute of Technology, Chicago, 1952 bis 1956) entfällt der Fensterpfosten vor der Stütze, das Fenster wird hier direkt an der Stütze angeschlossen.

Für die Konstruktion von Hallen gibt es zwei typische Lösungen: die Halle mit Balken als Überzügen, an welche die Decke gehängt ist

Mies van der Rohe: Entwurf für ein Glashochhaus

Mies van der Rohe: Nationaltheater in Mannheim (1953)

(Projekt Drive-in-Restaurant, 1946, Theater Mannheim, 1953; – Crown Hall), und die mit einem Gitterwerk von Trägern überdeckte Halle (Projekt Convention Hall, Chicago, 1953/54; Neue Nationalgalerie, Berlin, 1963 – 1968).

Neben typischen Detaillösungen lassen sich im Werk Mies van der Rohes eine Reihe von Gestaltungsprinzipien erkennen, die seinem Werk zugrunde liegen:

1. Der neutrale, nicht auf einen bestimmten Gebrauch bezogene, multifunktional verwendbare Raum.
2. Der regelmäßige, quaderförmige Baukörper als Großform. Diese Großform wird auch dann beibehalten, wenn unterschiedliche Raumvolumina auftreten; – so bei Universitätsgebäuden, wo von der Funktion her kleine Räume als Arbeitszimmer und Seminarräume sowie große Vorlesungssäle gefordert werden.
3. Die Gliederung der äußeren Form unabhängig von der Art der dahinterliegenden Räume, von der Himmelsrichtung und vom Gebrauch her. So finden sich auch an den Südseiten voll verglaster Hochhäuser keine außenliegenden Sonnenschutzelemente; – eine Lösung, die bei Einbau einer entsprechend dimensionierten Klimaanlage vielleicht denkbar, aber ohne diese nicht vertretbar erscheint.
4. Die glatte, in sich strukturierte Außenhaut, deren Aufbau durch das Prinzip der Gliederung in Gitterwerk und Füllung bestimmt ist, wobei ästhetisch tragende, aussteifende und füllende Elemente unterschieden werden.
5. Die Symmetrie als vorherrschendes, aber nicht alleiniges Ordnungsprinzip.
6. Die Reduzierung der Materialskala auf wenige, immer wiederkehrende Baustoffe; – auf Metall (vor allem Stahl, Bronze, Aluminium für das Gitterwerk der Verkleidung), auf Glas in verschiedenen Tönungen für die Ausfüllung des Gitterwerkes und Holz und hellgelben Ziegelstein für Innenwände.

Mies' Architekturauffassung ist von einer Reihe von Vorstellungen getragen, die mit den Begriffen Disziplin, Einfachheit, Präzision und Perfektion, auf einfachste Beziehungen reduzierte Ordnung, Objektivität und Universalität umschrieben werden können.

Mies van der Rohe ist, wie kaum ein anderer aus seiner Generation, zugleich konservativ wie dem Neuen aufgeschlossen. Sein Konzept des Illinois Institute of Technology beschreibt er selbst als „radikal und konservativ. Es ist radikal, weil es die wissenschaftlichen Kräfte unserer Zeit bejaht..., es ist konservativ, weil es nicht nur einem Zweck, sondern auch einem Sinn dient, und es unterwirft sich nicht nur einer Funktion, sondern auch einem Ausdruck. Es ist konservativ, weil es auf den ewigen Gesetzen der Architektur beruht: auf Ordnung, Raum, Proportion.“ (Jürgen Joedicke)

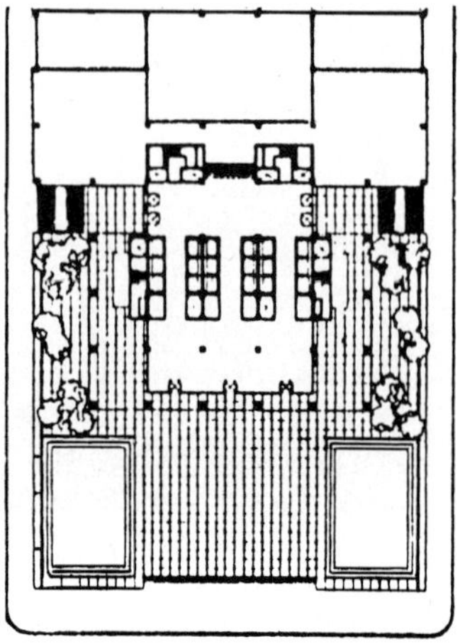

Grundriß des Seagram Building

Mies van der Rohe und Philip C. Johnson: Seagram Building, New York (1956/57)

Thematik

Vergleich zwischen dem „Alten Museum" (Schinkel) und dem „Seagram Building" (van der Rohe)

Über 5000 Kilometer bin ich nach hier geflogen, um mich aufrichtig zu einer Dankespflicht zu bekennen: Alle meine architektonischen Entwürfe sind von den Werken und Vorbildern zweier Männer beeinflußt worden, die beide ihre besten Wirkungsjahre in dieser Stadt verbrachten. Jeder dieser beiden Männer vertrat mit seinen Werken und Gedanken den bedeutendsten Geist ihrer so verschiedenen Jahrhunderte, nämlich *Mies van der Rohe* für das zwanzigste Jahrhundert und *Karl Friedrich Schinkel* für das neunzehnte Jahrhundert. Es paßt daher sehr gut, daß wir uns hier an dem Geburtstag des Einen zusammenfinden, der uns übrigens nur wenige Tage vom Geburtstag des Anderen trennt...

Ich beabsichtige, Ihnen hier anhand einiger Bauten der beiden berühmten Architekten zu zeigen, was sie gemein haben, und was zumindest ein Architekt der zweiten Hälfte dieses Jahrhunderts – nämlich ich selbst – von beiden gelernt hat. Darf ich um Ihre Nachsicht bitten, wenn die Diskussion jetzt ein wenig fachwissenschaftlich wird. Die Prinzipien dieser beiden großen Berliner sind von so weitreichender Bedeutung für die gesamte Entwicklung der

Architektur, daß sie eine analysierende Betrachtung verdienen.
Hinter dem Werk beider Männer steht die humanistische Renaissance des Abendlandes. Beide in Frage stehenden Jahrhunderte zeigten eine ausgesprochene Vorliebe für griechische und römische Kultur. Wir können fast soweit gehen, beide Architekten als romantische Klassiker zu bezeichnen, und keinem von beiden wäre es möglich gewesen, sich von dieser Zeitströmung loszulösen. Obwohl beide Architekten auch durch die Revolutionen ihrer Zeiten beeinflußt wurden, war keiner von ihnen selbst revolutionär auf seinem Gebiet. Schinkels Werk kann man sich nicht ohne den Einfluß von Ledoux, Boullée und Gilly vorstellen, ebensowenig wie Mies ohne Picasso, Mondrian und Lissitzky. Dennoch war jeder – Schinkel und Mies – hauptsächlich ein Baumeister im herkömmlichen Stil, sie waren schaffende Künstler, aber keine Theoretiker oder Avantgardisten. Gilly war im gewissen Sinne eigentlich revolutionärer als sein junger Bewunderer Schinkel, und Gropius und Le Corbusier waren gewiß revolutionärer als Mies. Beide Männer waren mit einem Wort gesagt Baumeister, – Männer, deren Phantasie am meisten angeregt wurde, wenn sie durch die praktische Aufgabe unterstützt wurde. Das soll nun nicht heißen, daß einer von ihnen alltägliche Entwürfe lieferte. Im Gegenteil! Mies wie auch Schinkel stehen an der Spitze der schöpferisch phantasierenden Künstler ihrer Zeit.
Dieses berühmte Gemälde (vgl. S. 39) beweist Schinkels Zugehörigkeit zu der Schule der Romantik und stellt ihn fast auf eine Stufe mit Caspar David Friedrich, – jedoch mit besonderem Interesse für die Architektur. Bemerkenswert ist hier, daß Schinkel den gotischen Stil so wiedergibt, daß es unmöglich wäre, die Kathedrale zu bauen. Außerdem gefiel es ihm, den Untergang der Sonne so zu arrangieren, daß sie durch die Steine hindurchscheint. Schinkels Vorstellungskraft war also durch und durch „modern“.
Die bekannte Zeichnung des Projektes: „Hochhaus am Bahnhof Friedrichstraße“ von Mies aus dem Jahre 1922 (vgl. S. 140) ist für seine Zeit genau so „modern“. Sie ist eher expressionistisch als romantisch. Sie ist ein Aufriß, keine Perspektive, – die Grundlinien sind sogar mit dem Lineal gezogen. Dennoch gewinnt die Zeichnung besonderen Wert, weil Mies sein Gefühl für Schatten und Tiefen in die unterteilte Glasfassade hineinlegte. Dieser Entwurf läßt sich allerdings ebensowenig bauen wie Schinkels gotische Türme, beide Bilder sind aber deshalb so interessant, weil sie zeigen, wovon Schinkel, Mies und ihre Generationen träumten: transparente gotische Türme in dem einen Jahrhundert und gradlinige Kristallpaläste im anderen. Und dennoch lag der geniale Wert beider Männer in der Tatsache, daß jeder in erster Linie am Bauen von Gebäuden interessiert war!
Es gibt noch mehr Parallelen im Wirken der zwei Architekten: Beide gründeten Schulen. Der Begriff „Mies-Schüler“ hat sich allerdings nicht so durchgesetzt wie der Begriff „Schinkel-Schüler“, obwohl ich davon überzeugt bin, daß der Einfluß von Mies auf unser Jahrhundert ebenso groß ist wie der Schinkels auf das seine.
Am einfachsten wird es sein, wenn wir sowohl von Schinkel wie auch von Mies ein sogenanntes „klassisches“ Gebäude zum Vergleich heranziehen und dann dasselbe mit einem mehr „romantischen“ Gebäude dieser Architekten wiederholen. Unser erstes Paar der Beispiele ist das Alte Museum in Berlin und das Seagram Building in New York.
Die auffälligste Ähnlichkeit besteht in der symmetrischen Anlage des Sockels mit einer Freitreppe, die etwa mehr als ein Drittel der Breite des Gebäudes einnimmt. Auch sind beide Grundrisse auf eine Symmetrieachse angelegt, jedoch ohne Betonung in der Mitte, die Freitreppe ausgenommen. Keiner der beiden ist ein pyramidenförmiger Entwurf im Stil des Barock. Beide Gebäude zeigen eine Säulenreihe. Das Alte Museum hat mehr Säulen, aber beide Gebäude haben loggia-artige Eingänge.
Die Art der Fassadenkomposition ist im Grundsatz auch die gleiche. Wir müssen natürlich dabei in Betracht ziehen, daß ein Stahlfachwerk das

Mauerwerk ersetzt hat und daß der Bau des 20. Jahrhunderts ein Hochhaus ist. Ungeachtet dessen sehen wir die gleichmäßige Wiederholung der Fenster auf der ganzen Länge ohne jede Betonung und keinerlei Veränderung in Maß oder Rhythmus. Wir sehen in Schinkels Gebäude die durchlaufenden Fensterbänder, im Seagram Building dagegen, wie die senkrechten H-förmigen Pfosten die Fenster zu vertikalen Streifen verbinden. In beiden Fällen bilden die Fenster Reihen und wirken nicht als vereinzelte Löcher in der Wand; auf diese Weise bleibt das Gleichmaß der ununterbrochenen Wiederholung erhalten. Beide Bauten leben von ihren guten Proportionen, von guter Schattengebung und vor allem von den guten Ecken.

In gewissem Sinne könnte man jede Architektur nach der Eckengestaltung beurteilen. Neben dem Gesims oder der Traufkante sind die Ecken der empfindlichste Teil eines Entwurfes.

Schinkel und Mies gehen dabei denselben Weg: Sie brechen die Fensterreihe ab, indem sie ein neues Bauelement einführen, – zum Beispiel eine Säule*, einen Pilaster* – damit verankern sie ihr Gebäude auf dem Boden und schneiden gleichzeitig ihr horizontales System ab.

Zweifellos sind die Ecken des Alten Museums die berühmtesten in der Geschichte der Architektur. Der Rhythmus der Fensterreihe endet. Das letzte Fenster ist weiter von der Ecke entfernt als vom Nachbarfenster. Der einzigartige Pilaster ist von einer ganz besonderen Breite. Er liegt bündig mit der Wand, von der er nur durch eine Rinne oder einen Hohlrahmen getrennt ist. Man beachte besonders, wie das mittlere Band an diesem Hohlrahmen endet und somit nicht nur um den Pilaster herumläuft, wie der Sockel und das Gesims es tun. Der Blick wird erst festgehalten und dann doch verleitet, um die Ecke zu schauen.

Die Ecke des Seagram Gebäudes ist ähnlich. Das endlose Gleichmaß der Fensteranlage hört auf, und eine Hälfte der wirklichen Säulenkonstruktion kommt zum Vorschein, – verschieden und doch ähnlich der Außenverkleidung. Dies hat denselben Effekt auf das Auge wie der Pilaster, den Schinkel anwandte, nur mit den Möglichkeiten der Stahlbaukonstruktion. Weil die Säule einige Zoll hinter Verkleidung und Fensterebene zurückgesetzt ist, wird hierdurch eine besondere Fläche mit tiefer Schattenwirkung erreicht, eben auch, um zu verhüten, daß der Blick ohne weiteres um die Ecke gleitet. Diese neue Fläche ist so gewählt, daß sie zur Oberfläche der freistehenden Säulen im Erdgeschoß wird. Damit wird das Auge angeregt, das Gebäude als Ganzes zu erfassen, ebenso wie die Schinkelschen Eckpilaster die Größe und Strenge des Museums betonen.

(Philip C. Johnson)

Gesprächspunkte und Arbeitsanregungen

1. Bewerten Sie anhand des Katalogs von Gestaltungsprinzipien im Text von J. Joedicke die Wirkung Mies van der Rohes auf die moderne Architektur.
2. Bestimmen Sie die Form des Textes, in dem P. C. Johnson den Vergleich zwischen K. F. Schinkel und M. van der Rohe durchführt. Welchen Einfluß hat die Textform auf die inhaltlichen Aussagen?
3. Verfolgen Sie den Vergleich anhand des Textes und der Abbildungen. (Benutzen Sie dabei auch die Texte des Kapitels 2 dieses Buches.) Erarbeiten Sie – im Gegensatz zum Autor – *die Unterschiede* in den Konzeptionen und den Baugestaltungen heraus.
4. Führen Sie einen ähnlichen Vergleich zwischen klassizistischer und moderner Architektur auch anhand anderer Beispiele dieses Buches durch.

Mögliche Anschlußthemen

1. Der Einfluß des Klassizismus auf die „Postmoderne“.
2. Wohnen im Hochhaus?

Kunstgeschichtlicher Schwerpunkt 14

Le Corbusier und die totale Stadt

Le Corbusier kann in seiner Eigenheit nur verstanden werden, wenn man seine Bauten nicht als isolierte Phänomene begreift, sondern sie vor dem Hintergrund einer umfassenden Architekturphilosophie sieht, die er in einer ganzen Reihe von Büchern und Schriften niedergelegt hat. Zugleich Maler und Bildhauer, strebt er nach der Vereinigung der Künste in der Architektur. Bezeichnenderweise wurde er Anfang der zwanziger Jahre zunächst weniger durch ausgeführte Bauten als vielmehr durch seine Idee einer kommenden Baukunst bekannt.
Le Corbusier wurde 1887 in La Chaux-de Fonds in der Westschweiz geboren. Er verbrachte den größten Teil seines Lebens in Paris, wo er seit 1917 arbeitet. Das öffentliche Leben wurde damals in Frankreich von einer Architektur beherrscht, die sich an überkommenen Denkweisen und Formen orientierte – ganz im Gegensatz zur bildenden Kunst. Le Corbusier stand deshalb mit seinen Bemühungen isoliert. Und so mußte er, um sich Gehör zu verschaffen, seine Äußerungen schärfer akzentuieren, als es vielleicht zur Erläuterung seines Anliegens notwendig gewesen wäre. Diese Situation erklärt manche überpointierte Formulierung.
Le Corbusier verdankt Auguste Perret, in dessen Büro er in den Jahren 1908–09 tätig war, die Kenntnis der konstruktiven Möglichkeiten, die der Stahlbeton bietet. Und Stahlbeton wird auch das Material, mit dem er seine Formvorstellungen verwirklicht. Er ermöglicht ihm, an Stelle massiver Wände aus Stein, die zugleich tragen und umhüllen und damit in ihrer Anordnung gebunden sind, die Skelettbauweise zu verwenden, bei der die tragenden Querschnitte auf wenige Punkte reduziert sind. Damit sind die Wände von ihrer tragenden Funktion entbunden; im Inneren des Gebäudes können sie als Trennflächen beliebig versetzt werden, und als Außenwände lassen sie sich mit Öffnungen jeder Größe durchbrechen, ohne daß dadurch die Standfestigkeit der Konstruktion im geringsten beeinträchtigt würde.
Le Corbusiers Formensprache wird entscheidend bestimmt von geometrischen Formkategorien, die sich nicht nur in der Vorliebe für klare stereometrische Formen wie Kubus und Zylinder äußern, sondern ebenso in einer geometrisch fixierten Fassadengliederung. „Die Architekten von heute“, so stellt Le Corbusier fest, „haben Angst, die Oberfläche (eines Gebäudes) dem Gesetz der Geometrie zu unterwerfen. Die großen Probleme der modernen Konstruktion werden verwirklicht auf der Grundlage der Geometrie“. Damit beschränkt sich Le Corbusier bewußt auf eine der Gestaltungsmöglichkeiten, die sich aus den Gegebenheiten des Stahlbetons entwickeln lassen. Innerhalb der gegebenen Spielbreite seiner geometrisch bestimmten Konzeption schafft er jedoch eine strukturelle Architektur voller Konsequenz und Klarheit.
Le Corbusiers Ästhetik, die er Anfang der zwanziger Jahre formulierte, umfaßt folgende Punkte:
1. Tragkonstruktion und raumbegrenzende Wände werden getrennt. Freistehende Stützen heben das erste Geschoß vom Boden ab: „Das Haus schwebt in der Luft, fern vom Boden; der Garten zieht sich unter dem Haus hindurch“. Le Corbusier distanziert das Haus von seiner Umgebung, zugleich stellt er jedoch eine neue Beziehung zur Natur her, indem er die Grünzone unter dem Baukörper weiterführt. Ein Bau Le Corbusiers wie die Villa Savoye greift nicht mit ausgestreckten Flügeln in den Freiraum aus

2

4

Skizzen von Corbusier zur Verdeutlichung der traditionellen Bauweise (links) und der modernen Konstruktion (rechts)

Le Corbusier und Pierre Jeanneret: Villa Garches (1927)

wie die Wohnhäuser Wrights oder die frühen Entwürfe von Mies, sondern ist ein geschlossener Kubus.

2. Der Vorstellung des Hauses als Würfel entspricht das Flachdach, da jede Dachneigung die angestrebte Einheit der rechtwinkeligen Form aufheben würde. Die konstruktive Vorbedingung war schon seit Jahrzehnten mit der Möglichkeit gegeben, das Dach durch neue Werkstoffe gegen Feuchtigkeit abzudichten und das Regenwasser zentral abzuführen. Das flache Dach nützt Le Corbusier aus, indem er es in eine Gartenterrasse verwandelt. Mit diesem Mittel wird die Natur in den menschlichen Wohnbezirk eingelassen, ohne daß die Bestimmtheit der stereometrischen Form angetastet würde.

3. Die freie Grundrißgestaltung, die jede Skelettkonstruktion erlaubt, war schon von Auguste Perret in seinem Haus in der Rue Franklin, Paris, ausgewertet worden. Am Grundriß der Villa Savoye läßt sich der „plan libre“ ablesen: die ausschließliche Zuweisung der Tragfunktion an ein Skelett erlaubt eine in den einzelnen Geschossen unabhängige Stellung der Wände. Ihre Anordnung wird ausschließlich von Raumfunktionen bestimmt.

4. Die freie Gestaltung der Außenseite – die tragenden Stützen des Skelettes sind nach innen genommen – steht in direkter Beziehung zum flexiblen Grundriß; die Fenster können ohne Unterbrechung von einer Seite des Hauses zur anderen durchlaufen.

5. Das horizontale Fensterband dient der Einheit des äußeren Erscheinungsbildes und ist logischer Ausdruck der verwendeten Konstruktion. Seine Anwendung bei Bauaufgaben verschiedenster Art mit unterschiedlichen Raumforderungen (Völkerbundpalast in Genf, Entwurf 1927; Villa Savoye, 1928–30) zeigt, daß für Le Corbusier in der damaligen Zeit nicht so sehr die Identität von Innenraum und Außenform wichtig war, sondern die Anwendung bestimmter geometrischer Formkategorien. In ihrer Betonung deutet sich eine Parallele zu den Erscheinungen an, die Anfang der zwanziger Jahre mit der holländischen Stijlbewegung auftraten.

Immer wieder setzt sich Le Corbusier mit den Grundlagen einer neuen Wohnform auseinander. Er führt den Niedergang im Wohnungsbau darauf zurück, daß die Wohnung nicht mehr modernen Ansprüchen genüge. Um diese Ansprüche kennenzulernen, erhebt er die Forderung nach einem klaren Programm der zukünftigen Wohnform. In der Welt der Technik sieht er Produkte, die ihren Zweck vollkommen erfüllen und zugleich eine neue Schönheit offenbaren. Er erkennt, daß die Entwicklung von Ozeandampfern, Flugzeugen und Kraftwagen nur möglich war, weil hier zunächst ein klares und nüchternes Programm der Forderungen aufgestellt wurde. „Die Lehre, die das Flugzeug erteilt, liegt nicht so sehr in der gestalteten Form..., die Lehre... liegt in der Logik, die bei der Aufstellung des Programms die Weisungen erteilte und zu seiner erfolgreichen Verwirklichung führte. Man muß lernen, in einem Flugzeug nicht einen Vogel oder eine Libelle, sondern eine Maschine zum Fliegen zu erblikken“...

Die Stadt als sozialer und architektonischer Organismus nimmt im Denken Le Corbusiers schon immer einen ganz besonderen Rang ein. In einer Vielzahl städtebaulicher Studien – etwa dem Plan für „Une Ville Contemporaine“ von 1922, dem „Plan Voisin“ von 1925 oder dem „Plan de Paris“ von 1937 legt er immer neue Varianten seiner Vision einer „Ville Comtemporaine“, der Stadt von heute, nieder. Ob in der Form der „Ville radieuse“ mit ihren mäanderförmig aneinandergereihten Baublöcken oder in lockerer, wohl ausgewogener Gruppierung einzelner Baukörper – immer geht es Le Corbusier darum, die dichte Flächenbebauung abzulösen durch große Wohneinheiten, die sich in die Höhe erstrecken und zwischen denen weite Grünzonen frei bleiben. Diese Parkflächen schieben sich unter den Bauten hindurch, die Wohnblöcke stehen auf Pfeilern. Der Erdboden gehört dem Fußgänger, ist Erholungs- und Sportfläche. Die Produktionsstätten sind in

besonderen Industriezentren zusammengefaßt, Behörden, Büros und kulturelle Einrichtungen in wieder anderen Bezirken.
Die „Ville Comtemporaine“ ist noch immer eine Vision. Was Le Corbusier realisieren konnte, ist das Kernstück dieses Konzeptes: die Wohneinheit, die Unité d'Habitation, deren erstes Beispiel in Marseille steht. Sie stellt einen in sich lebenskräftigen Organismus dar, der mit allem Notwendigen wie Läden, Kindergärten, Arzträumen und Hotelzimmern ausgerüstet ist. Die einzelnen Wohnungen sind in sich abgeschlossene doppelstöckige Raumeinheiten, so daß Le Corbusier auch hier den zweigeschossigen Wohnraum beibehalten kann. Jede größere Wohnung reicht durch die gesamte Tiefe des Gebäudes hindurch, hat also direkte Querlüftung. Die Abmessungen des Gebäudes hat Le Corbusier auf Grund des von ihm entwickelten „Modulors“* festgelegt, der den Versuch darstellt, das abstrakte Zentimetermaß durch eine Proportionsreihe zu ersetzen, die in Beziehung zu den Maßen des menschlichen Körpers steht.

(Jürgen Joedicke)

Thematik I

Das Beispiel Paris: Le Corbusier plant die Stadt des 20. Jahrhunderts

Säubern wir zuerst das Terrain:
Die „Korridorstraße“ muß beseitigt werden.
Man wird erst nach dieser vorläufigen Maßnahme mit dem modernen Städtebau beginnen können. Die Korridorstraße, die zur Zeit des Pferdes und des Ochsenwagens entstand, trennte niedrige, mitunter nur einstöckige Häuser voneinander; die Hauptfenster öffneten sich nach dem Innenabschnitt des Vierecks, das von vier Straßen gebildet wurde, und boten den Ausblick auf Gärten.
Als die Konzentration im Stadtkern begann, setzte man sieben Etagen auf das Erdgeschoß; dann stellte man ebenso hohe Gebäude in die Gärten; man ließ nur enge Höfe übrig, die schon aus Gründen der Hygiene notwendig waren. Und dann – wie bei euch – hat man, unter Umgehung der Vorschriften, alles bebaut. Jetzt gab es elektrische Beleuchtung. „Pah“, sagte man, „wenn man Geld verdienen kann, beleuchtet man eben auf diese Weise!“ Man hat alle diese Häuser mit Männern und Frauen vollgestopft. Dann kamen die Autos. Sie überschwemmten die Straßen.
Ein infernalischer Lärm begann, der schon im freien Gelände unangenehm wäre – der aber in der Korridorstraße, deren Mauern wie Lautverstärker wirken, grauenvoll wird. Weiter geht es nicht mehr.
Aus den Korridorstraßen werden die *Korridorstädte.* Die *ganze Stadt besteht aus Korridoren.* Was für ein Anblick! Wo bleibt die Ästhetik! Wir sagen nichts – wir leiden. Wie rasch sind wir zufriedengestellt! Was würdet ihr von einem Architekten halten, der euch den Plan eines Hauses vorlegte, *das nur aus Korridoren bestünde?* Von Zeit zu Zeit haben schönheitsliebende Fürsten vornehme, prunkvolle, großartige Bauten errichtet; sie sind zu den sentimentalen Ventilen der Stadt geworden: Place des Vosges, Vendôme usw.
Wir könnten – nein: wir können alle diese Korridore ausmerzen!
Man braucht das Problem nur herumzudrehen und die Lösung „aufzukrempeln“; indem man alles, was an die Straßen angrenzt, auflöst, die Höfe auf Null reduziert, den Gebäudeblock in die Höhe türmt, die Häuser selbst in Kreuz- oder Sternform oder in irgendeiner anderen Form anlegt, die keine Höfe zuläßt, erhält man Licht, kann man die Straße verlassen, kann man die Flächen der Höfe zusammenfassen und sie für freie Plätze verwenden – links und rechts von der Straße, rings um die Gebäudeblocks herum, zwischen den „Zähnen“ der Häuser.
Auf den so gewonnenen Plätzen können die Autos parken: ihr lärmender Strom bewegt sich gleichmäßig auf den von den Häusern am

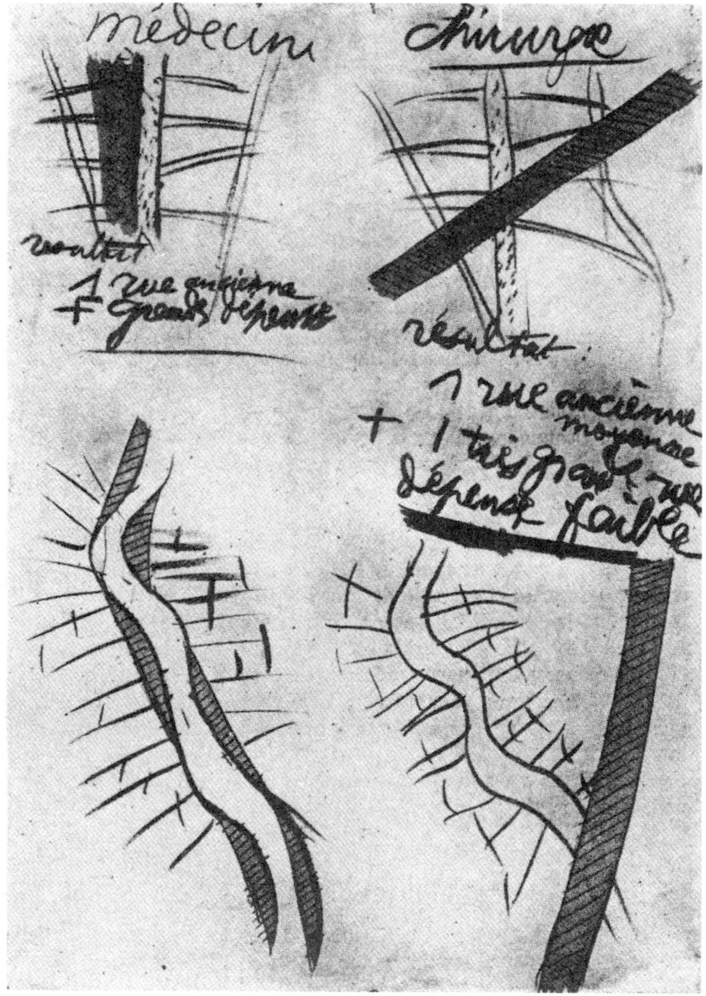

Skizzen von Le Corbusier zur Verdeutlichung traditioneller Stadtsanierungen und radikaler, „chirurgischer“ Eingriffe in der Stadtgefüge (1929)

weitesten entfernten Punkt zu. So schränkt man die bebaute Fläche immer mehr ein, man entfernt sich immer mehr von der Straße, je mehr Möglichkeiten die moderne Technik uns bietet, unsere Häuser in die Höhe zu bauen; das ist der Kern der Sache. Die Straßen mit ihren Häuserblocks werden nicht mehr wie zusammengekniffene Lippen aussehen. Es wird isolierte Prismen geben, die sich in weiten Abständen voneinander erheben. Der Boden der Stadt wird wieder frei sein. Das ist es, was das moderne Leben braucht!

Das Terrain muß noch weiter gesäubert werden. Man muß sich nun zwischen zwei Methoden entscheiden, die man hier, wo es sich um die Materie der Architektur handelt, als „Behandlung mit Mittelchen" und als „Chirurgie" bezeichnen kann.

Es hat sich erwiesen, daß die Straße, die ich hier inmitten der sie begrenzenden Zellen zeichne, unzulänglich geworden ist. Die Stadtväter stimmen nach altem Brauch für *Erweiterung.* Die Erweiterung wird vorgenommen, indem man rechts und links – mitunter nur auf einer Seite der Straße – in fremde Rechte eingreift: man enteignet z.B. die Anwohner auf der einen Straßenseite (nehmen wir einmal an, diese Lösung sei die wirtschaftlichste); der Enteignete erhebt ein Geschrei, da sein Geschäft an einer belebten Straße lag, und läßt sich teuer bezahlen. Ergebnis: *eine alte Straße, die jetzt breiter ist; große Ausgaben.*

Das sind „Mittelchen".

Und nun zum „chirurgischen Eingriff":

Man läßt die überlastete Straße in ihrem Zustand. Man arbeitet ein neues Straßennetz aus: sehr breite Straßen, die der modernen Stadtplanung angepaßt sind. Die neue Straße durchschneidet kleine Häuserblocks zweiter und dritter Ordnung. Die Enteignung ist nicht sehr kostspielig. Ergebnis:

> *eine alte Straße bleibt;*
> *neu: eine große moderne Straße,* die wertlose Viertel aufwertet.
> *Das heißt also: zwei Straßen,*
> *geringe Ausgaben,*
> *Aufwertung eines unbedeutenden Stadtviertels.*

Hier haben wir noch ein klassisches Beispiel: Ein Vorortweg (früher der Weg für Lastesel), der zu einer sehr lebhaften Straße mit dem für ihren Sektor unerläßlichen Betrieb geworden ist.

Seit es Autos gibt, häufen sich die Unfälle auf diesem alten „Lasteselweg", der zur Kreisstraße geworden ist. Die scharfen Kurven sind äußerst gefährlich. Man beschließt, zu erweitern und zu verbessern. Der Besitz auf beiden Seiten wird enteignet. Aber auf dieser Straße gibt es Bäcker, Metzger, Eisenwarenhändler, Farbengeschäfte, die „Moderne Galerie" usw. Teuer, diese Enteignung – sehr teuer! „Behandlung mit Mittelchen"...

Ergebnis: *Die Autos stören auch weiterhin auf gefährliche Weise, ein System, das auf die gute alte Zeit abgestimmt ist: es ist ein Wohnsystem, kein Verkehrssystem.*

Wir wollen sehen, wie der „Chirurg" vorgeht: Man führt die neue große Straße hinter den Häusern des Ortes vorbei, über Kohl- und Rübenäcker und über Wiesen. Ergebnis: *Kaum eine Enteignung, zwei Straßen statt einer.*

Die Schlußfolgerung ist einfach: *Im Städtebau sind die „Behandlungs"-Lösungen nur scheinbare Lösungen; sie lösen in Wirklichkeit kein einziges Problem und sind sehr teuer. Die „chirurgischen" Lösungen sind wirkliche Lösungen.* Das sollte man wissen! (Le Corbusier 1929)

Thematik II

Die Neue Stadt: Vision oder Alptraum?

Zentralbild einer neuen Architektur war aber nicht das Einzelgebäude, sondern der utopische Gesamtplan einer Stadt. Die Planer von damals sahen ihre Reißbrettstädte aus der Vogelperspektive – sie schwebten sehr hoch oben, losgelöst von allem Materiellen und näher bei Gott.

Ihre Projekte hatten eins gemeinsam: eine erschreckende Besessenheit für soziale Hygiene. Statt wie früher auf Straßen, Plätzen und Gäßchen herumzulungern, sollte die menschliche Ameise in Wohntürmen leben, in Einschienenbahnen, Doppeldeckerflugzeugen oder auf rollenden Bürgersteigen befördert werden, auf zugeteilten Grünflächen zwischen den Wolkenkratzern hin und her eilen und überhaupt nur eine Sache zu einer bestimmten Zeit an einem bestimmten Ort tun. Das stimmte mit der zukünftigen Rationalisierung des ganzen menschlichen Lebens wunderbar überein. So konnte das Goldene Zeitalter anbrechen, und die alten Hauptstädte Europas, die vom Ersten Weltkrieg verschont geblieben waren – es gab ja noch keine Bombenteppiche, welche die Geschichte aufs Reißbrettstadium zurückwarfen –, sollten nun von idealistischen Architekten plattgewalzt werden.

Am menschlichen und noch machbaren Ende dieser Skala standen Projekte wie die englischen Gartenstädte, deren Urtyp Letchworth in Hertfordshire ist, oder auch Lösungen mit einer größeren Besiedlungsdichte wie die „Cité Industrielle“ mit ihren sorgfältig geplanten sozialen Funktionen, die der französische Architekt Tony Garnier entworfen hatte. Am anderen Ende der Skala strebten die Phantasiestädte nur noch in die Höhe, ragten auf wie sumerische Zikkurats, und der Planer wurde zum Erbauer des Turms von Babel. Die Gesellschaft sollte die horizontale Achse vergessen und sich neu gruppieren um die Vertikale. Ein Motiv kommt immer wieder vor, sowohl bei Auguste Perrets Wohntürmen für den Neubau von Paris, 1922, als auch in solch trostlosen Zukunftsvisionen wie Ludwig Hilberseimers Plan der „idealen Stadt“ von 1924: endlose Zeilen gleichförmiger Wohnsilos in rechteckigen

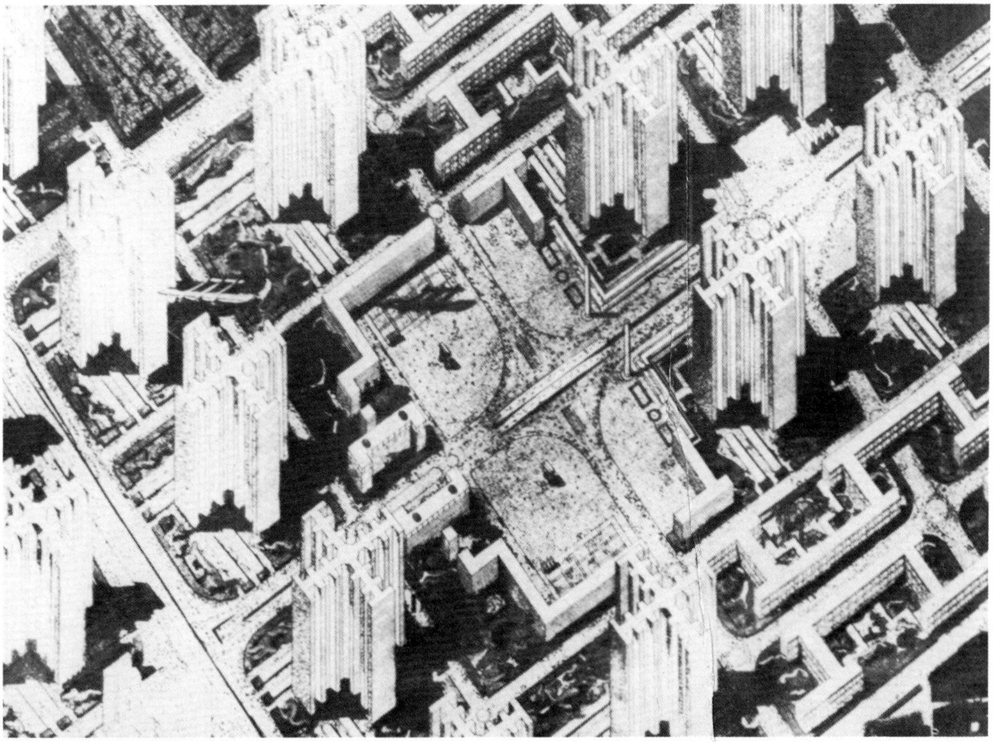

Le Corbusier: Zeichnung zum Voisin-Plan (1925)

Auguste und Gustave Perret: Studie zu Wohntürmen für Paris (1922)

Grundmustern, schmale Grünflächen zwischen den riesigen Blöcken, eine Ebene tiefer breite Stadtautobahnen. Die Idee, daß man eine Stadt in einer Serie vertikaler Ebenen auf begrenztem Raum zusammenpressen konnte, kam wie der Fluch Manhattans über den Atlantik und lastete auf der Alten Welt.

Der lyrische Poet dieser Idee, die von Sydney bis Zagreb einen schlimmen Einfluß gehabt hat, war Charles-Edouard Jeanneret, besser bekannt unter seinem Spitznamen „Le Corbusier", der Rabenartige. (Das sollte sich zweifellos mehr auf seine straffe Gestalt, seine Hakennase und seinen Scharfblick beziehen als auf seine harten und heftig vorgetragenen Thesen bei Diskussionen; aber es scheint zu beidem zu passen.) Corbusier (1887–1965) war im Bau von Einzelgebäuden einer der brillantesten und talentiertesten Architekten, die je gelebt haben – ein Bramante oder Vanbrugh des 20. Jahrhunderts. In bezug auf Stadtplanung war er ein unnachgiebiger Absolutist – eine Kombination von Schweizer Uhrenmacher, kartesianischem* Philosophen und *Roi Soleil.* Sein Manifest zur Stadtplanung *Die Stadt von morgen,* 1924, enthält als letzte Illustration ein Bild Ludwigs XIV., wie er den Befehl zum Bau des Hôtel des Invalides erteilt, und Corbusiers Kommentar: „Dieser Despot hatte enorme Pläne und führte sie auch durch... Er brauchte nur zu sagen ‚Wir wollen es' oder ‚Danach steht unser Sinn'." Eine nostalgischere Selbstidentifikation war kaum noch möglich. Corbusier lag mit seiner Bewunderung für den Sonnenkönig richtig, denn nur ein Despot konnte regionale Bauordnungen und private Besitzrechte beiseite schieben, die der Errichtung seines eigenen, exemplarischen Neuen Jerusalems, *La Ville Radieuse,* der „Strahlenden Stadt", im Wege standen. Selten in der Geschichte der Architektur ist ein Designer von seiner Idee so besessen gewesen wie Corbusier. Es ist die Tragik seines Lebens, daß diese Idee nicht verwirklicht wurde. Aber es steht fest, daß Corbusiers Enttäuschung, so groß sie auch immer sein mochte, sich nicht mit dem Elend und der sozialen Zerrüttung messen könnte, die die „Strahlende Stadt" ihren Einwohnern auferlegt hätte, wäre sie jemals gebaut worden. Corbusiers *Voisin Plan* von 1925 war der fortschrittlichste aller seiner Pläne für einen rationalen Neubau der Stadt Paris. Er entwickelte sich aus seiner unbestreitbar richtigen Erkenntnis, daß das Zentrum von Paris zu verstopft, zu übervölkert und zu alt war, um den ungeheuren Verkehr aufzunehmen, den schon das frühe 20. Jahrhundert mit sich brachte. Viele der Häuser waren unbequem, schmutzig und baufällig; „Stadtsanierung", soweit sie von den europäischen Bauämtern in den frühen Zwanzigern überhaupt betrieben wurde, war nur ein Tropfen auf den heißen Stein. Die Pariser Straßen waren ein Überbleibsel aus dem Mittelalter – „Wege für Packesel", wie er sie nannte, gewundene Pfade für den Fußgängerverkehr zwischen den alten Stadttoren von Paris und seinem religiösen und wirtschaftlichen Zentrum. Nur das Messer konnte bei diesen verstopften städtischen Röhren und Eingeweiden noch helfen... Der erste, der Paris neu geordnet hatte, war Ludwig XIV. gewesen, der zweite Baron Haussmann, Le Corbusier wäre der dritte gewesen.

Der *Voisin Plan* (er heißt so, weil die Forschungsarbeit von dem Autohersteller Voisin finanziert wurde, nachdem Peugeot und Citroën abgelehnt hatten) hätte es erforderlich gemacht, ein Grundstück von etwa 25 Hektar, in Form eines „L", auf dem rechten Seineufer abreißen zu lassen; das bedeutete die vollkommene Zerstörung eines „besonders ungesunden und verrotteten" Gebietes um die Markthallen, den Place de la Madeleine, die Rue de Rivoli, die Opéra und den Faubourg St. Honoré. Auf dieser *Tabula rasa**, die in Ost-West-Richtung von einer großen Stadtautobahn durchschnitten werden sollte, würde sich dann das neue Geschäfts- und Wohnzentrum mit seinen kreuzförmigen Wohntürmen, umgeben von grünem Rasen, erheben. „Man stelle sich vor, daß all dieser Abfall, der bis jetzt die Erde wie eine trockene Kruste bedeckt hat, abgerissen und weggefahren und durch riesige Glaskristalle ersetzt wird, die bis zu 200 Meter hoch sind!" Le

Corbusiers Arroganz, mit der er einen Großteil der historischen Denkmäler von Paris als „trokkene Kruste aus Abfall" abtut, ist Ausdruck seines leidenschaftlichen Willens. Man sollte ja nicht glauben, daß er nicht jedes Wort ernst meinte, als er gegen die sentimentalen *passéistes* – die Nostalgiker – wetterte, die aus Pietät und mit dem Anspruch auf Vielfalt seine „vertikale...in Licht und Luft gebadete Stadt" bekämpften. Er selbst, so betonte er immer, war gar kein so erbitterter Feind der Vergangenheit, aber er hielt es für seine Bürgerpflicht, darauf hinzuweisen, *daß* sie vergangen war und daß ihre Denkmäler jetzt nur noch isoliert und zwecklos herumstehen konnten; „Ich träume davon, den Place de la Concorde wieder leer, ruhig und verlassen vor mir zu sehen...diese grünen Parks mit ihren Relikten aus der Vergangenheit sind wie sorgfältig gepflegte Friedhöfe. Hier kann die Vergangenheit niemanden gefährden, hier findet sie ihren angemessenen Platz."

(Robert Hughes)

Gesprächspunkte und Arbeitsanregungen

1. Verfolgen Sie anhand der Skizzen von Le Corbusier, der Abbildungen dieses Buches und anderer Beispiele den Beitrag dieses Architekten und Theoretikers zum „Neuen Bauen". Gehen Sie dabei von dem Katalog von Gestaltungsmitteln im Text von J. Joedicke aus und ziehen Sie den Text von W. Gropius (Kapitel 11) heran.
2. Wie begründet Le Corbusier die Notwendigkeit einer Umgestaltung der Stadt am Beispiel Paris? Bewerten Sie Aussagen und Form des (Rede-)Textes von Le Corbusier.
3. Vergleichen Sie die Umgestaltung von Paris durch G. Haussmann (dargestellt im Kapitel 5) und die Vorstellungen von Le Corbusier über die „neue Stadt" Paris.
4. Welche Sicht vermittelt der Autor R. Hughes über die Auffassungen und Bauten von Le Corbusier? Wie bewerten Sie diese Sicht?
5. Sammeln Sie Auffassungen und Meinungen über Stadtplanungen mittels Hochhausarchitektur, Autobahnen usw. Geben Sie eigene Erfahrungen wieder.

Mögliche Anschlußthemen

1. Sozialformen des Wohnens im Hochhaus.
2. Neuere Auffassungen von Architektur, z.B. sog. „sanfte Architektur".

Kunstgeschichtlicher Schwerpunkt 15

Architektur im Nationalsozialismus

Da sich die Architekturgeschichte nach 1945 weitgehend auf die Aufarbeitung und Analyse des „Neuen Bauens“ der 20er Jahre beschränkt hat, entstand der Eindruck, in der Weimarer Republik habe das „Neue Bauen“ das Baugeschehen bestimmt. (Unter den Bezeichnungen „Neues Bauen“ bzw. „Moderne Architektur“ sollen in diesem Zusammenhang Architekten und Architektenvereinigungen subsumiert werden, die sich selbst und die von ihnen angewandten architektonischen Formen als „Neues Bauen“ verstanden haben.) Die Vertreter dieser Architekturströmung verzichteten bewußt auf historisch ableitbare Formen (zu den formalen Kennzeichen des „Neuen Bauens“ zählen statt dessen u. a.: die weißgetünchte, entmaterialisiert wirkende Wand, die ästhetisch zum Ausdruck brachte, daß die Außenmauern nicht länger tragende Funktion hatten, durchlaufende Fenster- und Wandbänder, „Glasvorhänge“, die plastische Durchformung der Baukörper und die Sichtbarmachung der Konstruktion als Trägerin der Form) und nahmen eine Neubestimmung des architektonischen als eines zugleich auch sozialen Raumes vor.
Sie arbeiteten mit räumlichen und architektonischen Mitteln auf eine Veränderung der Gesellschaft hin. Dieser „gesellschaftliche Inhalt“ des „Neuen Bauens“, der auf eine demokratisch verfaßte und sozial orientierte Gesellschaftsordnung abgestellt war – nur wenige Architekten vertraten sozialistische oder kommunistische Gesellschaftsvorstellungen –, konnte dem Gros der Bevölkerung nur ungenügend vermittelt werden, so daß die formale Erscheinung weitgehend unverständlich blieb und auch bei der Arbeiterschaft häufig auf Unverständnis stieß. Am Gesamtbauvolumen der Weimarer Republik hatte das „Neue Bauen“ jedoch nur einen relativ kleinen Anteil, größere Bedeutung und weiteste Verbreitung fand es dabei vor allem im neu geschaffenen sozialen Wohnungsbau, der aus der Hauszinssteuer finanziert wurde. (Diese Steuer war für die Hausbesitzer eingeführt worden, deren Hypotheken durch die Inflation „getilgt“ worden waren.) Darüber hinaus spielte das „Neue Bauen“ in sozialdemokratisch regierten Ländern und Städten eine wichtigere Rolle, weshalb hier bis heute die bedeutendsten Zeugnisse dieser Architektur zu finden sind (u. a. Preußen – Berlin, Frankfurt/M.). Getragen wurde das „Neue Bauen“ vom Deutschen Werkbund, dem Bauhaus, den beiden linken Parteien sowie Teilen der Intelligenz.
Das „Neue Bauen“ wurde jedoch, wie die Geschichte des Bauhauses zeigt, von Anfang an von den konservativen und reaktionären Kräften, der politischen und kulturellen Reaktion, bekämpft, die die von den „modernen“ Architekten angestrebte klassenlose Alltagskultur – Ablehnung der Hierarchie von Bauaufgaben / gleichwertige architektonische Ausdrucksformen für alle Bauaufgaben / Streben nach gesellschaftlicher Gebrauchsfähigkeit und Bedürfnisgerechtheit der Architektur – schon 1921 als „undeutsch“ bezeichnet und als „kulturbolschewistisch“ abqualifiziert hatten.
Man darf die ideologischen Gründe für diese Ablehnung jedoch nicht von den ökonomischen trennen: Durch die industriellen Produktionsverfahren, die beim Massenwohnungsbau zunehmend Anwendung fanden, sahen sich die noch weitgehend handwerklich orientierten Kleinunternehmer der Bau- und Baustoffindustrie in ihrer wirtschaftlichen Existenz bedroht. Weil sie die Mechanisierung und Industrialisie-

rung der Bauproduktion, die durchzuführen nur kapitalstarke Baufirmen in der Lage waren, fürchteten, setzten sie sich für eine ständische Wirtschafts- und Gesellschaftsordnung ein.
Die konservative Architektur bestimmte das Baugeschehen der Weimarer Republik. Der Begriff „konservative Architektur" umfaßt einmal die verschiedenen Architekturströmungen und -bewegungen, die eine formale Fortführung bestehender und bewährter historischer Architekturformen und Gestaltungsweisen anstrebten, zum anderen die, die ihr Ziel nicht in einer Veränderung der Gesellschaft, sondern lediglich in ihrer „Veredelung" suchten. Ihre Vertreter hielten an vorindustriellen Wertsystemen und Gesellschaftsvorstellungen fest (u. a. Ablehnung der Großstadt / Bevorzugung des Dorfes und der Kleinstadt – Eigenheim als architektonisches Leitbild – Rückkehr zur ständischen Gesellschaftsordnung). Konservative Architekturauffassungen waren weit verbreitet im Ausbildungsbereich (Bauakademien, Baugewerkeschulen), bei der Baubürokratie, in den bürgerlichen Parteien (Ausnahme: DDP*), in der Bauwirtschaft, beim Kleinbürgertum und bei verschiedenen Vereinigungen (u. a. Heimatschutzvereinen).
Zwei Hauptrichtungen lassen sich unterscheiden: Eine neoklassizistische Strömung, für deren Anhänger die monumentale Architektur des Wilhelminischen Deutschland als Vorbild diente – sie läßt sich nicht nur bei öffentlichen Bauaufgaben, sondern auch bei Verwaltungsbauten bestimmter Wirtschaftsgruppen, insbesondere bei der Schwerindustrie (Beispiel: Mannesmannverwaltungsgebäude in Düsseldorf von P. Behrens, 1911/12), finden, und zweitens die Heimatkunstbewegung. Ihre Verfechter bevorzugten bodenständige Bauweisen, handwerkliche Produktionsmethoden und heimische Baumaterialien. Schon seit 1925 läßt sich die rassistische Radikalisierung der Heimatschutzbewegung (u. a. durch P. Schultze-Naumburg*) nachweisen. Die Vertreter beider Architekturrichtungen schlossen sich mit dem Beginn der organisierten NS-Kulturpolitik fast ausnahmslos dem 1928 gegründeten „Kampfbund für Deutsche Kultur" an, der sich für eine Hierarchie der Bauaufgaben und damit für Bedeutungsunterschiede in der Baukunst einsetzte, sich für die Ständegesellschaft aussprach und die gesellschaftliche Vermassung durch individuelle Gestaltung lösen wollte – die Bekämpfung des „Neuen Bauens" war die Konsequenz und erklärtes Ziel.

Zur Entwicklung der Architektur im Dritten Reich

Die Architektur des Dritten Reiches schloß inhaltlich und formal nahtlos an die Entwicklung der Weimarer Republik an, auch wenn der Nationalsozialismus mit dem Anspruch auftrat, das Bild der Baukunst von Grund auf neu zu formen. Seine „Architekturtheorie" der „Neuen Baukunst" offenbarte sich als ein Konglomerat verschiedener konservativer Architekturströmungen, deren z. T. unterschiedliche Positionen entsprechend ihrer politisch-propagandistischen Wirksamkeit gezielt eingesetzt wurden. Die Nationalsozialisten verfügten also zu keinem Zeitpunkt über ein geschlossenes, homogenes Architekturprogramm: Die ökonomische Funktionalität des Bauens einerseits und die unterschiedlichen Architekturvorstellungen der sozialen Massenbasis sowie der wirtschaftlichen und politischen Führungsschichten andererseits verhinderten die Entstehung und Ausbildung eines einheitlichen faschistischen Architekturstiles.
Nach der „Machtübernahme" vollzog sich die Architekturentwicklung auf mehreren Ebenen. Nach formalästhetischen Kriterien lassen sich drei Architekturrichtungen unterscheiden:
1. Die monumentalistische Staats- bzw. Parteiarchitektur, die der Selbstdarstellung des Regimes und der Lenkung der Massen diente und den architektonischen Rahmen für die kultischen Inszenierungen des faschistischen Systems bildete.
2. Der Heimatschutzstil, der an bodenständige Bauweisen und Bautraditionen anknüpfte sowie

auf heimische Baumaterialien zurückgriff und vor allem bei Bauten des „sozialen Lebens“ (u. a. im Wohnungsbau, bei Schulungs- und Ordensburgen, Jugendherbergen – auch bei Kasernenanlagen) Anwendung fand.

3. Der „sachliche Baustil“, der in erster Linie bei der Industrie- und Ingenieurarchitektur (u. a. Fabriken, Brücken) weit verbreitet war und auf die Verkörperung und Vermittlung nationalsozialistischer Architekturinhalte weitgehend verzichtete. Die „sachliche Baukunst“ bediente sich modernster Konstruktionsweisen und Materialien (u. a. Skelettkonstruktionen – Beton, Glas) und orientierte sich formal an Formen des „Neuen Bauens“ der 20er Jahre.

(Joachim Petsch)

Thematik

Anlage und Funktion des Reichsparteitagsgeländes in Nürnberg – eine zeitgenössische Interpretation

Das Reichsparteitagsgelände ist der Lebensraum einer Gemeinschaft; er ist das große Forum der Partei, der Feierplatz für ihre höchsten Festtage. Das bedingt auch die gewaltigen Ausmaße dieses Feldes, denn es ist das große Heerlager der Soldaten der politischen Armee und zugleich ihr Aufmarschplatz vor dem Führer. Sowohl die Gesamtplanung wie auch die Gestaltung der einzelnen Bauten und Platzgruppen werden bestimmt von dem für die nationalsozialistische Ordnung so grundlegenden Verhältnis zwischen Führer und Volk. die Führung ist allgegenwärtig, denn in jedem Versammlungsraum und auf jedem Aufmarschplatz ist die Stelle, an der der Führer steht, architektonisch besonders hervorgehoben und festgelegt. Immer steht er vor der Versammlung, die, in bestimmter Ordnung aufgestellt, vor ihm aufmarschiert. Dieses Auge-in-Auge-Stehen, der Führer vor dem Volk und das Volk vor dem Führer, ist immer die bestimmende Ordnung für die Anlage. Die Hervorhebung des Führerplatzes ergibt sich aus der Haltung des Mannes, der sich mit allen seinen Taten und Handlungen als Beauftragter seinem Volk stets verantwortlich fühlt. Er bildet immer den Mittelpunkt eines großen Bildes, einer Gruppierung von Fahnen und Standarten, die als Symbole* der aufmarschierten Einheiten ihm zur Seite stehen. Man kann das am eindrucksvollsten bei dem Zeppelinfeld* beobachten, weil es in seiner baulichen Gestaltung fertiggestellt ist und schon bei den letzten Parteitagen in seiner endgültigen Form den großen Rahmen für die Veranstaltungen abgegeben hat. Hier wird besonders deutlich, wie die Architektur in ihren Formen und Ausmaßen mit dem Geschehen selbst zu einer gewaltigen Einheit zusammenschmilzt. Die Formationen der aufmarschierten Gliederungen, die Menschen auf den Wällen und Tribünen geben den Maßstab ab für die Gestaltung des großen steinernen Rahmens, der die Veranstaltung unter freiem Himmel wie in einem großen Raum zusammenschließt. Jeder einzelne Teilnehmer sieht vor sich das große farbenprächtige Bild der Tribüne, mit dem gewaltigen Abschluß aus steinernen Pfeilern, deren Rhythmus und Abmessungen durch die in den Zwischenräumen aufgespannten Fahnen gegeben ist. Dort stehen die Standarten und Fahnen, und in der Mitte, weit vorgeschoben gegen das Feld, ist der Platz des Führers. Diese zwingende Ausrichtung der Massen durch die Anordnung der Architektur bewirkt, daß jeder Teilnehmer den gewaltigen Zusammenklang des Willens aller Beteiligten wie in einem großen Spiegel vor sich erblickt, als eine kraftvolle Zusammenfassung und Sinngebung des Geschehens.

Mit seinen Ecktürmen wird sich das Stadion bis zu einer Höhe von 100 Meter erheben, und sein langgestreckter granitener Rumpf, der die Tribünen einschließt, mißt eine Länge von 540 Meter bei einer Breite von 445 Meter. Das riesenhafte Hufeisen umfaßt ein Spielfeld von

Albert Speer: Zeppelinfeld in Nürnberg (1936)

55000 Quadratmeter und kann 405000 Zuschauern auf seinen fünf Rängen Raum geben. So wird es seine Längsseite dem Beschauer auf der Kongreßhalle darbieten. Zwischen dem Zeppelinfeld mit seinem hellen Jurakalkstein und dem Stadion verläuft die Große Straße mit einer Breite von 95 Meter. Das Stadion greift mit einem Vorhof bis hart an die Straße, und hier wird eine Tribüne mit einer Standartenhalle den Vorhof abschließen und dem Führer und seiner Begleitung die Möglichkeit geben, den Vorbeimarsch auf der Großen Straße abzunehmen. Das Bild wird an Schönheit noch gewinnen, wenn die Bauten in einem großen Hain von Eichen stehen. Der jetzt bestehende Föhrenwald weicht einer Aufforstung.

Im Hintergrund erheben sich die 26 Türme des Märzfeldes bis zu über 36 Meter Höhe und umgrenzen ein Feld von 611 x 955 Meter. 115000 Zuschauer können dort auf den Tribünen das großartige Schauspiel der Vorführungen der Wehrmacht verfolgen.

Aus deutscher Erde gebrochen, von deutschem ererbtem Können gemeistert und geformt, entsteht hier nach den Ideen und Anweisungen des Führers nach dem künstlerischen Entwurf und unter der Leitung von Albert Speer ein Zeugnis deutschen Wollens und deutscher Tatkraft. (Wilhelm Lotz)

Gesprächspunkte und Arbeitsanregungen

1. Wie wird in dem Text von J. Petsch das Verhältnis von „Neuem Bauen" und traditioneller Architektur in der Weimarer Republik gesehen? Suchen Sie nach Beispielen für die „Heimatkunstbewegung" in Ihrer näheren Umgebung.
2. Zeigen Sie die Zusammenhänge zwischen dem Machtanspruch (des „Führers") und der Architektur des 3. Reiches auf. Wie bewerten Sie in dieser Hinsicht den zeitgenössischen Text von W. Lotz?
3. Die Architektur des 3. Reiches soll nach Meinung ihrer Befürworter eine Renaissance (Wiedergeburt) gewesen sein. An welche Baustile sollte diese Renaissance anknüpfen? Wie bewerten Sie *diese* Art von Wiederaufnahme?
4. Informieren Sie sich über die Rolle von Bauplastik, „freier" Plastik und Malerei im 3. Reich (vgl. z. B. Arbeitsbuch „Skulptur und Plastik vom Rokoko bis zur Klassischen Moderne", Kapitel 18).

Mögliche Anschlußthemen

1. Bauen als Ausdruck von Herrschaft: Schloßarchitektur usw.
2. Architektur im faschistischen Italien.
3. Faschistoide Elemente in der Architektur der Nachkriegszeit.
4. Faschistoide Architektur vor dem 2. Weltkrieg in Frankreich, Schweden o. ä.

Glossar

Akropolis, die: altgriechische Stadtburg, vorzüglich die von Athen
Alberti, Leon Battista (1404 – 1472): italien. Architekt und Kunsttheoretiker
Allegorie, die: hier bildl. Veranschaulichung von Ideen, Begriffen, Vorstellungen, meist als Personifikation; z. B. die „Gerechtigkeit", dargestellt als Frau mit Waage und Schwert
Allegorese, die: Deutung von Allegorien
anagogisch: einen Text/ein Werk durch Hineinlegen eines höheren Sinnes erläuternd
Ancien régime, das (frz.: „alte Regierungsform"): Bezeichnung für Staat und Gesellschaft in Europa vor 1789 (Französische Revolution), bes. für das absolutistisch regierte Frankreich unter den Bourbonenkönigen
Anthroposophie, die, anthroposophisch: Eine von Rudolf Steiner 1912 gegründete Lehre/Weltanschauung, die den Anspruch erhebt, übersinnliche Phänomene („Reinkarnation") wissenschaftlich zu begründen; in Kultur, Pädagogik („Waldorfschulen"), Medizin engagiert
Apotheose, die: Erhebung eines Menschen zum Gott; übertragen: Verklärung, Verherrlichung
Archivolte, die: profilierter oder dekorierter Bogen
Arkade, die: Bogen mit seinen beiden Stützen oder eine Reihe von Bogen (= Arkaden)
Arts-and-Crafts-Bewegung, die: eine 1888 von C. R. Ashbee gegründete englische Vereinigung von Architekten und Künstlern zur Erneuerung des Kunstgewerbes
Atavismus, der: Wiederauftreten von körperlichen oder geistig-seelischen Merkmalen aus einer (stammes-)geschichtlich frühen Epoche

Baldachin, der: auf Stützen ruhender dachartiger Aufbau über Kultgegenständen
Basis, die → Pfeiler bzw. Säule
Basrelief, das: flach-erhabenes Bildwerk
Beardsley, Aubrey (1872 – 1848): engl. Jugendstil-Graphiker; großer Einfluß seiner floral-ornamentalen Linienführung und seiner Schwarz-weiß-Verteilung auf moderne Graphik, Buchkunst, Kunstgewerbe usw.
Beaux-art-Stil, der (frz.: „Schöne-Kunst"-Stil): Gestaltungen, die dem Kunstideal der (traditionalistischen) franz./Pariser Kunstakademie(n) verpflichtet sind
Belvedere, das: (Haus zur) „schöne(n) Aussicht"
Bergfiskus, der: Bergbaubehörde
Bessemerprozeß, der/*Bessemerverfahren*, das: nach seinem Erfinder Sir. M. Bessemer (1813 – 1898) genanntes Verfahren zur Umwandlung von Roheisen zu Stahl, heute veraltet
Blake, William (1757 – 1827): engl. Maler und Dichter von visionären Werken, der großen Einfluß auf die → Präraffaeliten ausübte
Borromini, Francesco (1599 – 1667): röm. Architekt; reichbewegte, schwingende Formen im Grund- wie im Aufriß; starker Einfluß auf dt. Barock
Burne-Jones, Sir Edward (1833 – 1889): engl. Maler, schloß sich den → Präraffaeliten an, zeichnete u. a. Entwürfe für das Kunsthandwerk, Anreger für den Jugendstil
Brown, Ford Madox (1821 – 1893): engl. Maler, der unter dem Einfluß der → Nazarener und → Präraffaeliten stand

Cellini, Benvenuto (1500 – 1571): bedeutender italienischer Goldschmied und Bildhauer
Cézanne, Paul (1839 – 1906): Neben v. Gogh, Gauguin u. a. Vorläufer der Modernen Kunst, seine geometrisierend-abstrahierende Verwendung von Naturformen führte zum Kubismus
Cyklopen → Zyklopen

Dadaismus, der: literarisch-künstlerische Bewegung, die sich während des 1. Weltkrieges in Zürich bildete und gegen überkommene Kultur- und Lebensformen revoltierte
DDP = Deutsche Demokratische Partei in der Weimarer Republik, Weiterführung der Liberalen Partei der Vorkriegszeit
diaphan: durchscheinend, durchsichtig
Dilettantismus, der: (Umgang mit Kunst aus) Liebhaberei
Dienst, der: in der (gotischen) Baukunst viertel- bis dreiviertelkreisförmiges, schlankes Säulchen, das Gurte, Rippen oder Archivolten aufnimmt

Diwan, der: hier wohl: (türkisches) Regierungsgebäude
Doesburg, Theo van (1883 – 1931): niederländischer Maler, Architekt und Kunsttheoretiker, gründete 1917 mit P. Mondrian, A. Kok und I. I. P. Oud die Künstlergruppe „De Stijl"
Dorischer Tempel, der → Tempel mit dorischen → Säulenformen/Säulenordnung
Dreikonchenbau, der: Kirche mit drei, etwa gleichgroßen, halbrunden oder polygonalen Konchen (Anraum); im Grundriß ein regelmäßiges Kleeblatt

Eklektizismus, eklektizistisch: Rückgriff auf Stilmittel früherer Künstler oder Epochen
Empire, das; *Empirestil*, der: Kunststil zur Zeit Napoleons I.

Francois I. (Franz I.): Französ. König (1494 – 1547), regierte absolutistisch, förderte die Künste, bes. den Schloßbau im Stil der Renaissance
frankophil: Vorliebe für Französisches
Frou-Frou, der oder das: lautmalende Bezeichnung für das Rascheln eleganter weiblicher Unterkleidung
Futurismus, der: Kunstrichtung, die italienische Schriftsteller und bildende Künstler begründeten (s. futuristisches Manifest). Formal waren die Futuristen insbesondere dem Kubismus verpflichtet. Wichtige Vertreter: Marinetti, Severini, Carra, Boccioni

Gellhorn, Alfred (geb. 1885): deutscher Architekt; tätig im Siedlungsbau
Galerie, die: langer, gedeckter, seitlich offener Laufgang an einer Fassade, auch als Zierform (Zwerggalerie)
Georgian Style, der: dem westeuropäischen Rokoko vergleichbarer englischer Kunststil von ca. 1720 – 1820
Gesims, das: meist waagerechtes Bauelement, das eine Mauer in einzelne Abschnitte gliedert, z. B. Gurt- oder Stockgesims zwischen den Geschossen eines Hauses
Gewände, das: schräggeführte Einschnittflächen (Laibung) von Fenstern oder Portalen, häufig profiliert oder gestuft
Gicht, die: Begriff aus der Hüttenkunde: Oberteil von Schachtöfen
Giebel, der: Abschluß eines Satteldaches, auch Bekrönung von Türen, Fenstern oder Nischen; dreieckig, segmentbogenförmig, auch oben nicht geschlossen o. ä.
Grand Tour, die: hier Bildungsreise zu den antiken Orten in Italien und Griechenland, u. U. auch in Kleinasien
Gurt, der; *Gurtbogen*, der: quer zur Längsachse eines Gewölbes verlaufender konstruktiver oder gliedernder Bogen

Häring, Hugo (geb. 1882): deutscher Architekt; mit W. Gropius beteiligt am Bau der Siemensstadt in Berlin
Hagiographie, die: Erforschung und Beschreibung von Heiligenleben
Hardouin-Mansart, Jules (1646 – 1708): seit 1674 im Dienste Ludwig XIV.; vertritt als Architekt einen klassisch gemäßigten Barockstil
Herme(n), die: Säule(n) als Halbfigur (Büste) ausgebildet, ursprünglich die des Gottes Hermes
Historismus, der: Kunststil in der zweiten Hälfte des 19. Jahrhunderts, versucht Kunstformen/Bauformen der Romantik, Gotik, der Renaissance und des Barocks wiederzubeleben. In der Architektur nicht nur Ausdruck künstlerischer Schwäche, sondern auch Synthese von vorliegenden Stilen und modernen Bedürfnissen
Hôtel de Ville, das: (frz.:) Rathaus

Ikonographie, die: Lehre von den Inhalten und Sinndeutungen von Kunstwerken
Ikonologie, die: Interpretation von Kunstwerken aufgrund von Inhalten und Motiven
Inspecteur-General des édifices Diocésains: Generalinspekteur (= Leiter) der Denkmalpflege von Kirchenbauten

Kämpfer, der → Pfeiler
kartesianisch: im Sinne/Stile von René Descartes (latinisiert: Cartesius); auch etwa: streng auf das Bewußtsein/das denkende Ich bezogen
Kampanile, der: freistehender Glockenturm an (italienischen) Kirchen
Kapitell → Säule
Kenotaph, auch *Zenotaph*, das: leeres Grabmal zur Erinnerung an einen Toten
Konsole, die: vorkragender, profilierter oder figürlich geschmückter Tragstein
Korn, Arthur (geb. 1891): deutscher Architekt und Architekturtheoretiker, Mitglied der „Novembergruppe"; vertritt einen funktionalistischen Stil
Kupolofen, der: Schmelzofen zur Herstellung von Gußeisen

latent: verborgen
le Roy, Julien-David (1728 – 1803): franz. Architekt; Professor an der Académie d'Architecture
Lisene, die: schwach vortretende, senkrechte Mauervorlage, (häufig durch Blendbögen) selten mit → Basis und kleinem → Kämpfer verbunden
Louis-quatorze, der: unter Ludwig IV. (1643 – 1715) in Frankreich herrschender Stil, entspricht in den

Architekturformen weitgehend dem Barock, allerdings oft von Renaissance-Elementen durchsetzt
Louis-quinze, der: unter Ludwig V. (1715 – 1774) dominierender Kunststil, entspricht dem Rokoko
Louis-seize, das: der unter Ludwig XVI. (1774 – 1792) in Frankreich herrschender Stil, vorwiegend in Dekoration und Kunstgewerbe angewandt, Übergangsstil vom Rokoko zum Klassizismus

Malakoffturm, der: Förderturm in Massivbauweise
Mediävalismus, der: aus der mittelalterlichen Baukunst abgeleitete Gestaltungsgrundsätze
Medici, die: florentinisches Fürstengeschlecht, das durch internationalen Geldhandel zu großem Reichtum gelangte; herrschte von Anfang des 15. Jahrhunderts über Florenz und förderte Kunst und Wissenschaft; 1737 ausgestorben
metaphorisch (Metapher, die): etwas durch einen Vergleich ausdrücken; z. B.: „Haupt der Familie"
Modul, das („Modulor"): Maßsystem, hier das von Le Corbusier, der, von der Höhe eines Menschen mit ausgestrecktem Arm ausgehend, ein Maßsystem von 226 x 226 cm geschaffen hat
Monolith, der, *monolithisch:* Denkmal aus einem einzigen Steinblock; übertr.: festgefügtes Element, Machtblock o. ä.
Muthesius, Hermann (1861 – 1927): Architekt und Architekturtheoretiker, gründete 1907 den Deutschen Werkbund, stand als Architekt dem Jugendstil nahe

Napoleon III.: Kaiser der Franzosen von 1852 – 1870, geb. 1808, gest. 1873, Sohn von Ludwig, dritter Bruder Napoleons I. Sein Regierungsstil kennzeichnet das zweite Kaiserreich („Second Empire")
Nazarener, die: Künstlerbund, gegen die akademische Historienmalerei gerichtet, gegründet 1809 von Friedrich Overbeck und Franz Pforr, die 1810 nach Rom übersiedeln, um sich der „alten heiligen Kunst" (Overbeck) zu widmen

Oberbaudeputation, die: Behörde, an welche die Bauangelegenheiten (vom Staat) deputiert, abgegeben wurden
Orthogonal: rechtwinklig

Palladianismus, der: auf den ital. Architekten Andrea Palladio (1508 – 1580) sich berufende Stilrichtung der europ. Architektur des Klassizismus
Pantheon, das: 1. antiker Tempel (bes. in Rom) für *alle* Götter, 2. Ehrentempel/-halle, z. B. in Paris
Paramentensakristei, die: Raum nahe dem Altarraum der Kirche zur Aufbewahrung der Meßgewänder u. a. kirchlicher Textilien (= Paramente)

Patrozinium, das: hier: Schutzherrschaft eines Heiligen über eine Kirche; Fest des Orts- und Kirchenheiligen
Pfeiler, der: Stütze aus Mauerwerk zwischen Öffnungen (Arkaden, Türen, Fenstern o. ä.) mit rechteckigem oder polygonalem Querschnitt, auch rund, aber keine Verjüngung und kein Kapitell wie bei der → Säule. Der Pfeiler kann Basis, muß Kämpfer haben (= Zone, aus der die Krümmung eines Bogens oder eines Gewölbes beginnt, häufig betont durch eine vorspringende Platte). Je nach Lage und Ausbildung spricht man von Freipfeiler, Eckpfeiler, Wandpfeiler o. ä.
Physiognomie, die: äußere Erscheinung, insbes. der Gesichtsausdruck
Pilaster, der: Wandpfeiler mit Basis und Kapitell → Pfeiler
Polonceau-Dachbinder, der: Element eines steilen Satteldaches, genannt nach ihrem Konstrukteur P., bestehend aus Dreiecksfachwerk mit Scheitelgelenk
polygonal: vieleckig
Präraffaeliten, die, *präraffaelitisch:* Zusammenschluß englischer Maler ab 1848, die sich gegen den Historismus wenden und sich einem religiösethisch begründeten Realismus zuwenden. Mitglieder: Dante Gabriel Rosetti (1828 – 1882), William Holman Hunt (1827 – 1910), John Everett Millais (1829 – 1996) und Edward Burne-Jones (1833 – 1898)
Profil → Säule
Puddelverfahren, das (von engl.: to puddle = mischen): um 1784 entwickeltes Verfahren zur Herstellung von Schweißstahl
Pylon, der: in der altgriech. Baukunst monumentaler Torturm zu beiden Seiten der Eingänge in den Tempel

Quadriga, die: (plastische) Darstellung eines Viergespanns (vor einem antiken Kampfwagen)

Rapport, der: regelmäßige oder rhythmisierte Wiederholung derselben Form, bes. beim Ornament
Reductio ad elementa (lat.): Reduzierung/Zurückführung auf die (Grund-)Elemente
Régence, die, *Régencestil*, der: nach der Regentschaft Phillips von Orléans benannter französischer Kunststil (frühes 18. Jahrhundert)
Riemerschmid, Richard (1868 – 1957): deutscher Architekt, Mitbegründer des Deutschen Werkbundes; entwarf Jugenstilbauten und -möbel
Rosetti, Dante Gabriel → Präraffaeliten
Rotunde, die: Rundbau, runder Saal

Satteldach, das: Dach aus zwei schrägen, im First zusammenlaufenden Dachflächen

Säule, die: Stützglied mit kreisförmigem, mehreckigem oder profiliertem Grundriß; bestehend aus (von unten nach oben) Basis, Schaft und Kapitell. Der Schaft (Rumpf) kann aus einem Stück (monolith) oder aus mehreren Trommeln bestehen; er verjüngt sich häufig zum Hals hin. Die Schäfte können geknotet, gedreht, vautiert oder kanneliert sein. Es gibt freistehende S. und Wands. (meist als Halb- oder Dreiviertelsäule, die bei großer Höhe und geringem Querschnitt als → Dienst bezeichnet werden. S. können auch in Gruppen auftreten

Säulenordnung, antike, die: Man unterscheidet drei Aufbauformen von Säulen: 1. die dorische, 2. die attisch-jonische, 3. die korinthische. Die dorische Säule hat keine Basis (→ Säule), der Säulenschaft besteht aus einzelnen Trommeln und ist gerillt („kanneliert"). Die S. verjüngt sich zum Kapitell hin, das zweiteilig aufgebaut ist; auf einen kreisförmigen Wulst („Echinus") liegt die viereckige Deckplatte („Abakus"). Ein Steinhalter („Architrav") verbindet Säule mit Säule. Die jonische S. ist schlanker, sie steht auf einer wulstartigen Basis mit Hohlkehle bei der ionisch-attischen S. Das Kapitell hat zur Schauseite hin schneckenartige Einrollungen („Voluten"). Das korinthische Kapitell besteht aus aufrechtstehenden Akanthusblättern.

Schachtteufe, die: Teufe = bergmännische Bezeichnung für Tiefe, z. B. eines Schachtes

Schadow, Johann Gottfried (1764 – 1850): Hauptvertreter der klassizistischen Plastik in Deutschland

Schultze-Naumburg, Paul (1869 – 1949): Architekt und Theoretiker, vertrat einen modifizierten Historismus und propagierte den Heimatschutzgedanken; Befürworter von völkisch-rassistischem Gedankengut

Segmentkappe, die: Teil eines Segmentbogens, eines halbkreisförmig gewölbten Abschlusses einer Maueröffnung

Seigneural (von frz.: Seigneur: der (vornehme Weltmann): weltmännisch, herrschaftlich

Sezession (Wiener), Sezessionsstil: Variante des Jugendstils in Wien, 1897 von Gustav Klimt begründet. Kennzeichen dieser Jugendstilvariante sind u. a. flächig-dekorative ornamentale Gestaltungen, subtile Innenausstattungen, zartfarbige Gemälde mit meist symbolischem Gehalt, weibliche Akte dekadenter Erotik. Neben G. Klimt sind insbesondere die Maler Egon Schiele, Oskar Kokoschka, die Architekten Adolf Loos, Josef Hoffmann beteiligt.

Sphärisch-zylindrisch: auf die Kugel bzw. den Zylinder bezogen, kugelartig o. ä.

sublimieren: Triebenergie in kulturelle Leistungen (Kunst) umsetzen; allg. auch: verfeinern, läutern o. ä.

Symbol, das (griech.: das „Zusammengeworfene"): Verbindung von bildhafter Gestalt und (übertragener, „verdichteter") Bedeutung; z. B. Bild eines sterbenden Baumes bei C. D. Friedrich = Altern, tod, irdische Vergänglichkeit usw.

Symbolanalyse, die: Interpretation der (oft mehrdeutigen) Symbole

Tabernakel, der oder das: häufig kunstvoll gearbeitetes Behältnis zur Aufbewahrung der geweihten Hostien auf dem Altar

Tabula rasa, die (lat.: „abgeschabte Tafel"): übertragen für: unbeschriebenes Blatt, reiner Tisch o. ä.

tektonisch: die Tektonik, das „Gerüst", das tragende Gefüge betreffend

Temenos, das: abgegrenzter, heiliger (Tempel-) Bezirk im altgriech. Kult

Tempel, der: altgriechischer Kultbau; die Cella, der Innenraum, nimmt die Götterstatue auf und ist nur für die Priester zugänglich, die Gemeinde opfert vor dem Tempel im Freien

Terrakotta, die: Gefäß oder kleine Plastik aus gebrannter Tonerde

Thonet-Stühle: hergestellt nach dem von M. Thonet (1796 – 1871) entwickelten Verfahren zum Biegen von Holz

Topos, der: hier: formelhafte Wendung

Tranzendieren: übersteigen, in einen anderen Bereich (z. B. das Übersinnliche) hinübergehen

Travée, die: franz. Bezeichnung für die in Deutschland „Joch" genannte Gewölbeeinheit (z. B. der Teil zwischen zwei → Gurtbögen)

Trianon, Grand, das: Lustschloß im Park von Versailles, unter Ludwig XIV. 1687 von J. Hardouin-Mansart erbaut

Tropologisch: Form der Rhetorik, bildlicher oder übertragener Ausdruck; z. B. „Himmelslicht"

Tympanon, das: Bogenfeld über einem Portal oder Fläche in einem Giebel

Vitruv, Vitruvius Pollio: Militärtechniker und Ingenieur unter Cäsar und Augustus, verfaßte zwischen 33 und 14 v. Chr. die 10 Bücher „De architectura"; als einziges aus dem Altertum erhaltenes Werk über die Baukunst bedeutende Quelle für antike Architektur; von großem Einfluß auf spätere Baukunst

Wendingen (holl.: „Umkehr"): holländische Architekturzeitschrift ab 1900, hrsg. v. Theo van de Wijedeveld

Winckelmann, Johann Joachim (1717 – 1768): seit 1755 in Rom Bibliothekar und Archäologe, knüpft an die Denkmäler der griechischen Antike seine kunsttheoretischen Auffassungen, welche die Künstler und Architekten wesentlich beeinflußten

Wren, Christopher (1632 – 1723): engl. Architekt, fruchtbarster Baumeister des → Palladianismus; sein Hauptwerk ist die St. Paul-Kathedrale (1675 – 1710) in London

Zeppelinfeld, das: Teil des Reichsparteitagsgeländes in Nürnberg

Zyklopen, die (hier: Zyklopenkräfte): einäugige Riesen der griechischen Sage